KB218291

# 고성 현령 원전(元琠)과 진주 목사 원사립(元士立)
## 충신 효자로 역사에 새겨진 아버지와 아들

## 저자소개

### 백승종

정치, 사회, 문화, 사상을 아우르는 전방위 역사가, 독일 튀빙겐대학교, 보훔대학교, 막스플랑크 역사연구소, 서강대학교, 경희대학교, 한국기술교육대학교 등 국내외 여러 대학교 및 연구기관에서 역사와 문화를 연구하고 가르쳤다. 저서로 한국사와 서양사를 비교분석한 《상속의 역사》《신사와 선비》, 한국의 전통사상을 재해석한 《조선, 아내 열전》《세종의 선택》《문장의 시대, 시대의 문장》 등이 있다. 《금서, 시대를 읽다》《정조와 불량선비 강이천》은 각각 한국출판평론학술상, 한국출판문화상을 수상했다. 그 외에도 《도시로 보는 유럽사》와 《제국의 시대》 등 30여 권의 역사서를 집필해 동서양 역사에 두루 정통한 폭넓은 식견을 대중과 공유하는 데 힘쓰고 있다.

**고성 현령 원전(元塡)과 진주 목사 원사립(元士立)**
충신 효자로 역사에 새겨진 아버지와 아들

초판 인쇄 | 2025년 01월 18일
초판 발행 | 2025년 01월 25일

지은이 | 백 승 종
펴낸이 | 소 재 두
책임편집 | 심 재 진
편집 | 권 윤 미

펴낸곳 | 논형
주소 | 경기도 부천시 성주로 66, 2동 806호
전화 | 02-887-3561
팩스 | 02-887-6690
이 메 일 | jdso6313@naver.com
등 록 제 | 386-3200000251002003000019호
ISBN 978-89-6357-992-4 (03910)

* 책값은 뒤표지에 있습니다.

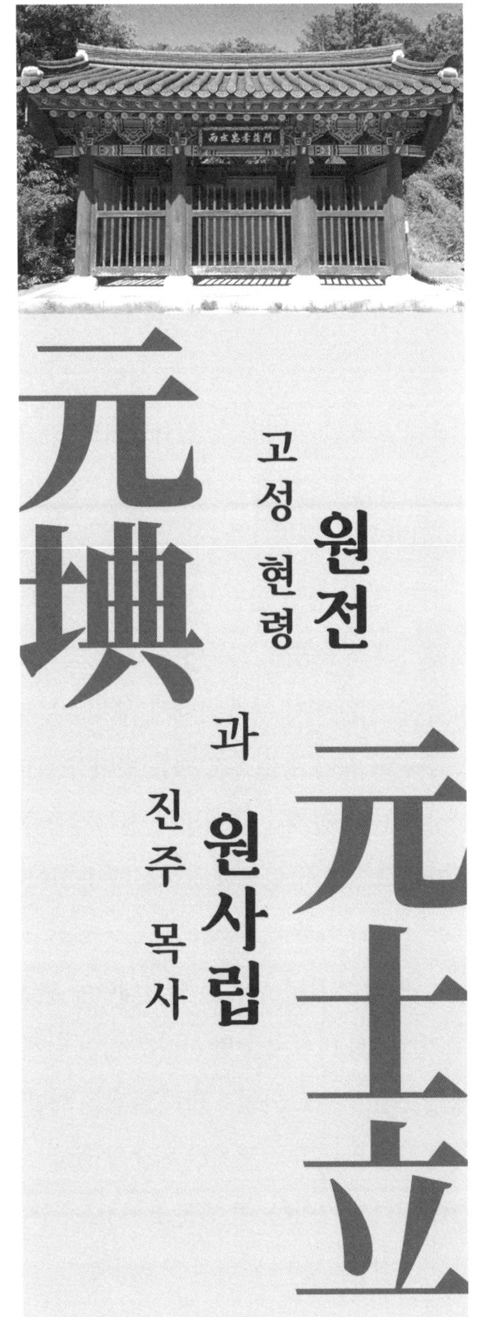


아버지와 아들

충신효자로 역사에 새겨진

—

백승종 지음

논형

# 머리말

역사를 아무리 공부해도 지식에는 한계가 있기 마련이다. 역사상 참으로 중요한 역할을 한 인물인데도 잘 모르고 지나치는 경우가 많다. 이 책에서 만나게 되는 주요 인물은 흙에 묻힌 진주라 해도 과언이 아니다.

가령 고성 현령 원전(元㙉)은 임진왜란과 정유재란 때 많은 공을 세워 '선무원종공신' 일등이 되었다. 그리고 그 아들인 진주 목사 원사립(元士立) 역시 여러 곳에서 왜적을 무찔렀으며, 특히 정유재란으로 혼란에 빠진 충청도 일대를 방어하는 데 혁혁한 공을 세웠다. 그 역시 빛나는 공적을 인정받아 선무원종공신으로 책봉되었다. 그들 부자는 조정에서 인정한 공신이자 충신이지만, 후세는 이름조차 모르는 경우가 아마 대부분일 지도 모르겠다.

여러 해 전부터 필자는 임진왜란에 관한 연구 조사를 하고 있다. 그 과정에서 미처 몰랐던 사실도 많이 알게 되었고, 후세의 역사기록에 잘못된 부분도 의외로 많다는 점을 깨달았다. 그 가운데 가장 충격적인 사실은 선무 일등공신 원균에 관한 기록이 사실과 다르게 왜곡되어 있다는 것이다. 이 책을 쓰면서도 역사서술의 왜곡이 얼마나 심각한 문제인지를 다시 한번 실감하였다.

이 책은 모두 네 부분으로 구성되어 있다. 첫째와 둘째는 제각기 고성 현령 원전과 그 아들인 진주 목사 원사립의 전기로, 사실상 이 책의 가장 핵심적인 부분이다. 셋째는 원전과 원사립 부자의 삶에 지표가 되었다고도 볼 수 있고, 깜깜한 밤중에도 뱃길을 밝히는 등대와도 같았던 선조들에 관한 이야기다. 책의 마지막 부분에서는 원전-원사립의 자손으로서 집안의 유구한 전통을 제대로 잇기 위해 노력한 인물을 간단히 소개하였다. 한 마디로, 이 책은 경기도 진위현 여동(여좌동이라고도 함, 현 경기도 평택시 도일동)에 세거(世居)한 명문가 원주 원씨의 역사를 부분적으로나마 조명하고 있다.

다른 내용은 다 생략하더라도 여기서는 이 책의 주인공인 두 사람의 충신에 관하여 몇 마디만 보태고자 한다. 우선 고성 현령 원전으로 말하면, 그는 맏형인 원릉군 원균의 오른팔과도 같았다. 임진왜란이 시작되기 전부터 원균이 순국할 때까지 원전은 시종일관 진중(陣中)에서 원균을 충심으로 보좌하였다. 원전의 특징을 우리는 세 가지로 요약할 수 있을 것 같다.

첫째, 원전은 실전에서 공을 세운 탁월한 장수였다는 사실이다. 이른바 한산대첩에서도 그는 큰 공을 세워 조정의 표창을 받았다. 선조까지도 원전을 탁월한 장사(將士)라고 기억할 정도였다.

둘째, 원전은 적정(敵情, 적의 형편)을 환히 꿰뚫어 보았다. 그의 형 원균은 항상 왜적의 동향에 관해 촉각을 세우고 많은 정보를 탐지하였다. 이를 바탕으로 원전은 적의 현황과 전략을 깊이 통찰하였다. 선조와 조정 대신들은 원전에게 남해 전선(戰線)에 관한 정보를 물었고, 그의 설명에 크게 공감하였다.

셋째, 원전은 맏형인 원균의 참모장 또는 비서실장에 해당하였다. 그는 형님을 위해 항상 성심성의껏 보좌하였다. 경상 우수사 원균이 충청병사로 이임하였을 때도 마지막까지 우수영에 남아 잔무를 깨끗이 처리하고, 형님을 뒤따라갔다. 한 마디로, 원균과 원전의 관계는 바늘과 실이나 마찬가지였다. 그러므로 원전의 일대기는, 원균의 활동을 떠나서는 도저히 이야기할 수 없는 것이다.

그럼 원전의 아들 원사립은 누구인가. 그로 말하면 효제(孝悌, 효도와 우애)와 충신(忠信)을 실천한 장수요. 엄연한 명장이면서도 칼을 찬 선비라 불러도 손색이 없는 인물이었다. 한문식 표현을 빌리자면, 문무겸전(文武兼全)과 충효쌍전(忠孝雙全)의 주인공이었다.

근거없이 원사립의 생애를 무턱대고 미화하는 것이 아니다. 어디까지나 옛 문헌에 명확히 기록된 사실을 바탕으로 하는 이야기다. 기록에 따르면, 경향 각지의 선비들이 원사립의 단아한 언행과 풍모를 흠모하였다고 한다. 또, 그는 효심이 유난히 깊어 모친상에 시묘살이를 마치자 불과 수개월 뒤에 세상을 하직할 정도였다. 조정에서는 그의 효행을 높이 평가하여 효자 정려를 하사하였다. 그는 명장이자 탁월한 목민관(牧民官)이기도 하였다. 그러한 모습을 여실히 보여주는 세 가지 사실을 아래에서 간단히 설명하겠다.

첫째, 정유재란이 발생한 직후 그는 상중(喪中)임에도 기용되어 충청도 서천 군수가 되었다. 그 당시 서천과 한산 일대는 왜적의 차지가 되어 충청도 남서부가 큰 혼란에 빠져 있었는데, 원사립은 적은 수의 병사를 가지고도 단시일 내에 왜적을 소탕하였다.

둘째, 왜적을 크게 물리친 공으로, 원사립은 요직인 경상도 진주 목사와 김해 부사를 역임하였다. 특히 김해 부사 시절에는 선정을 베풀어 포상을 받았다. 더불어 그의 품계가 한단계 높아져 당상관에 올랐다.

셋째, 조정에서는 원사립의 능력을 높이 평가해, 그를 압록강에 있는 만포진 첨절제사로 임명하여 청나라의 침략에 대비하였다. 그는 만포진에서도 자신의 능력을 유감없이 발휘해, 숙원사업으로 남아 있던 축성(築城) 사업을 절반 이상 마쳤다. 적은 병력을 가지고 누구도 하지 못한 어려운 사업을 효율적으로 추진하였으니, 참으로 놀라운 성과였다.

이전에는 우리가 잘 몰랐으나, 원전과 원사립은 참으로 훌륭한 인물들이었다. 그런데 여동에서 이와 같은 인재가 대대로 배출된 것은 왜 그런 것일까? 여동의 원주 원씨로 말하면 "뿌리 깊은 나무"요, "샘이 깊은 물"이었다. 원주 원씨(原州元氏)는 고려가 건국될 당시부터 그 나라가 멸망하기까지 무려 500년 동안 우리나라 굴지의 명문귀족이었다. 여동의 원씨들은 조상의 위업(偉業)을 잊지 않았으며, 빛나는 전통을 지키고자 많은 노력을 기울였다. 필자는 그 점을 이 책의 제3장과 제4장에서 구체적으로 서술하였다.

늘 그렇듯 한권의 책이 완성되려면 여러분의 도움이 필수적이다. 이 책을 준비하는 과정에서도 여러분의 헌신적인 응원과 격려가 뒤따랐다. 그리고 여러분이 아낌없이 제공해준 문헌과 구술이 큰 도움이 되었다. 특히 원주 원씨 원성백계 평택대종회장인 원선식 님을 비롯하여, 부회장/총무 원성식 님과 부회장 원상필 님의 격려가 필자에게 많은 용기를 주었다. 고성공 종중 회장 원종헌 님과 전 회장 원유경 님, 원균기념사업회 회장 원진식 전 차관님, 거제문화원 원동주 전 원장님 그리고 사단법인 원심창의사기념사업회 원형재 대표이사님과 나눈 여러 차례의 대화에서도 귀중한 지식을 얻을 수 있었다.

이 기회에 꼭 말씀드려야 할 사항이 있다. 평택 대종손 원영재 님과 원릉군 종손 고(故) 원제대 님 및 원주재 고성공 종중 총무님은 집안에 소장된 귀중한 문헌을 아낌없이 제공해 주셨다는 사실이다. 수백 년 동안 깊숙이 간직해온 귀중한 문헌을 연구에 참고하라고 보여주셔서 대단히 감사하다. 이 모든 문헌을 한 장도 빠짐없이 모두 촬영해서 일목요연하게 정리해주신 분은 원선영 전 평택 대종회 총무님이다.  원주 원씨 종사(宗史) 연구소 원대연 박사님도 여러 모로 도와주셨다. 아울러 현장 조사를 함께 해주신 김훈 평택시 금요포럼 대표님과 김종기 전 공동대표님의 고마움도 잊을 수 없다.

이 모든 분께서 아낌없이 베풀어주신 도움에 진심으로 감사드린다. 이밖에도 여러분이 큰 박수로 응원해주셔서 필자는 예정된 기일 내에 작업을 마칠 수 있었다.

2025년 1월 1일

석양재(石羊齋)에서

백승종 삼가

## 차 례

**원전** 元㙉 미상. ~ 1598.

조선의 무관으로 임진왜란이 일어나자 친형인 경상우도 수군절도사 원균 장군과 함께 남해 바다를 누비고 다니며 연거푸 승리를 거두었다. 남해안에서 활동하는 왜군의 동태를 가장 신속하고 정확하게 보고하여 선조 임금과 조정의 신뢰가 깊었다. 1597년(선조 30)에는 고성 현령으로서 원균 장군과 함께 칠천량에서 끝까지 왜적과 싸우다 순국하였다. 그 공적을 기려 조정에서는 선무원종공신 1등로 포상하였다.

역사와 충효가 숨 쉬는 마을 원릉군길 벽화 _ 고성 현령 원전

역사와 충효가 숨 쉬는 마을 원릉군길 벽화 _ 진주 목사 원사립

**원균** 元均 1540. ~ 1597.

20대 청년 시절 무과에 급제하여 함경도에서 벼슬을 시작하였다. 그는 우리나라를 침략한 여진족을 토벌하여 명성이 높았다. 임진왜란이 일어날 기미를 보이자 경상우도 수군절도사에 임명되었고, 적이 쳐들어오자 전라도의 수군절도사 이순신 및 이억기와 힘을 합쳐 연전연승을 거두었다. 그는 한산대첩의 주역 가운데 한 사람으로 나라를 위기에서 건졌다. 1597년(선조 30) 삼도수군통제사에 임명되었는데, 조정의 명령으로 왜적을 토벌하는데 온 힘들 다해 싸우다 칠천량에서 순국하였다. 전쟁이 끝난 뒤 이순신 및 권율과 함께 선무 1등 공신에 책봉되어 의정부 좌찬성이란 벼슬과 함께 원릉군이 되었다.

역사와 충효가 숨 쉬는 마을 원릉군길 벽화 _ 원균 장군

양세충효정문

양세충효정문(충신 원연과 효자 진주공 원사립의 충효를 후세에 알리는 기념물)

양세충효사적1 _ 원주재 소장

양세충효사적2 _ 원주재 소장

禮曹 申目粘連云云
觀此 上言則爲故縣監元埏忠義及其子故牧使
士立孝行請表章之典事有此呼籲爲白有卧乎所
元埏當壬辰之難倡義討賊屢挫凶鋒幾左之賴全
軍食之運饋不可比同於一時勞勩而身先殞亡仍闕
顯稱是白遣其子士立居父憂而丁丁酉之難因
朝令起復赴任出奇勦賊而每以奪情爲終身之慟及
遭母喪竟以毁死蓋是父是子忠孝實蹟之見於
公私文字者甚多而尙此泯沒而不章宜有公議之嗟惜
元埏施以 褒贈之典其子士立施以旌閭之典恐合事宜
是白乎矣恩典所關臣曹不敢擅便 徵裁何如
達依回達施行爲良如敎

양세충효정려에 관한 예조의 답변 _ 원주재 소장

일등공신 원균에게 하사된 선무공신록권의 사본(집안에서 녹권의 사본을 만들어 많은 자손이 공유함) _ 원주재 소장

通政大夫晉州牧使公墓表

粵在 萬曆壬辰之亂縣監元公埏以振威一上舍倡義赴難大鏖屯賊於龍仁之
金嶺 朝廷特授百里之任迄今數百載慕義之士莫不稱其忠烈公其仲父也弟
士立字顯卿出爲縣監公弟縣令公坱之後當島夷再寇以一守宰有勦賊之功而
被陞職之典其忠義之盛克趾先美嗚呼偉哉是誠可以諗夫永世也元氏以高麗兵
部令原城伯克猷爲鼻祖歷文純公傅僉議贊成瓘原川府院君忠至判三司左尹
宣守志罔僕與趙平簡捐隱于松山寔公七世祖也曾祖諱任 贈參判祖諱俊良
兵使 贈領議政平原府院君妣豐德李氏某官某之女縣監公之配晉州蘇氏郎司直
壽延女也公以 宣廟己巳五月初一日生自在幼稱孝友篤至及長從事武業而其持躬
秉心儀如雅士甚見稱於洛下衿紳年二十三登科入仕宣傳官訓鍊主簿都摠都事軍
器副正乃其所踐歷也丁酉倭賊屯湖沿數郡之間殺掠甚惜 朝家擇其捍禦之材
而特起公於憂服中爲舒川郡守克奮智勇終底廓清湖民賴而安堵以其勞勩
擢遷晉州牧使又歷金海府使陞資通政除滿浦防禦使平安兵虞候前後所莅
皆有茂績間被 隆慶爲遭內艱哀毁甚日三哭墓不以雨雪而或廢三霜之中毁瘠
沈痼竟闋制而歿於庚戌十二月十四日葬于振威之余佐洞坐坎原配叔人[illegible]氏

진주공 묘표1 _ 원주재 소장

嗚呼公之居家立朝始終徽蹟皆從忠孝中出來惜乎其懿行之煒煒可著者
無以盡徵於兵燹之餘也若使公忠孝之心克享壽位則其將展才器而垂
耀後世者尤當如何哉宜其雲仍深盡乎遺蹟之泯沒也今因公之後裔
來請謹書此俾鐫于阡表之陰
崇政大夫議政府右贊成兼成均館祭酒宋煥箕撰

진주공 묘표2 _ 원주재 소장

訓鍊院習讀官元俊良 秀夫 本原州 居京
戊戌春別試
父效力副尉 任
具慶下 鴈行
兄 遂良 弟 國良

원평부원군 원준량의 무과 방목

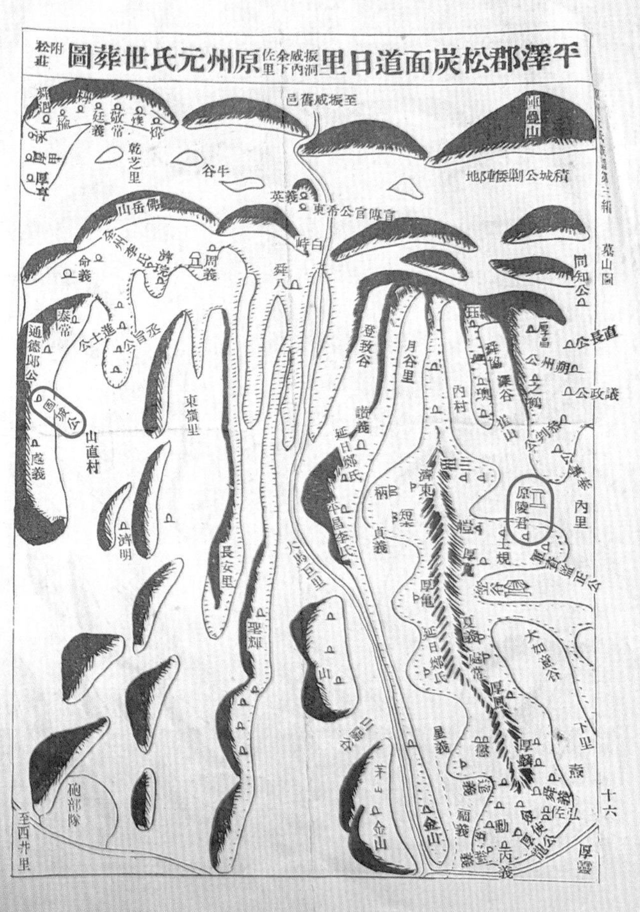


원릉군과 고성공 묘소

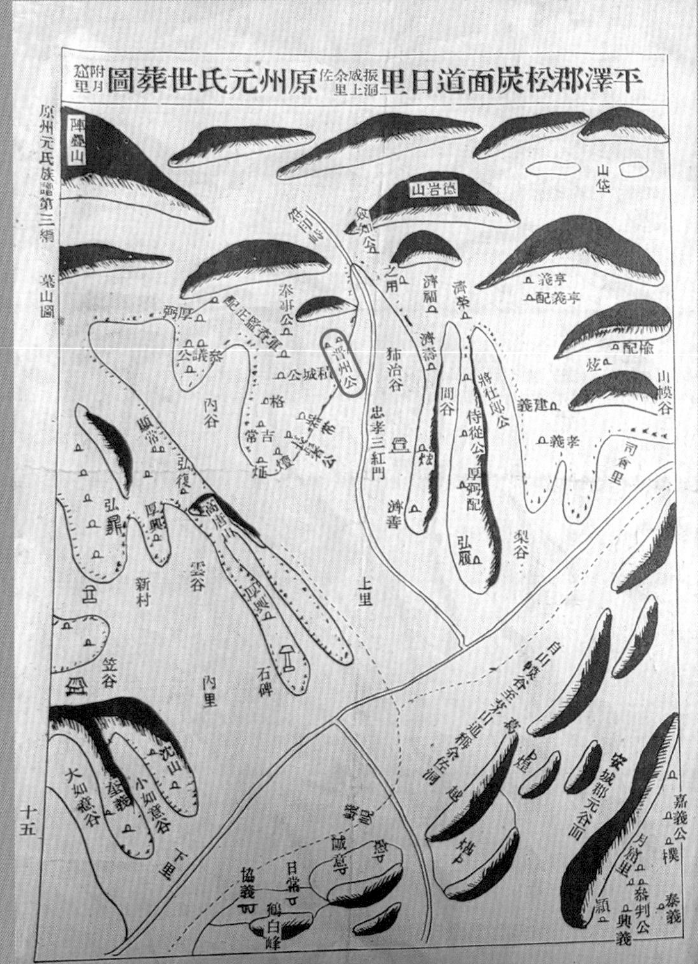
平澤郡松炭面道日里
振威上洞
佐余里
原州元氏世葬圖
附月谷里
原州元氏族譜第三編 墓山圖
陣疊山
德岩山
晉州公
忠孝三紅門
上里
內里
下里
新村
雲谷
內谷
笠谷
梨谷
石碑
白峰
十五

진주공 묘소

모선재 慕先齋(고성공종중재실)

통정대부 행 고성현령 원전과 숙부인 덕수이씨의 묘소

진주공 묘소

충효마을

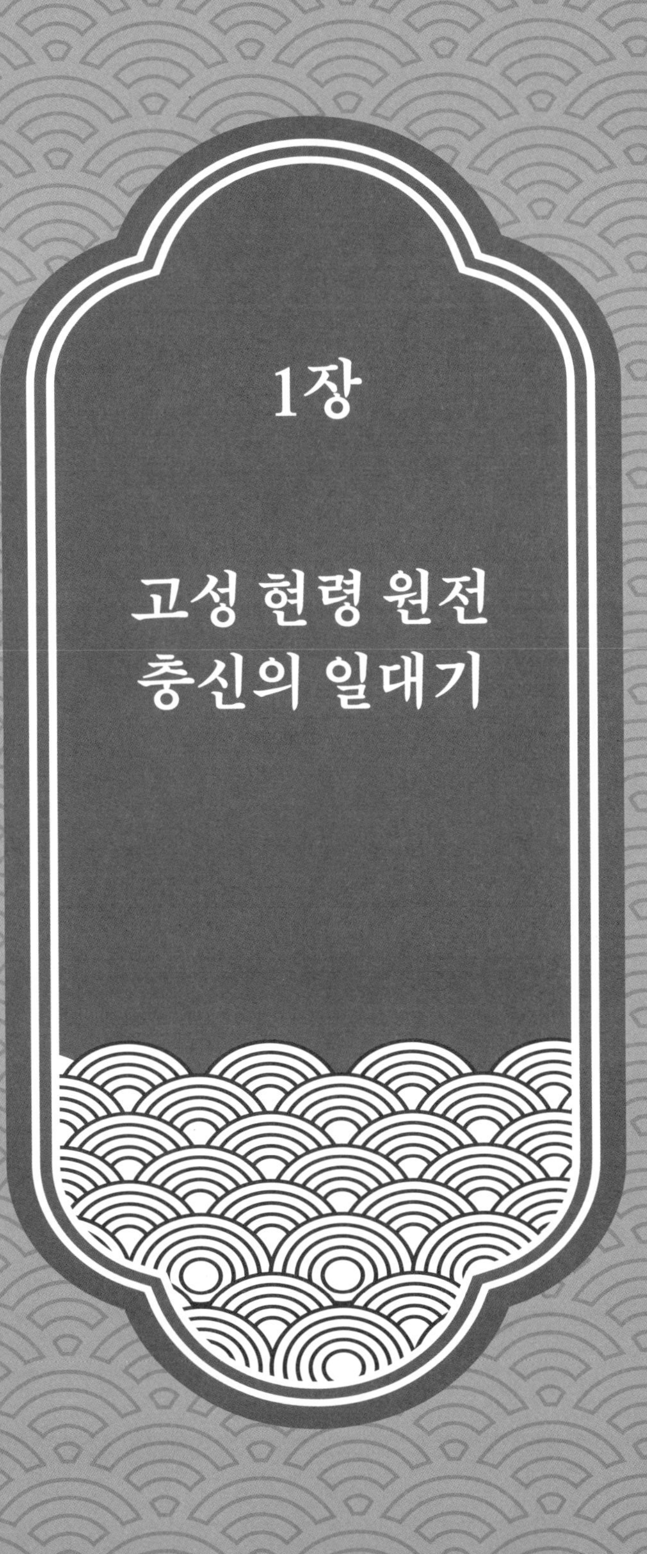

# 1장

# 고성 현령 원전
# 충신의 일대기

1장

# 고성 현령 원전 - 충신의 일대기

## 원전은 누구인가?

원전(元𤭛)의 일생을 한마디로 평한다면 무엇이라고 할 수 있을까. 그는 임진왜란을 승리로 이끈 영웅 가운데 한 사람이었다. 원전은 "선무원종공신 제1등"이었으니, 《선무원종공신록권》(제1권, 8쪽)에 그 이름이 또렷이 적혀있다[1]. 정확히는 "선전관(宣傳官) 원전(元𤭛)"이라고 하였다. 그의 벼슬을 "선전관"이라 명시한 것은 맞고도 틀렸다. 이것은 임진왜란 초기의 벼슬이었고, 마지막 관직은 경상도 고성 현령이었다.

그럼 선무원종공신이란 무엇일까. 나라에서는 임진왜란 때 가장 공이 높은 이들을 "선무공신"으로 뽑았다. 모두 18명인데, 원전의 맏형 원균과 이순신 등이 바로 정공신(正功臣)이었다. 그리고 무공이

---

1) 《선무원종공신록권(宣武原從功臣錄券)》, 서울대 규장각, 청구기호 고(古)4651-13.

정공에 미치지는 못하더라도 국가에서 당연히 포상하여야 될 인사의 명부를 정리한 것이 "선무원종공신"이었다. "원종공신"에는 "정공신"의 형제와 조카, 사위 등도 많이 포함되었다. 그들은 "정공신"의 최측근으로서 힘을 모아 함께 국난을 극복하려고 힘썼기 때문이다.

선무일등공신 원균의 가까운 친족 중에서는 무려 13명이나 되는 원종공신이 나왔다. 아마 임진왜란 때 가장 많은 공신을 배출한 가문이었을 것이다. 선무원종공신 중에서도 가장 눈길을 끄는 것은 일등공신이다. 고성공 원전과 그의 5촌 조카 "정(正) 원사언(元士彦)"도 그 안에 포함되었다. 원사언은 벼슬이 정3품 당상관인 도정(都正)에 이르렀다.[2] 요컨대, 고성공 원전과 그의 형제 및 조카들은 임진왜란으로 조선의 운명이 위태로웠을 때 죽을 힘을 다한 충신들이었다.

여기에 한 가지 덧붙이고 싶은 사실이 있다. 옛 속담에 '바늘 가는데 실이 간다'라는 표현이 있는데 선무일등공신인 원릉군 원균 장군과 그 아우인 선무원종공신 일등 고성공 원전이 곧 바늘과 실의 관계였다. 고성공은 장형(長兄, 맏형) 원균을 보좌하는 것을 평생의 임무로 여기며 살았던 것 같다. 그는 형님이 가는 곳마다 찾아가서 정성껏 보필하였다. 아름다운 우애로 닦인 그 길은 형제의 마지막 순간까지도 이어졌다. 그 사실을 어렴풋이 알고 있는 사람도 없지 않으나, 역사에 그 점을

---

2) 《원주 원씨 족보(초간본)》, 하, 이(李)쪽. 영조 16년(1740) 경신년에 나온 이 족보를 원주 원씨들은 《경신(庚申) 전보(前譜)》라고 부르기도 한다. 또, 정조 24년(1800)년 경신년에 나온 족보는 《경신(庚申) 후보(後譜)》라고도 한다.

뚜렷이 부각하지 못한 것은 유감이다.

이 책에서는 충신 고성공의 공훈만 강조하는 데 그치는 것이 아니다. 행간에 흐르는 그들 형제의 우애를 그리는 데도 비중을 두려고 한다. 나라를 위한 충성과 가정에서의 깊은 효우(孝友), 이것은 고성공 원전의 생애를 이끌어간 두 개의 바퀴였다. 그 점이 독자의 심금에 조금이라도 와 닿기를 바란다.

## 자료의 소개

원전 장군을 후손들은 "고성공"이라고 부른다. 그가 경상도 고성현(固城縣)의 현령(縣令, 종5품)을 지냈기 때문이다. 평시라면 고성 현령은 백성을 다스리는 지방관일 뿐이겠지만, 임진왜란 같은 전쟁 중에는 임무의 비중이 달라진다. 고성 현령은 경상우도수군절도사, 즉 경상 우수사를 도와 왜적을 물리치는 장수였다. 고성공에 관한 역사적 기록은 여러 책자에 조금씩 흩어져 있다. 특히 《선조실록》에 여러 차례 언급되어 있는데, 그 중에는 인상적인 대목도 있다. 또, 선비 오희문(吳希文)이 쓴 피난일기 《쇄미록(瑣尾錄)》에도 약간의 기록이 있다. 그밖에 이순신(李舜臣)의 《난중일기(亂中日記)》에도 원전에 관한 언급이 여러 차례 발견된다.

알다시피 전라 좌수사 이순신은 원전의 맏형 원균(元均)과는 아주 특별한 관계였다. 그것은 악연이었다고 할 수가 있다. 《난중일기》에는 원균에 관한 비판 또는 혹평이 지나치게 많다. 그들은 임진년(1592) 4월부터 공동으로 작전을 수행하였는데, 그 과정에서 틈이 벌어졌기 때문이다. 두 사람의 관계는 점차 적대적인 관계로 발전하여, 나중에 이순신은 원균을 '흉악한 인물(凶物)'이라고 일기장에 기록할 정도로 나빠졌다.

이순신이 《난중일기》에서 원균을 숱하게 비방하고 폄하한 결과, 후세의 역사인식에 돌이킬 수 없는 장애가 일어났다. "성웅 이순신"의 길을 가로막은 악인이 곧 원균이라는 왜곡이 일어났으니, 이보다 끔찍한 일이 없다. 그런데 《난중일기》란 결국 한 개인의 일기이므로 후세가 이순신의 평가에 얽매일 필요는 없다. 어쨌든 그 일기에는 원전을 포함하여 원균의 형제들도 여러 차례 등장하였다. 그 중에는 물론 독자들이 관심을 가질 만한 부분도 없지 않다.

필자가 보기에, 여러 문헌 중에 그래도 가장 공정한 기록은 《선조실록》이었다. 그 당시에 실록의 편찬사업을 주도한 것은 조정에서 입김이 컸던 대북파(大北派)였다. 하지만 그들이 독단적으로 실록을 편찬하지는 않았다. 다양한 정치세력이 《선조실록》의 편찬에 공동으로 참가하였다. 그러므로, 한 가지 사건이나 인물에 관해서도 실록 안에는 다양한 시각이 공존한다. 이것은 후세가 역사적 진실을 찾는 데 나침반 역할을 하기에 충분하다. 이 글을 쓸 때 필자는 여러 가지 역사기록을 참고하였지만, 《선조실록》이야말로 가장 믿음직한 자료라고 확신하게 되었다.

## 침략전쟁이 일어났다는 슬픈 소식 - 선조 25년(1592) 4월 13일

임진왜란은 선조 25년(1592) 4월 13일에 시작되었다. 그리고는 선조 31년(1598) 말까지 햇수로 7년이나 길게 이어졌다. 그것은 물론 왜적이 일으킨 침략전쟁이었다. 전쟁의 양상으로 보아, 선조 25년과 선조 26년에 전투가 가장 치열하였다. 그리고 전쟁이 막바지에 이른 선조 30년과 선조 31년에도 여러 차례 무력 충돌이 일어났다. 고성공 원전은 침략전쟁이 처음 시작되었을 때부터 선조 30년 7월에 그의 맏형이 순국할 때까지 5년 3개월 가량 전선을 지켰다.

기나긴 전쟁으로 다수의 무고한 생명이 희생되었고, 우리 국토의 상당 부분이 거의 초토화되었다. 왜적을 몰아내기 위해 우리는 총력전을 폈는데, 아군이 가장 신뢰한 것은 다름아닌 수군이었다. 원전은 조선수군의 양대축의 하나인 원균 진영의 최고급 참모였다. 전쟁이 끝나자 그 공을 인정받아 "선무원종공신 일등"에 책봉되었다. 이 점은 위에서 언급한 바 있다.

원전의 삶을 서술하려면, 그의 형 원균의 행로(行路)를 떠나서는 도저히 설명할 수가 없다. 전쟁이 시작된 임진년(선조 25년) 늦봄부터 정유년(선조 30년) 늦여름까지 원균 장군과 함께 원전은 잠시도 창과 칼을 내려놓은 적이 없었다. 아래에서 우리는 시간의 흐름을 좇아가며 원전이 역사에 남긴 자취를 따라갈 것이다.

왜적의 침략이 시작된지 사흘이 지나자 불길한 소식이 사방으로 전파되었다. 그때 전라도 산간 지방인 장수현에 머물던 한양 선비 오희문은 자신의 일기책에 다음과 같이 기록하였다.

> "(임진년 4월) 16일 ... 왜선 수백 척이 부산에 모습을 드러냈다는 소문이 (내가 있는 장수에도) 돌았다. 저녁나절에는 부산과 동래가 ... 함락되었다는 소문이 들려와 경악을 금하지 못했다. 아마도 성주(지방관)가 굳게 지키지 못해서 그랬을 것이다."[3)]

사람들은 왜적이 쳐들어왔다는 소식에 놀랐다. 그래도 그때까지는 적이 우리나라를 송두리째 빼앗을 계획이라고는 꿈에도 짐작하지 못하였다. 왜적은 이미 명종 때부터 여러 차례 침노해왔다. 그때마다 국지적인 전투가 벌어졌고, 얼마 안 가서 그들은 철수하였다.

그러나 이번에는 근본적으로 성격이 다른 침공이었다. 왜적의 대부대가 잇달아 부산에 상륙했고, 그들은 우리 대궐이 있는 한양을 향하여 북상하기 시작하였다.

## 적의 침략을 이순신에게 최초로 알린 장수 – 경상 우수사 원균

적이 부산에 침략한 것은, 선조 25년(1592) 4월 13일 오후였다. 그로부터 이틀이 지난 4월 15일(양력 5월 25일) 오후 늦게 전라좌수영에

---

3) 오희문, 《쇄미록》, 1권, 63~64쪽.

두 통의 긴급한 첩보가 도착했다. 이순신은 《난중일기》에 다음과 같이 기록하였다.

> "저물녘 영남 우수사(원균)의 통첩이 왔다. '왜선 90척가량이 (쳐들어)와서 부산 앞바다 절영도(영도)에 정박했다.'라고 하였다. 잇따라 수사(경상 좌수사 박홍)의 공문도 왔다. '왜적 350여 척이 부산포 건너편에 이미 도착했다.'라고 하였다. 그래서 즉시 (나는 조정에) 장계를 올렸다. (전라) 순찰사(이광), (전라) 병마사(최원) 및 (전라) 우수사(이억기)에게도 공문을 보냈다. 영남 관찰사(김수)에게서도 공문이 왔는데, 같은 내용이었다."[4]

원균과 박홍의 정보를 종합하면, 왜적은 1차로 90척쯤이 영도에 도착했고, 이어서 260척쯤이 차례로 영도 주변으로 몰려왔다. 이 배들은 곧 부산으로 쏟아져 들어올 조짐이었다. 다음날 또 그 다음날에도 적은 물밀 듯 쏟아져 들어올 기세였다. 그렇다면 이 적을 우리는 어떻게 막을 것인가. 참으로 난감한 일이었다.

그때 누구보다 먼저 왜적의 침략을 조정에도 알리고, 전라좌도 수군절도사 이순신에게도 알린 이는 경상 우수사 원균이었다. 뒤이어 약간의 시차를 두고 경상좌수사 박홍과 경상관찰사 김수도 같은 내용을 알려왔다. 그러나 경상우병사 조대곤은 아무런 연락도 주지 않았다.

---

4) 《난중일기》, 임진년(1592) 4월 15일.

변방의 위급한 소식을 접한 이순신은, 남쪽에 전쟁이 발생하였다는 보고서를 급히 조정에 보냈다. 그는 전라도 방어책임자 이광, 최원 및 이억기 등에게도 그 사실을 통지하였다. 그 이튿날에는 경상 우수사 원균 한 사람만이 다시 연락을 보내왔다. 원균은 적의 침략 상황을 빠짐없이 관찰하고 있었다. 그때 경상좌수사 박홍은 압도적인 적의 위세에 놀란 나머지 전함을 물속에 집어넣고 육지로 피신해 버렸다. 그로서는 아마 어쩔 수 없는 상황이었을 것이다.

원균의 두 번째 공문이 이순신의 진영에 도착한 것은 한밤중이었다. "부산진이 이미 함락되었다."라는 슬픈 소식이었다. 이순신은 분하고 원통함을 이길 수 없다고 일기장에 기록하였다. 그는 원균이 알려준 소식을 즉시 조정에 전달하였고, 그밖에 방어 준비가 필요한 것으로 보이는 여러 곳에 공문을 보냈다.[5]

전쟁이 일어나고 사흘이 지난 4월 17일에 처음으로 경상우도 병사(조대곤)이 겨우 한 통의 공문을 이순신에게 보내왔다. "왜적이 부산을 함락시킨 뒤로 그곳에 주둔하면서 물러가지 않는다."라는 뻔한 내용이었다.[6]

4월 18일에도 원균은 이순신에게 전황(戰況)을 꼼꼼히 기록해 통보했다. 오후 두 시쯤이었다. 동래도 이미 적의 수중에 들어갔고, 양

---

5) 《난중일기》, 임진년(1592) 4월 16일.

6) 《난중일기》, 임진년(1592) 4월 17일.

산(조영규)과 울산(이언함)의 두 지방관은 조방장이 되어 동래성 안으로 들어갔으나 결국은 싸움에 졌다는 것이다. 그 무렵 경상좌도 병사(이각)와 경상좌수사(박홍)는 군사를 이끌고 동래성 뒤편으로 접근하였으나, 성 안으로 들어가지도 못한 채 물러났다고 전하였다.[7] 안타까운 일이었으나, 중과부적(衆寡不敵)이었다. 이처럼 원균은 날마다 전쟁의 상황을 정확히 조사하여 이순신에게 알렸다. 원균 외에는 날마다 세부적인 정보를 수집하는 장수가 한 명도 없었다.

다시 이틀이 지나자 더욱더 절망적인 소식이 이순신에게 들려왔다(임진년 4월 20일). 이번에는 경상도 관찰사 김수가 보낸 소식이었다. "많은 적이 휘몰아쳐 들어오니 도저히 막아낼 수가 없다. 적이 승리하는 기세는 마치 아무도 없는 빈 땅을 차지하는 것과 같다." 사실상 경상도 남부 지방이 적에게 항복했다는 이야기였다.

그때 김수는 이순신에게 한 가지 부탁을 꺼냈다. 이순신에게 전선(戰船)을 정비하여 경상도 해역으로 진출하여 원균을 도와주기 바란다고 하였다. 그는 이미 조정에 그와 같은 내용이 담긴 〈장계〉를 보냈다고도 말하였다.[8]

적의 사정을 감시하는 것 외에 경상 우수사 원균은 무엇을 하고 있었을까. 그는 김수와 상의해, 가능한 많은 병력을 모아 바다로 나아가 왜적을 찾아다녔다. 그때 원균의 아우 원전은 핵심 참모로 행동을 함

---

7) 《난중일기》, 임진년(1592) 4월 18일.

8) 《난중일기》, 임진년(1592) 4월 20일.

께 하였다. 원전은 원균이 경상 우수사로 부임한 그해 2월에 이미 형님과 함께 남쪽으로 내려와 있었다.

알고보면, 김수가 이순신에게 출동을 요청하기 전부터 원균은 이순신에게 합동작전을 제안하였다. 이미 전쟁 발생 5일 뒤인 4월 18일경 조정에 보낸 〈장계〉에서, 원균은 이순신과 함께 합동작전을 펼치고 싶다는 뜻을 밝혔다.[9] 그렇다면 이순신에게 출병을 요청한 것은 그보다도 앞이었다는 사실을 추론할 수 있다. 아마 전쟁 발발 직후부터 원균은 그렇게 요구하였을 것이다.

그러나 이순신의 확답은 없었다. 그래서 원균은 관찰사 김수에게 부탁하여 이순신에게 거듭 협력을 요청하였다. 원균은 김수와도 연락을 여러 차례 주고받으며, 어떻게 해서든지 이순신의 협력을 얻으려고 하였다.

다른 한편으로, 원균은 조정에 〈장계〉를 올려 이순신의 출전을 종용하였다. 자신의 힘만으로는 도저히 왜적을 막을 수 없다는 사실을 잘 알았기 때문에, 원균은 처음부터 이순신의 도움을 얻으려고 필사적이었다. 전쟁이 일어난지 4년이 지난 선조 29년(1596) 11월 7일, 어전회의에서 승지 이덕열은 그 점을 증언하였다. 원균이 15번이나 거듭 출병을 요청한 뒤에야 이순신이 출동하였다고 하였다.[10] 또, 우의정 이원익은 원균의 말을 인용해, "천 번 만 번을 부른 다음에야 비로

9) 이순신은 〈장계초본〉(선조 25년 4월 27일)에서 그런 사실을 기록하였다.

10) 《조선왕조실록》, 선조 29년 11월 7일.

소 (이순신이) 진군(進軍)하였다."라고 덧붙였다.[11] 그 점에 관해 이원익은 자신의 견해를 이렇게 밝혔다.

> "(이순신은 자신이) 호남에 주둔하고 있는데. 만약 적 함대가 자신이 있는 곳으로 돌진해 오면 적의 세력이 (전라도에) 가득할까 봐 걱정했습니다. 그래서 어쩔 수 없이 (원균을 도우러) 간 것입니다."[12]

필자는 이원익의 분석이 합리적이라고 생각한다. 이순신은 끝까지 망설이다가 경상도가 거의 무너진 다음에야 마지못해 진군하였다. 이순신의 이러한 심중을 이원익보다 정확하게 헤아린 사람은 조정에 없었다.

## 왜적의 침략으로 경상도 전체가 혼란에 빠져

임진왜란 초기 경상도는 극도의 혼란에 빠졌다. 유사 이래 초유의 초대형 사고가 터진 셈이었으니, 당연한 일이었다. 그 상황은 우리의 상상을 초월하였다. 선조 25년(1592) 6월 하순에 경상우도 초유사(慶尙右道招諭使) 김성일(金誠一)이 조정에 보낸 〈장계(狀啓)〉에 따르면 실로 처참하기 이를 데 없었다. 입체적인 이해를 위해 그의 〈장계〉를

11) 《조선왕조실록》, 선조 29년 11월 7일.

12) 《조선왕조실록》, 선조 29년 11월 7일.

몇 개의 단락으로 나누어 차례로 살펴보자.

먼저 왜적의 압도적인 무력 침공에 아군이 속수무책이었다는 사실부터 확인할 필요가 있다. 궁지에 빠진 아군의 실상을 김성일은 다음과 같이 기록하였다.

> (가) "... 본도(本道, 경상도)가 (적에게) 함락되고 (우리 군사가) 패전하자 사방으로 흩어진 이들에 관해 말씀드립니다. 도망한 군사나 패전한 병졸만 산속으로 들어간 것이 아니었습니다. 대소 인원(大小人員, 높고 낮은 관리)도 모두 산속으로 들어가 새나 짐승처럼 숨어 지냅니다. 아무리 되풀이해서 알아듣게 설득해도 (군대에) 응모하는 이가 없습니다."[13]

경상도 방어를 위해 내려온 장수들은 물론이고, 현지의 지방관들까지도 왜적을 피해 깊은 산골짜기로 숨어 버렸다. 김성일은 그들을 불러 모아 군대를 재편성하려고 안간힘을 썼다. 그러나 모집에 응하는 사람은 거의 없었다. 임진년 5월까지는 모병 자체가 불가능한 일이었다.

그러나 6월이 되자 상황이 조금 변화하였다. 왜군의 주력이 이미 북쪽으로 올라간 뒤라, 후방지역에 해당하는 경상도에서 적의 움직임이 거의 사라졌고, 그러자 아군의 재정비가 가능해졌다. 김성일은

---

13) 《조선왕조실록》, 선조 25년 6월 28일.

고무적인 변화라고 여기며, 일각에서 일어나고 있던 의병 봉기를 다음과 같이 기록하였다.

(나) "요즘은 (달라졌습니다.) 고령(高靈)에 사는 전 좌랑(佐郞) 김면(金沔)과 합천(陜川)에 사는 전 장령(掌令) 정인홍(鄭仁弘)이 그러합니다. 그들이 현풍(玄風)에 사는 전 군수(郡守) 곽율(郭趄), 전 좌랑 박성(朴惺), 유학(幼學) 권양(權瀁) 등과 더불어 향병(鄕兵)을 모집하자 따르는 사람이 많아졌습니다."[14]

임진년 6월, 경상도 남부 지방에서 의병이 일어나기 시작했다. 이제 적의 후방을 교란할 수 있는 여건이 서서히 마련되기 시작했다. 초유사 김성일은 심적으로 약간의 위안을 얻을 수 있었다.

하지만 지난 4월부터 5월까지의 답답했던 일을 돌이켜보면, 쉽게 안심할 수 있는 처지는 아니었다. 그 시절 경상도의 정세는 참으로 끔찍해, 김성일은 도저히 잊을 수가 없었다. 전쟁 초기의 아군은 육군과 수군을 막론하고 다음과 같이 절망적인 상태였다.

(다) "변란이 발생한 직후 도내(道內)의 병사(兵使) · 수사(水使) · 방어사(防禦使) · 조방장(助防將) 등의 처사에 관해서입니다. 그들은 각 고을의 군기(軍器, 군사 물자)를 가져다 (진영

---

14) 《조선왕조실록》, 선조 25년 6월 28일.

에) 쌓아두었으나 군대가 무너져 달아나게 되자, 모두 불 속에 던져버리거나 길가에 내버렸습니다. 결과적으로 (우리는 이제) 병기(兵器)가 하나도 없습니다. 창고의 곡식도 그렇습니다. 왜적이 도착하기도 전에 수령(守令)이 지레 겁을 먹고 창고째로 불사르기도 하였고, 더러는 백성들이 훔쳐 먹게 내버려 두었습니다. 군량도 전혀 없습니다."[15]

전쟁 경험이 없는 현대인의 지레짐작과는 너무나도 다른 일이 벌어졌다. 전세가 워낙 아군에게 불리하였으므로, 다들 그동안 비축한 전쟁물자를 손도 대보지도 못한 채 스스로 포기하였다. 1950년에 발생한 한국전쟁 때도 아군이 철도와 교량을 스스로 파괴하였다. 후퇴작전이란 동서고금을 막론하고 늘 마찬가지 모습이다. 임진왜란 초기의 아군도 그러하였다. 적의 수중에 물자가 들어가기 전에 우리 스스로 불태우고 파괴하였다. 수년 동안 애써 준비한 전쟁물자와 무기가 안개처럼 사라졌다. 참으로 안타까운 일이었으나, 아군의 힘이 워낙 달렸으므로 어쩔 수 없는 조치였다.

---

15) 그때 경상좌도의 사정을 순찰사 김수는 다음과 같이 조정에 알렸다. "동해(東海) 일대는 장기(長鬐) 북쪽으로 안동 · 청송 · 진보(眞寶) · 봉화 · 예안(禮安) · 영천(榮川) · 예천 · 풍기(豊基)를 제외한 언양(彦陽) 일대와 울산 · 경주 · 영천(永川) · 신령(新寧) · 의흥(義興) · 의성 · 군위 · 비안(比安) 등이 이미 (왜적의) 분탕질을 입었고, 현재 왜적들이 멋대로 횡행하며 우마에 짐을 실어 나르느라 길에 행렬이 끊이지 않고 있습니다. 그런데도 감사(경상도 관찰사)와 (경상 좌)병사는 물론이고 (경상 좌)수사, 방어사 및 조방장 등은 어디로 사라졌는지 행방조차 알 수 없습니다. (경상좌도) 각 지방의 지방관들도 모두 도망쳐 숨어버렸습니다."(《조선왕조실록》, 선조 25년 6월 28일)

왜적의 주력 부대는 이미 임진년 4-5월에 모두 북쪽으로 올라가 버렸다. 경상도에는 소수의 적군이 몇 개의 고을에 상주하고 있었다. 그들은 점차 현지에 대한 지배력을 강화하고 있었는데, 그 상황을 김성일은 다음과 같이 요약하였다.

> (라) "왜적의 대부대가 한양으로 올라갔습니다. 뒤에 남은 왜적은 1백여 명, 혹은 50~60명씩 작은 부대를 편성해 곳곳에 둔취(屯聚, 주둔)합니다. 지금 성주성(星州城)을 점령한 왜적도 고작 40~50명뿐입니다. 그런데도 아군은 그 소굴을 감히 공격하지 못합니다. 왜적이 스스로 목사(牧使)니 판관이니 하며 관직을 일컫고, 관가의 곡식을 꺼내 백성들에게 나눠주었습니다. 그러자 백성들이 모두 복종하고 있습니다."[16]

왜적은 감히 점령지의 지방관으로 자처하며 조선 사람들에게 선심을 썼고, 그러자 민심이 그들 편으로 돌아섰다는 이야기였다. 얼마나 끔찍한 일인가. 그런데 적들은 다른 한편으로 자신들이 사용할 물자를 함부로 약탈했다. 적들은 경상도를 남북으로 관통하는 낙동강을 이용해 물자를 운송하였다. 대개 다음과 같은 식이었다.

---

16) 순찰사 김수의 〈장계〉에 따르면, 경상우도 병마사 조대곤이 성주의 왜적을 소탕하였다고 한다. 《조선왕조실록》, 선조 25년 6월 28일.

(마) "낙동강을 왕래하는 적선은 1백여 척, 혹은 수십 척인데, 그들이 떼를 지어 강을 뒤덮었습니다. 적선이 쉴새 없이 (강을) 오르내리는데, 모두 약탈한 물자를 운반하는 선박들입니다."[17)]

왜적이 휩쓸고 지나간 자리에는 아군의 교통과 통신이 끊겼다. 초유사 김성일은 경상우도의 형편은 그런대로 잘 알고 있었다. 그러나 자신의 소관이 아닌 경상좌도의 사정은 파악하지 못했다. 그저 들리는 소문에 의지하여 다음과 같이 보고할 따름이었다.

(바) "한 떼의 왜적이 좌도(左道, 경상좌도)의 경주 · 영천 · 신령(新寧) · 의흥(義興) · 군위 · 의성 · 안동 등지를 오간다고 합니다. 가는 곳마다 그들은 (성을) 함락하였습니다. (아군은) 적의 예봉(銳鋒)을 당하지 못해 좌 · 우도의 길이 끊어졌습니다. 지금 (저는 왜적이) 어느 곳으로 가고 있는지도 모르고 있습니다."[18)]

## 전세를 뒤집으려는 노력 – 수군의 합동작전

초유사 김성일의 본래 역할은 무엇인가? 경상도의 백성을 위무(慰

17) 순찰사 김수의 〈장계〉에 따르면, 경상우도 병마사 조대곤이 성주의 왜적을 소탕하였다고 한다. 《조선왕조실록》, 선조 25년 6월 28일.

18) 순찰사 김수의 〈장계〉에 따르면, 경상우도 병마사 조대곤이 성주의 왜적을 소탕하였다고 한다. 《조선왕조실록》, 선조 25년 6월 28일.

撫, 위로하고 달램)해 적과 맞서 싸우는 것이었다. 그러나 그는 큰 전투를 벌일 형편이 아니었다. 그래도 경상우도의 피해 상황은 상당히 구체적으로 파악하였다. 그는 이렇게 말하였다.

> (사) "우도를 침범한 왜적의 한 패는 김해 · 창원 · 우병영(右兵營, 합포) · 칠원(漆原) 등지를 약탈하여 (자신들의) 소굴로 만들었습니다. 또 다른 패는 연해(沿海)의 여러 섬에 출몰합니다. 그러자 (섬의) 진보(鎭堡, 기지)를 지켜야 할 장수들이 왜적의 출현에 겁을 먹고 서둘러 도망쳤습니다. 그들은 육지로 올라갔고, 바다의 군영은 모두 텅 비었습니다."[19]

요컨대 두 가지 내용이 주목된다. 첫째, 경상도의 전략적 요충인 김해와 창원, 합포, 칠원 등이 왜적의 소굴로 바뀌었다고 했다. 왜의 육군이 경상도 남해안 지역을 대부분 점령했다는 뜻이다. 둘째, 적의 수군이 남해의 여러 섬을 침략하자 조선 수군이 육지로 철수해버렸다는 것이다. 원균이 지휘하는 경상우수영의 대부분이 이미 붕괴되었다는 의미다.

왜적의 강대한 세력을 감당하기에 벅차 조선의 육군도 수군도 맥을 쓰지 못하였다. 수군들까지도 여러 섬에서 철수한 것은 형세상 어쩔 수 없는 일이었다. 그럼 이 상황을 역전시키기 위해서는 무엇을 어떻게 해

---

19) 순찰사 김수의 〈장계〉에 따르면, 경상우도 병마사 조대곤이 성주의 왜적을 소탕하였다고 한다. 《조선왕조실록》, 선조 25년 6월 28일.

야 하는 것일까? 김성일은 아군의 방어전략을 다음과 같이 서술했다.

> (아) "신이 보건대, 고성(固城)이 함락되었다고는 해도 왜적은 이미 되돌아갔고 군량도 남아 있습니다. 만약 수사(원균)가 (고성의) 성에 들어가서 지킨다면, 무너져 흩어진 백성이 반드시 안집(安集)할 것입니다. 저는 이미 두 차례나 수사(원균)에게 통문(通文)을 보냈습니다. 그래서 수사는 지난 (6월) 19일에 성으로 들어가려고 고성현 경계에 배를 댔습니다. 그런데 왜적 1백여 명이 이미 (나라를) 배반한 백성을 거느리고 다시 쳐들어와 성을 점령하였습니다. 결국 (원 수사는 고성으로) 들어가지 못하였습니다."[20]

초유사 김성일은 고성의 탈환이 급선무라고 판단하였다. 마침 왜적이 물러간 틈을 이용하여 그는, 경상 우수사 원균에게 고성을 다시 점령하라고 지시하였다. 그러나 이 작전은 실패하였다. 원균이 고성에 상륙하자 왜적은 항복한 조선 사람들을 거느리고 나타나 성을 차지했다. 고성이 회복된 것은 나중의 일이었다.

임진년 6월까지 왜적에게 점령되지 않은 경상도내의 고을은 적었다. 대략 10개 고을뿐이었다. 김성일은 그 점을 다음과 같이 보고하였다.

---

20) 순찰사 김수의 〈장계〉에 따르면, 경상우도 병마사 조대곤이 성주의 왜적을 소탕하였다고 한다. 《조선왕조실록》, 선조 25년 6월 28일.

(자) "남은 고을이라고는 거창 · 안음(安陰) · 함양 · 산음(山陰) · 단성(丹城) · 진주 · 사천 · 곤양(昆陽) · 하동 · 합천 · 삼가(三嘉) 등 10여 고을입니다. 그런 고을조차도 백성들은 모두 깊은 산중으로 숨었고, 빈 성만 남아 있습니다. 비록 수령(守令)과 가장(假將, 임시로 임명된 장수)이 지키더라도 호령이 시행되지 않습니다. 군사를 조달하여 응원할 방책이 없으니, 곧 적의 소굴로 바뀔 것입니다. 애통하고 절박함을 차마 말로 표현할 수 없습니다."[21)]

6월 당시 경상도에서 아직 무사한 곳은 진주권이었다. 그나마도 앞으로 얼마나 오래 버틸 수 있을지는 장담하기 어려운 일이었다. 그 무렵에 의병이 일어난 곳도 바로 진주권이었다.

이처럼 전황(戰況, 전쟁의 실제 상황)이 매우 불리하던 시절에 경상 우수사 원균은 그의 참모이자 아우인 원전과 어디서 무슨 작전을 펴고 있었을까?

결론적으로 말해, 원균은 수군을 이끌고 육지로 허겁지겁 달아나지 않았다. 《선조수정실록》에서는 원균이 겁에 질린 나머지 지레 싸움을 포기하였다는 서술이 나온다. 선조 25년(1592) 5월의 기록에 다음과 같이 적혀 있다.

---

21) 순찰사 김수의 〈장계〉에 따르면, 경상우도 병마사 조대곤이 성주의 왜적을 소탕하였다고 한다. 《조선왕조실록》, 선조 25년 6월 28일.

"왜병이 바다를 건너오자 경상 우수사 원균(元均)은 대적할 수 없는 형세임을 알았다. 그래서 전함(戰艦)과 전구(戰具)를 모두 물에 침몰시키고 수군 1만여 명을 해산하였다."[22]

과연 이런 서술은 사실이었을까. 그럴 리가 없다. 위의 서술에 해당하는 것은 경상 좌수사 박홍의 소행이었다. 그럼 경상 우수사 원균은 무엇을 하였는가? 그는 악화 일로에 있던 전쟁 상황을 동료 이순신에게 날마다 알려주었고, 처음부터 이순신에게 협력해 주기를 거듭 부탁하였다. 원균은 이순신과의 협동작전이 성사되기를 갈망하며, 전라도 수군이 동쪽으로 출진하기를 손꼽아 기다렸다. 그런 원균이 자신의 전략자산을 몽땅 포기하고 군대를 해산하였다는 서술은 어불성설이다. 자신의 멀쩡한 부대를 해산하고 어찌 남의 부대를 부른다는 말인가? 그런 기록은 도저히 믿을 수가 없다.[23]

역사의 진실은 단순하였다. 왜적이 침략해오자 원균은 날마다 해상 정찰을 강화하였고, 적과 싸울 태세였다. 임진년(1592) 4월 27일 새벽에 이순신은 그 보다 사흘 전(4월 23일)에 승정원 좌부승지가 국왕 대신에 작성한 서장(書狀, 공문)을 받았다. 선전관 조명이 직접 가져

---

22) 《조선왕조실록-선조수정실록》, 선조 25년 5월 1일. 선조 수정실록은 편찬 과정이 공정하지 못해 사료로서 신빙성이 별로 없다. 널리 알려진 사실이라 여기서 길게 설명하지 않는다.

23) 원균이 상당수의 전함을 침몰시켰고, 군수 물자를 스스로 불태운 것은 사실이라는 주장도 있다. (김인호, 위의 책, 95쪽) 그러나 원균은 처음부터 강한 전투의지를 가지고 있었다. 물자의 일부라면 몰라도, 모든 물자를 스스로 폐기하고 군사를 해산하였다는 주장은 따르기 어렵다.

온 글이었다. 거기에는 원균의 활동이 다음과 같이 언급되어 있다.

> "왜적은 이미 부산과 동래를 함락하고 이제 밀양까지 들어 왔다고 한다. 방금 경상도 우수사 원균의 〈장계〉를 읽었다. 그는 각 포구의 수군을 이끌고 바다로 나아가 우리 군사의 위세를 뽐내며 적의 배를 엄습할 계획이라고 하였다."[24]

〈장계〉가 조정에 전달되기까지는 적어도 4~5일이 걸렸다. 그러므로 원균이 조정에 자신의 활동 계획을 보고한 날짜는 4월 18일쯤이었을 것이다. 왜군이 쳐들어온 지 약 5일 뒤에 작성한 보고서였다는 뜻이다. 왜적이 부산진을 함락한 것은 4월 16일이요, 4월 18일에는 동래성까지 무너뜨렸다. 그런 사실은 원균이 이순신에게 보낸 공문에도 명시된 바이다. 아군이 동래를 빼앗긴 직후인데도, 원균은 조정에 〈장계〉를 올려 용감무쌍한 자신의 군사작전을 설명하였다. 그러면서 부디 이순신이 조정의 명령으로 자신과 협력할 수 있게 조치해달라고 호소하였다. 원균은 도망친 장수도 아니고, 자신의 군대를 해산하고 함대를 스스로 파괴한 적이 없다.

동래성이 함락된 직후 원균이 보낸 〈장계〉를 읽고 나서 조정에서는 이순신에게 다음과 같이 지시하였다.

---

24) 이순신, 《이충무공전서(李忠武公全書)》, 권 1, 유서(諭書), 〈원균과 함께 적을 치라고 명하는 유서(命與元均合勢功敵諭書)〉.

"이것은 절호의 기회다. 그러므로 (경도) 반드시 그(원균)의 뒤를 따라 출전하라. 경이 원균과 힘을 합쳐 적선을 쳐부순다면 (아군이) 적을 평정하는 일이 쉬워질 것이다. 그러므로 선전관(조명)을 급히 보내어 경에게 알리노라. 경은 각 포구의 병선을 거느리고 급히 출전하여 이 기회를 놓치지 말라. 그러나 천리 바깥의 일이라 혹시 뜻밖의 사정이 있을지도 모르겠다. 아무쪼록 경이 판단하여 처리하라. 이 명령에 무조건 좌우되지는 말라."[25]

선조를 비롯한 조정 대신들은 이순신에게 무조건 원균과 합동작전을 펴라는 식의 일방적인 명령을 내린 것이 아니다. 조정에서는 이순신의 재량권을 충분히 보장하는 선에서 강제성이라고는 전혀 없는 권고를 하였다. 그러자 이순신은 즉각 출동하지 않는 대신에, 사태를 조심스레 관망하며 경상도로 진출하는 일정을 늦추었다. 결과적으로 이순신의 이러한 판단 때문에 원균은 치명적인 위기를 맞았다. 고단(孤單)한 경상우수영 군대는 전라도 수군의 지원이 없이는 홀로 버틸 수가 없는 상황이었다.

세상일이란 누구도 미리 알 수가 없는 것이다. 왜란이 일어나기 한 해 전, 즉 선조 24년(1591) 2월에 선조는 원균을 전라 좌수사로 임명하려고 하였다. 그러나 일이 어긋나면서 이순신이 그 자리를 얻었다. 그

25) 이순신, 《이충무공전서(李忠武公全書)》, 권 2, 장계 2(狀啓 二), 〈경상도 도우러 가는 장계(赴援慶尙道狀)〉.

리고 선조 25년 2월에 원균은 경상 우수사로 발령이 났다. 처음에 선조가 계획한 대로 원균이 전라 좌수사가 되었더라면, 이순신은 아마 경상 우수사에 임명되었을 것이다. 그랬더라면 이순신이 원균에게 원병을 요청하는 상황이 벌어졌을 터인데, 임진년 4월의 현실은 그와 정반대로 흘러갔다. 수적으로 압도적인 우위를 보인 왜적을 상대하느라, 원균은 막다른 궁지에 몰렸다. 그는 하루에도 몇 번씩이나 두 사람의 뒤바뀐 운명을 되짚어보며 한탄하였을 것이다. 그럼 그때 이순신은 과연 무슨 생각을 하고 있었을까. 몹시 궁금한 일이다.

### 역사적 진실을 흐리는 '가짜 뉴스'들 – 이영남과 이운룡

역사적 진실을 제대로 알기란 참 어려운 일이다. 왜란 초기 경상우수영의 전투 활동을 조사 검토하는 과정에서, 우리는 뜻밖의 주장에 맞딱뜨린다. 원균의 용감무쌍한 해상 전투활동이 사실은 원균의 공훈이 아니라 순전히 몇몇 부하들의 공로라는 견해가 그것이다. 그 시절 원균의 부하였던 이영남과 이운룡의 전기를 살펴보면, 원균은 처음부터 도망치려고만 하였다. 그런데 자신들이 도망치지 못 하게 막았다는 이야기가 등장한다. 이를 차례로 검토해 보자.

먼저 이영남 측의 주장이다. 전쟁이 일어나자 경상우수영의 최하급 장교였던 소비포권관(종9품) 이영남(李英男)이 직속 상관인 경상우수사(정3품) 원균을 힐난하였다고 한다. 말하자면 소위에 불과한 이영남이 지역사령관 원균 장군을 타일러 그가 태도를 완전히 바꾸게 되었다는 주장이다. 백호(白湖) 윤휴(尹鑴, 1617~1780)가 쓴 글에 나온다. 원균이 적을 두려워 하여 함선에서 내려 육지로 도망치려 할 때 이영남이 다음과 같이 지적하였다는 것이다.

> "공(원균)은 왕명을 받고 수군절도사가 되었습니다. 적이 바다를 건너온 이때 1만여 명의 수군을 다 흩어 보내고, 전함 100여 척을 바닷속에 가라앉혀 버렸습니다. 그리고는 적을 보고도 싸우지 않아 이 지경에 이르렀습니다. 후세의 책망에 대하여 공은 어떻게 스스로를 해명하겠습니까. 그러니 이웃한 도(이순신)에 원병을 청하여 적과 한번 싸우는 것이 나은 방법입니다. 만약 싸워서 이기지 못하면 그때 다른 계책을 써도 늦지 않을 것입니다."[26]

새파란 청년 장교 이영남의 이런 지적을 받자 원균은 비로소 자신의 잘못을 뉘우쳤다고 한다. 이어서 원균은 이영남을 이순신에게 보내 함께 싸우기를 요청하였다는 주장이다. 실로 터무니가 없는 궤변이다. 앞에서도 살폈듯이 원균은 적의 침략이 발생한 직후부터 사태를 정확하게 분석하여 이순신에게 알렸고, 이미 초기 단계에서부터 합동작전을 원하고 있었다.

---

26) 윤휴, 《백호전서(白湖全書)》, 제23권, 〈통제사 이충무공 유사(統制使李忠武公遺事)〉.

그런데 휘하 장수 이운룡에 관한 기록을 읽어보면 이번에는 이운룡이란 장수의 지적으로 비굴한 원균이 마음을 돌이켰다고 한다. 이운룡이 사망한 지 20년이 지난 뒤에 작성된 글에 나오는 주장이다. 당대의 이름난 학자 이식(李植)이 "국론(國論)을 모으고 가첩(家牒, 이운룡 집안의 문서)을 자세히 살펴 작성하였다"라는 글에 나오는 말이다. 이는 이운룡의 공훈을 추켜세우는 전기였다.

그에 따르면, 왜적이 쳐들어왔을 때 원균은 전함을 버리고 달아나려고 하였다. 그러자 옥포 만호(玉浦萬戶, 종4품)였던 이운룡이 다음과 같이 꾸짖었다고 한다.

> "사군(使君, 원균)은 국가로부터 중한 임무를 부여받았으니, 의리로 볼 때 자신의 관할 지역을 사수(死守)해야 마땅합니다. 이곳은 양호(兩湖 호남과 호서, 즉 전라도와 충청도)의 요충(要衝)에 해당합니다. 여기가 무너지면 양호도 저절로 무너집니다. 비록 지금은 우리 군대가 피폐해졌으나, 병력을 끌어모으면 지킬 수 있습니다. 또, 호남의 수군(水軍)도 온전하게 남아 있으므로, 군대를 정돈한 다음에 견내량(見乃梁)을 차단하여 적이 거제(巨濟)를 통해서 서쪽으로 나가지 못하게 하시면 됩니다. 남방의 사태를 안정시킬 가능성이 아직 남아 있는데, 공은 지금 이곳을 포기하고 어디로 가려하십니까."[27]

27) 이식, 《택당 선생집(澤堂先生集)》, 제10권, 〈식성군 이공 묘비명(息城君李公墓碑銘) 병서(幷序)〉.

이런 주장을 내세워 이운룡은 원균을 설득하였다고 한다. 마침내 이운룡은 이순신과 평소부터 알고 지내던 이영남(李英男)을 전령으로 추천했노라는 설명도 덧붙였다. 글쓴이 이식은 《선조수정실록》의 편찬을 주도한 인물이기도 하다. 그래서 그는 위에 인용한 글을 자신이 책임 편찬한 《선조수정실록》에도 그대로 옮겨 실었다. 그 바람에, 실록을 요약한 《국조보감》(제31권, 선조 25년 4월)에도 똑같은 내용이 실렸다. 이후 조선의 선비들은 이식이 쓴 글을 믿고 주저없이 따랐다.

그러나 이것은 역사적 사실과는 거리가 먼 허구다. 전쟁이 벌어진 최초 단계부터 원균은 적과 싸울 의지가 하늘을 찌를만큼 높았다. 그리고 그에게는 함께 적을 물리칠 장수들도 있었다. 위 인용문의 주인공인 이운룡을 비롯하여 원전, 우치적 및 기효근 등이 바로 그런 장수들이었다. 그밖에도 우리가 잘 모르는 또 한 사람의 부하가 있었다. 비장 강덕룡(姜德龍)이었다.

강덕룡의 행적에 관하여는, 경상남도 출신으로 남명(南冥) 조식(曹植, 1501~1572)의 제자인 성여신(成汝信, 1546~1632)이 쓴 글이 있다. 성여신은 왜란을 직접 경험하였고, 강덕룡과는 가까운 인척이었다.

성여신이 쓴 글에 따르면, 무관 강덕룡은 원균의 전임자인 경상 우수사 박현(朴玹)의 비장(裨將)이었다. 그런데도 후임자인 원균이 부임한 뒤에도 진중(陣中)에 눌러앉았다.[28] 그만큼 원균에 대한 기대가

28) 성여신, 《부사집(浮査集)》, 제4권, 〈장기 현감 강공 묘지(長鬐縣監姜公墓誌)〉.

높았다는 뜻이다.

임진년 4월에 왜란이 일어났을 때 원균은 임기 초반이어서 전선(戰船)을 제대로 갖추지 못했다. 함께 싸울 수군도 워낙에 부족하였다. 그러자 현지 사정에 밝은 강덕룡이 경상 우수사를 열심히 보좌하였다고 한다. 그 점을 성여신은 다음과 같이 기록하였다.

> "공(강덕룡)은 계책을 올리고, 밤중에 사천 · 고성 · 곤양 등지로 걸어나가서 군인을 소집하여 (이순신과 합동작전을 벌일) 기일에 맞추어 대열을 정비하였다. ... 공은 원균과 한마음이 되어 힘을 합쳐 방어 태세를 잘 갖추었다. 연거푸 12번을 싸워 전투에서 모두 크게 이겼다. 이 때문에 원균이 애지중지하였고, 〈장계〉를 올려 공적을 칭찬하였다. 조정에서 (공에게) 정3품의 품계를 내리자 당시 사람들이 (공은 큰 데 상은 적다며) 원통하게 여겼다."[29]

성여신이 기록한 것처럼, 원균은 부임한 지 겨우 두 달 만에 전쟁을 만나 곤경에 빠졌다. 그에게 이른바 100척의 전함이 있을 리도 만무하였고, 1만 명의 군사란 것도 꿈에서나 만날 수 있을 대규모 군대였다. 그런 군사와 함선 대신에 원균에게는 강덕룡이라는 성실하고 유능한 비장이 있었다. 그의 도움으로 사천을 비롯한 몇몇 고을에서

---

29) 성여신, 《부사집(浮查集)》, 제4권, 〈장기 현감 강공 묘지(長鬐縣監姜公墓誌)〉.

수군을 징발할 수 있었다. 비장 강덕룡은 우수사 원균과 "한마음이 되어" 전쟁 초기부터 의연하게 적과 싸웠다.

후세의 기록을 살펴보아도, 강덕룡이 전쟁 초기의 원균에게는 가장 소중한 부하였다. 영조 때 국가에서 편찬한《여지도서(輿地圖書)》에는 다음과 같은 구절이 있다.

> "강덕룡은 무과 급제자로, 임진왜란 때 원균의 막하가 되어 (원균과) 함께 왜구와 맞서 12번 싸워 모두 크게 이겼다. 조정에서 특별히 3품 벼슬을 내려주었다(姜德龍 武科 壬辰赴元均幕 與倭寇連戰十二皆大捷 朝廷特授三品職)."[30]

강덕룡이 충성스럽고 훌륭한 장수였다는 점을, 진주 사람들은 충분히 알고 있었다. 19세기 후반 조정에서는 그의 충절을 아름답게 여겨 높은 벼슬을 추증하였다.《승정원일기》에도 기록되어 있다.[31]

만약에 원균이 처음부터 적을 피해 도망치려고 했다면 강덕룡과 같은 부하가 필요하지도 않았을 것이다. 또, 그가 도망치는 비겁한 장수였다면 굳이 이순신에게 원병(援兵)을 청할 까닭도 없다. 더구나

---

30)《여지도서(輿地圖書)》, 하(下), 慶尙道, 晉州, 〈人物〉.

31) "작고한 영장 강덕룡(故營將姜德龍)에게 병조참의를 추증하고 관례대로 훈련원 도정을 겸하게 한다(贈兵參訓都例兼). 충절이 특별하여(忠節卓異) 추증하는 것이다(贈職事)" (《승정원일기》, 철종 8년 윤 5월 16일)

조정에 〈장계〉를 올려 자신의 군사 작전을 설명하고 이순신을 설득해 달라고 주문한 이유가 무엇이었겠는가. 이미 부산진이 무너지고, 동래성이 함락될 때도 그런 비참한 사실을 조정은 물론이고 이순신에게 꼬박꼬박 알린 이가 바로 경상 우수사 원균이었다. 우리는 그 점을 잊지 말아야 한다.[32]

당대의 조정 대신들이 널리 인정한 것처럼 원균은 탁월한 장수였다. 만약 그에게 한 가지 약점이 있다면, 그것은 그가 지나치게 강경하여 부하들을 부드럽게 어루만지는 능력이 부족했다는 점이다. 선조 앞에서 영의정 유성룡은, 원균의 장단점을 평할 때 이렇게 말했다.

> "원균이 제 몸을 잊고 용감히 싸우는 것은 장점입니다. 그러나 지친 군졸을 어루만지는 것은 감당하지 못할 것입니다."[33]

그런 원균이었다. 그런데 왜적이 쳐들어왔다는 말을 듣기가 무섭게 그가 도망치려 했다고 주장할 수 있는가. 조금도 수긍할 수 없는 낭설이다.

---

32) 임진왜란 초기에 경상 우수영의 가장 중요한 활동은 일본군의 동향에 대해 전라 좌수사 이순신에게 통보한 것이었다.(제장명, 위의 논문, 59쪽) 원균이 첩보를 제공하였기 때문에 옥포 해전은 물론이고 사천해전도 가능했다. 더구나 이와 같은 정보 공유는 위로 수사인 원균으로부터 아래로는 수군과 잡색군에 이르기까지 다양한 계층의 사람들이 참여하였다. (제장명, 위의 논문, 63쪽) 경상도의 해로와 지리에 밝은 원균의 복병선이 승리에 이바지한 바는 실로 컸다. (제장명, 위의 논문, 63쪽)

33) 《조선왕조실록》, 선조 29년 11월 7일.

## 왜란 초기의 승리 – 원전이 조정에 전한 최초의 승전보

대사헌 김간(金榦, 1653~1735)이 쓴 〈원균 행장(元均行狀)〉이란 글이 있다. 국가의 공적 기록은 물론이고 원균의 집안에 전하는 문서를 두루 참고하여 쓴 것이다. 그에 따르면, 원균의 경상우수영은 임진년 4월에도 상당한 전과를 올리고 있었다. 김간은 다음과 같이 기록하였다.

> "순신이 아직 오지 않았을 때 공(원균)이 이미 적과 여러 차례 싸워 적선 십여 척을 불태우고 왜적을 사로잡았다. 그러자 군사들의 기세가 조금 올랐다."[34]

이순신과 합동 작전이 처음으로 성사된 것은 임진년 5월 초순이었다. 그러므로 김간이 서술한 원균의 공적은 그해 4월에 이룬 것이었다. 〈원균 행장〉에서 김간은, 그때 원균이 사로잡은 왜적을 행조(行朝, 행재소)에 바친 사실을 다음과 같이 적기도 하였다.

> "공이 앞서 아우 (원)전을 보내어 왜군 포로를 행조에 바쳤다."[35]

원균은 자신이 노획한 포로까지 압송하여 피난중인 선조와 조정을 기쁘게 하였다. 그런데 여기에 한 가지 주목할 점이 있다. 원균 장

---

34) 김간, 〈원균 행장〉; 이 행장은 영조 16년(1740)에 간행된 《원주 원씨 족보(초간본)》 상권에 실려 있다.

35) 김간, 〈원균 행장〉.

군의 승전보는 그의 아우 원전을 통해 조정에 보고되었다는 사실이다. 수세에 몰린 조선군이 처음으로 거둔 승리는 곧 원균의 경상우수영이 거둔 것이었다. 그렇게 귀한 소식을 조정에 처음 알린 이가 바로 고성공 원전이었다. 이후에도 경상우수영에서 첩보(捷報, 승전보)를 올릴 때면 원전이 그 보고서를 가지고 행재소(行在所, 임금의 피난처)로 가는 일이 잦았다.

임진년 5월에 이르러 원균과 이순신의 연합함대는 큰 승리를 거두었다. 처음에 이순신 장군은 승첩(勝牒)을 천천히 올리자고 약속해 놓고 그날로 단독 〈장계〉를 올렸다. 이것으로 원 장군과 큰 갈등이 생기게 되었다. 이런 사실은 누구나 다 안다. 그보다 시간이 좀 흐른 뒤에는 원균도 자신의 전과(戰果)를 알리는 별도의 〈장계〉를 올렸다. 그때도 원균은 아우 원전을 행재소로 보냈다.

조정에서는 원균과 이순신 양측에 승전의 공이 크다는 점을 인정하였고, 양측의 장수들에게 품계를 높여주었다. 김간은 그 점을 다음과 같이 서술하였다.

> "이제 순신 등이 또 첩보를 올리자 상(선조)이 크게 기뻐하였다. 공(원균)에게는 특히 가선(嘉善大夫, 종2품)을 더해 주시고, (아우 원)전에게는 선전관의 벼슬을 주셨다. 그리고는 유지(諭旨, 임금의 특별 명령)를 내려 칭찬을 더하시더라."[36]

---

36) 김간, 〈원균 행장〉.

그때 왜의 수군은 600척이나 되는 전함을 운용하였다고 한다. 그런데 경상우수영은 10척 미만의 전함밖에 보유하고 있지 못했다. 앞에서도 따져 보았지만, 원균이 전쟁 초기에 100척의 전함을 가지고 있었으나 바닷물 속에 처넣었다든가, 1만 명의 수군을 해산하였다는 식의 낭설은 돌아볼 가치조차 없는 빈말이다. 왜적이 침략해오자 제풀에 기가 죽어 달아난 장수와 병사도 적지 않았다. 그래서 원균이 휘하에 거느린 함선은 겨우 한 자릿수였다. 그때는 아무리 승선 인원을 넉넉하게 계산해도 그가 직접 거느린 병력이라야 1천 명쯤이었다. 도무지 크게 싸울 여건이 되지 못하였다.

그런데도 원균과 원전 형제는 소수의 경상우수영 수군을 이끌고 왜적과 교전(交戰)하였다. 그들은 적선을 10척 넘게 불살랐고, 포로도 사로잡아 조정에 압송하였다. 이처럼 중요한 전과를 조정에 직접 알린 이가 이 글의 주인공인 원전이다.

임진년(1592) 4월에 원균의 함대가 왜적과 싸우고 있었다는 점은 의심의 여지가 없다. 이순신이 조정에 올린 〈장계〉에도 분명히 명시되어 있는 사실이다.

> "겸 경상도관찰사 김수는 (경상 우수사) 원균에게, '적선의 침범을 막기 위하여 전 수군을 거느리고 바다로 나가라'고 지시하였다."[37]

---

37) 이순신, 《이충무공전서(李忠武公全書)》, 권 2, 장계 1(狀啓 一), 〈경상도 도우러 가는 장계(赴援慶尙道狀)〉.

원균은 왜란 초기에 이미 왜의 수군과 싸웠고, 적지 않은 전과를 올렸다. 그 소식이 임진년 5월에는 전라도에도 널리 퍼졌다. 장수현에 머물고 있던 한양 선비 오희문(吳希文)은 자신의 일기 《쇄미록》에 이렇게 적었다.

"또 들으니, 영남(경상)우수사 원균이 지난달(4월)에 적선 10여 척을 불태웠다고 한다."[38)]

이순신이 조정에 올린 〈장계〉를 살펴보아도 그 사실은 입증된다. 이순신이 〈장계〉에서 원균의 보고를 다음과 같이 인용하였다.

"적선 500여 척이 부산 · 김해 · 양산 · 명지도 등지에 정박하였다. 저들은 마음 내키는대로 상륙하여 바닷가의 고을과 포구, 병영 및 수영을 거의 다 점령하였다. 우리 측의 봉화(烽火)도 끊어졌으니 매우 통분할 일이다. (나 원균은) 본도(경상우도)의 수군을 뽑아 적선을 추격하여 10척을 쳐부수었다."[39)]

오희문이 일기에 기록한 왜선 10척이란 곧 김간의 〈원균 행장〉에

38) 오희문, 《쇄미록》, 임진년.

39) 이순신, 《이충무공전서(李忠武公全書)》, 권 2, 장계 2(狀啓 二), 〈경상도 도우러 가는 장계(赴援慶尙道狀)〉.

나오는 10척이었다. 그것은 이순신이 〈장계〉에서 인용한 10척이기도 하였다. 적선 5백 여척이 남해안에 정박하였으나, 경상 우수사 원균은 잘해야 10척에 불과한 휘하의 전선(戰船, 판옥선)과 여러 척의 협선(挾船)을 지휘하며 적과 싸웠다. 대단한 용기라고 하겠다. 마침내 그의 함대는 왜선 10척을 불태우고 말았다.

〈원균 행장〉에서 글쓴이 김간이 말한 것처럼 그때의 사정은 다음과 같았다.

> "(이)순신이 아직 오지 않았을 때 공은 적과 여러 차례 싸워 적선 10여 척을 불태우고 왜적도 사로잡았다. 그러자 군사들의 기세가 조금 올랐다."

원균은 적의 빈배를 불사른 것이 아니었다. 왜적을 포로로 잡은 사실만 보아도 분명히 알 수 있다. 원균이 무찌른 10척에 관해, 《원균평전》의 저자 김인호는 그것은 왜적의 전함이 아니라 수송선이나 세키부네(關船, 속도가 빠른 일본 전함)일 것이라고 추측하였다.[40] 김인호는 원균의 수군이 워낙 약체라서 본격적인 전투를 수행하기에는 역부족이었다고 추측하였다. 그러나 그렇게 판단할 근거가 무엇인지는 제시하지 못하였다. 필자는 전혀 다른 생각을 하고 있다. 아우 원전을 통해 포로까지 행재소로 압송한 사실을 염두에 둘 때 그 무렵에 원균

40) 김인호, 《타는 바다. 원균 평전》, 96쪽.

이 거둔 승리는 당당한 전투의 결과였다. 그렇게 보는 것이 마땅할 것이다.

임진년 4월에 원균은 왜적을 상대로 또 다른 승리를 기록하였다. 이 점은 선조 25년(1592) 5월 10일의 실록 기사에서 찾아볼 수 있다. 그때 남쪽의 현황을 살피고 조정으로 복귀한 선전관 민종신(閔宗信)의 발언이 주목을 끈다. 그는 4월 하순에 전라도를 출발한 것으로 보이는데, 선조에게 다음과 같이 보고하였다.

> "원균(元均)이 바다에 나가 적선 30여 척을 격파했다고 합니다."[41]

승전한 날짜를 정확히 확인하기는 어렵다. 그런데 경상도순찰사 김수도 원균이 적을 무찔렀다며 조정에 다음과 같이 보고하였다.

> "남쪽 변방을 침범한 왜적을 수사(水使) 원균(元均)이 여러 장수를 거느리고 힘을 합쳐 (싸운 끝에) 무찔렀습니다."[42]

지금 그 원본은 망실(亡失)되었으나, 17세기에는 한림학사(翰林學

---

41) 《조선왕조실록》, 선조 25년 5월 10일. 부대 규모를 제대로 유지하지 못하고 있던 원균이 30척이나 되는 적선을 무찔렀을 가능성이 없다는 부정적인 견해도 있다(김인호, 위의 책, 93쪽). 그러나 필자는 민종신의 보고를 구체적인 근거도 없이 외면하기는 어렵다고 생각한다.

42) 《조선왕조실록》, 선조 25년 6월 28일.

士) 이선(李選)이 〈원균 행장〉을 쓴 적이 있다. 그 글의 한 대목에서 이선도 다음과 같이 서술하였다.

> "(원)균이 거느린 주사(수군)는 그 수도 매우 적고 그 세력도 심히 약하였다. 그러므로 (이)순신에게 도움을 요청한 것이다. 그러나 (이)순신이 오기 전에도 (원균은) 이미 적선을 불태우고 깨뜨렸다. 이로써 (조정에서는 원균의) 품계를 올려주었다."[43)]

한마디로, 임진왜란 직후 원균은 중과부적(衆寡不敵)으로 적과 싸울 여건이 매우 불리하였다. 하지만 용맹스러운 여러 부하를 거느리고 왜적과 교전(交戰)하여 여러 차례 승리하였다. 그때 원균의 승전보를 조정에 가지고 간 이가, 원균 장군의 친아우 원전(元㙉)이었다. 이처럼 원균이 지휘하는 경상우수영은 위기를 무릅쓰고 적과 싸움을 계속하며 사기를 높이고 있었다.

## 진주방어선 - 원균과 김성일의 빛나는 전략

임진년 5월에 원균과 이순신은 최초로 연합함대를 구성하였다. 그리고 얼마 후에는 전라우수사 이억기까지 거기에 합류하였다. 임진

---

43) 이선이 쓴 〈원균 행장〉에 위와 같은 내용이 포함되어 있었다는 점은, 훗날 김간이 쓴 〈원균 행장〉에서 확인할 수 있다.

왜란 초기 아군의 전세에 획기적인 변화를 가져온 것이, 바로 그들 세 장수의 단결이었다. 역사에 관심이 있는 사람이면 누구나 다 아는 사실이다.

그런데 그러한 연합함대를 구성하기 전에 원균이 거느린 경상우수영 수군은 어디서 무엇을 하고 있었을까. 이 문제에 대해서는 아직도 많은 오해가 남아 있다. 여러 기록에서 원균이 싸움에 줄곧 졌다든가, 육지로 도망갔다는 등의 주장이 발견되기 때문에 빚어진 혼선이다.

단도직입적으로 말해, 왜적이 압도적인 물리력을 바탕으로 부산에 상륙한 뒤 원균에게 전략적 목표가 있었는가, 아니면 불안에 떨며 하루하루 우왕좌왕하고 있었는가, 하는 물음에 우리는 대답해야 한다. 여러 해 동안 관련 자료를 섭렵한 결과, 필자는 한 가지 명백한 결론에 이르렀다. 원균과 원전 등이 이끄는 경상우수영은 전쟁 발발 직후 뚜렷한 한 가지 전략 목표를 수립하였다는 사실이다. 진주지역의 방어가 바로 그것이었다.

망망대해를 몇 척 밖에 안되는 경상우수영의 전선으로 빠짐없이 감시하고 순찰하기란 불가능한 일이었다. 그렇다고 해서 경상좌수사 박홍처럼 수군을 해산하고 육지로 피할 수도 없다는 것이 원균과 휘하 장수들의 판단이었다. 그들은 경상도에서 전라도로 넘어가는 전략적 요충지인 진주 방어에 목숨을 걸었다. 김간이 쓴 〈원균 행장〉에 그 점이 명료하게 서술되어 있다.

"(원균 공은) 옥포만호 이운룡(李雲龍), 영등포만호 우치적(禹致績), 남해현감 기효근(奇孝謹) 등을 거느리고 (거제도를 벗어나 연안으로) 물러나, 곤양의 바다 입구를 지키셨다."[44]

곤양이 어디인가. 지금의 경상남도 사천시에 속한다. 왜적이 경상남도의 거점인 진주를 공격하려면 반드시 지나야 하는 길목이다. 원균은 그 점을 간파하고, 휘하 장수인 옥포만호, 영등포만호 및 남해현감 등을 대동하여 남쪽 바다에서 진주성을 보호하는 작전을 전개하였다. 그러므로 이미 위에서 서술한 임진년 4월의 전과란 그들이 이끄는 경상우수영의 수군들이 진주를 수호하는 과정에서 얻은 성과였다고 짐작해도 좋을 것이다.

예로부터 진주는 남해안의 가장 중요한 거점도시이자 물산이 풍부한 곳이다. 만약에 진주가 적에게 넘어가버리면 남해안의 동쪽지역이 완전히 함락된 것이나 마찬가지여서, 서쪽으로 진주와 접한 전라도 역시 구하기 어려운 지경이 된다. 나중에 진주성 전투에 호남 의병이 다수 참가한 이유가 바로 여기에 있다.

진주의 중요성은 조정에서 남쪽으로 내려보낸 초유사 김성일도 알고 있었다. 그는 〈장계〉에서 이렇게 설명하였다.

"신(김성일)이 보건대 진주는 남쪽 지방의 거진(巨鎭)으로,

44) 김간, 〈원균 행장〉.

양도(兩道, 전라도와 경상도)의 요충지입니다. 이곳을 지키지 못한다면, 이 근처에 아직 보존된 여러 고을이 흙더미가 무너지듯 쓰러져 조석(朝夕)을 보존할 수 없습니다. 그뿐만 아니라 적이 (이곳을 거쳐) 반드시 호남으로 쳐들어갈 것입니다."[45]

바로 이러한 전략적 판단은 원균이나 김성일이나 일치하였다. 그래서 그들은 임진왜란 초기에 진주의 방어가 아군에게 가장 중요한 과제라고 인식하였다. 그러나 안타깝게도 진주에는 명장이 없었다. 본래 조정에서는 그곳에 정병(精兵)을 배치하였으나, 겸 순찰사 김수와 경상우병사 조대곤이 적을 피하여 산속으로 숨고 말았다. 진주 성을 지킬 병사 또한 없었다. 이를 안타깝게 여긴 김성일이 힘껏 노력하여 모은 군사가 겨우 1천여 명이었다. 그 가운데 아병(牙兵, 감영 군사)이 그래도 제일 믿을만 하였는데, 그중 활을 쏠 줄 아는 이가 겨우 60~70명이었다. 초유사 김성일은 한동안 진주를 떠나지 못하고 현지에 머무르면서 방어책을 고심하였다.[46]

임진년 4월, 김성일은 임지를 이탈한 여러 장수를 불러모았다. 그 중에는 원균의 부하인 가덕 첨사(加德僉使) 전응린(田應麟)과 고성 현령(固城縣令) 김현(金絢)도 포함되었다. 혹시라도 그들이 비겁하여 도주하였다고 판단하면 곤란하다. 왜적의 거센 공격에 그들이 죽음으로 맞

45) 《조선왕조실록》, 선조 25년 6월 28일.

46) 《조선왕조실록》, 선조 25년 6월 28일.

설 수는 있어도, 싸워 이길 수는 없었다는 사실 또한 정확하게 인식할 필요가 있다. 일단 적의 예봉을 피한 다음에 전열을 가다듬어 싸우는 것이 좋겠다는 것이 그들의 생각이었을 것이다. 전응린은 김성일의 휘하에서 정암진(鼎巖津)을 방어하였고, 김현은 진주의 수성장(守城將)으로서 권관(權管) 주대청(朱大淸)과 함께 진주성을 고수하였다.[47]

요컨대 임진년 4월의 진주성 방어에 관해 우리는 이렇게 요약할 수 있다. 초유사 김성일은 텅빈 진주성을 놓고 떠날 수 없었으므로 사방으로 흩어진 아군을 끌어모아 진주성과 그 외곽을 지켰다. 그러는 동안 경상 우수사 원균은 자신의 핵심 부하들을 거느리고 곤양에서 진주로 들어가는 바다를 지켰다. 이는 참으로 중요한 사실인데도 우리는 모르고 있었다.[48]

원균과 원전 등이 거제도를 떠나 곤양으로 이동한 점에 관해 비판적인 견해도 있다. 원균이 곤양으로 이동한 것을 가리켜, "도망이라는 표현은 정당하다"라고 평가하기도 한다. 그렇다 하더라도, 그때 원균은 이순신의 전라좌수영과 인접한 사천(곤양)에 머물면서 수군을 재건하려는 의지를 가졌으므로 '작전상의 후퇴'였다는 평가가 있

---

47) 《조선왕조실록》, 선조 25년 6월 28일.

48) 원균 등이 곤양에 머문 바에 관해서 필자와는 전혀 다른 견해도 있다. 원균이 곤양으로 간 것을 두고 일단은 "도망이라는 표현은 정당하다"며, 이순신의 수영과 인접한 사천(곤양)으로 후퇴함으로써 시간을 벌어 수군을 재건하려는 '작전상의 후퇴'였다는 것이다.(김인호, 위의 책, 96쪽) 그러나 아무리 그렇다 해도 "위수 지역을 벗어나지 않았다는 점과 지속적인 수군 재건에 노력한 점은 부정할 수 없다"고 하였다. (김인호, 위의 책, 97쪽.) 한 마디로, 원균의 행적이 비겁한 퇴각과는 거리가 있다는 뜻이다.

다.[49] 원균은 끝내 "위수 지역을 벗어나지 않았다"는 사실, 그리고 지속적으로 "수군 재건에 노력한 점은 부정할 수 없다"라는 판단이다.[50] 그러나 필자가 보기에, 이러한 평가는 원균과 김성일이 펼친 공동전략에 대한 인식이 부족하기 때문에 빚어진 것이다.

아쉬움이 적지 않은 평가다.

경상도의 수군을 거느린 원균은, 가능한 모든 방법을 동원하여 지역의 거점인 진주성을 지키려고 노력하였다. 그의 지원 덕분에 초유사 김성일은 한동안 진주성을 수호할 수 있었다. 두 사람의 전략적 판단은 옳았으며, 그들의 헌신적인 노력으로 왜적은 진주성의 서쪽으로 한 발짝도 나아가지 못하였다. 이순신이 주둔한 전라좌도가 왜적의 침략을 받지 않은 것은 순전히 그 덕분이었다. 진주성을 지켰기 때문에 우리는, 왜적을 상대로 장기전을 벌일 수 있었다. 또, 왜적은 전라도를 접수하지 못한 탓에, 그들이 본래 계획한 수륙양면작전을 포기한 것이다.

결과적으로, 왜적은 이미 북쪽으로 올라간 여러 부대에 보급품을 원활히 수송할 수도 없었고, 부상병도 후방으로 옮기지 못하였다. 수륙 양면에서 진주성을 방어한 것이 얼마나 중요한 일이었는지를, 우리는 제대로 인식해야 한다.

---

49) 김인호, 위의 책, 96쪽.

50) 김인호, 위의 책, 97쪽.

### 작전 수행의 어려움 – 백성의 이반(離叛)

임진왜란 초기에 아군은 왜적을 상대로 제대로 전투를 벌이지 못했다. 왜 그랬을까. 김성일의 〈장계〉를 보면, 오늘날 우리로서는 꿈에도 상상하기 어려운 그 당시의 실정이 구체적으로 나와 있다. 그중 한 대목을 인용한다.

> "근래에 부역(賦役)이 번거롭고 무거워 백성들이 편히 살 수 없었습니다. 게다가 형벌마저 매우 가혹하였습니다. 그러므로 군졸이나 백성이 (나라를) 원망하는 마음은 뱃속까지 가득하였습니다. 그런 마음을 호소할 길도 없던, 그들의 마음은 나라를 떠난 지가 벌써 오래였습니다."[51)]

16세기 후반의 조선은 백성의 마음에서 멀어져 있었다. 그런 판국에 일본은 살기 좋은 나라라는 헛소문까지 퍼졌다. 물론 사실과 거리가 먼 적군의 선전극이었다. 일본에서는 백성이 정수(征戍, 먼 곳에 가서 변경을 지킴)하는 일도 없고, 요역(徭役, 노동력 징발)도 없다는 소문이었다. 정말 그렇다면 16만에 가까운 침략군은 모두 자원해서 조선으로 쳐들어왔다는 것인가. 말도 안 되는 선전이었으나, 그런 거짓에 현혹되어 마음속으로 일본을 좋아하는 백성들도 적지 않았다.

---

51) 《조선왕조실록》, 선조 25년 6월 28일.

왜군은 달콤한 말로 우리 백성을 회유(誨誘)하는 데 성공하였다. 김성일은 절망적인 심정이 되어, 다음과 같이 한탄하였다.

> "어리석은 백성이 모두 왜적의 말을 믿습니다. 그래서 (그들에게) 항복하면 반드시 살고, 싸우면 반드시 죽는 줄로 생각합니다."[52]

이런 백성을 설득하여 목숨을 걸고 나라를 지키는 싸움에 나서게 하는 일이 과연 쉬운 일이었겠는가. 원균도 이순신도 그밖에 다른 장수들도 매우 힘든 전쟁을 치르고 있었다. 진주에 머무는 동안 김성일은 자신이 목격한 바를 다음과 같이 말하였다.

> "바닷가의 무지한 백성은 모두 (왜인처럼) 머리도 깎고 의복도 (저들 식으로) 바꾸어 입었습니다. 그러고는 왜적을 따라다니며 곳곳에서 도적질을 합니다. (남쪽 해안에서 준동하는) 왜적은 실상 몇 명 되지도 않고, 그 무리의 절반 이상이 (나라를) 배반한 백성입니다."[53]

나라를 지켜야 할 지휘관은 달아나 버렸고, 관리들도 숲속으로 숨

---

52) 《조선왕조실록》, 선조 25년 6월 28일.

53) 《조선왕조실록》, 선조 25년 6월 28일.

어버렸다. 왜적에게 목숨을 맡길 수밖에 없게 된 백성이 많았다. 그들의 상당수는 나라를 배신하고 일본 사람 행세를 하며 노략질에 골몰하였다. 이런 판국이었는데, 우리는 그 점을 제대로 알고나 있었던가. 이런 형편이었기 때문에 육지에서든 바다에서든 싸움이 제대로 이루어질 수가 없었다. 그때 조선은 그야말로 총체적 난국이었다.

그래도 경상 우수사 원균과 그 부하 원전, 강덕룡, 기효근, 이운룡, 우치적 등은 왜적과의 싸움을 포기하지 않았다. 그들은 하루빨리 전라 좌수사 이순신이 함대를 이끌고 경상도 바다로 넘어오기를 애타게 기원하였다. 그들은 증원군이 도착하기를 학수고대하며, 진주로 들어가는 좁은 길목에서 왜적을 상대로 사투(死鬪)를 벌였다. 이런 장수들을 가리켜, '그래도 도망은 도망'이었다고 말해도 되겠는가.

## 경상 – 전라도 연합함대의 승리 – 임진년 5월부터 6월까지

선비 오희문은 임진년 오월에 남해에서 올라온 승전보를 들었다며 다음과 같이 기록하였다.

> "(임진년) ... 이도(전라도)의 좌수사 이순신이 이달(5월) 초에 여러 척의 배를 이끌고 전라도 (우도) 수군절도사(이억기)와 함께 적선 42척을 불태우고 붙잡힌 포로 2명을 생환하였다. 그와 동시에 왜적 3명의 수급을 베었더니 적군은 너 나 할 것 없이

물속으로 뛰어들어 육지까지 헤엄쳐 갔고, 숲으로 (급히) 달아났다. 그런 소식을 들었다."[54]

전라좌우도 수군이 연합작전을 펼쳐 42척의 적선을 파괴하고, 3명의 목을 잘랐다고 했다. 또, 아군으로 적에게 포로가 되었던 병사도 2명이나 되찾았다고 했다. 상당한 전과를 올렸다는 뜻이다.

적의 형편을 정확히 모르는 상태에서 오희문은 우리 수군에 관해 엄청나게 큰 기대를 갖기도 했다. 다음과 같은 식이었다.

"여세를 몰아 곧장 부산으로 진격했으면 어땠을까 하는 아쉬움이 남는다. (부산에는) 배를 지키는 적이 틀림없이 많지 않을 테고, 우리나라에서 포로로 잡혀간 남녀도 분명 그들 가운데 많을 것이다. 만일 조선의 함대가 쳐들어온다는 소식이 들렸다면, 적들은 반드시 뭍에 올라 뿔뿔이 달아났을 것이다. 그 틈에 (적의) 빈 배를 모조리 불사르고, 포로로 잡혀간 사람도 생환시킬 수 있었을 터이다."[55]

그처럼 쉬운 일이었다면 얼마나 좋았을까. 오희문은 너무나도 큰 기대를 가졌던 것이다. 그는 왜, 그런 생각을 가지게 되었을까. 조선

54) 오희문, 《쇄미록》, 1권, 76~77쪽.

55) 오희문, 《쇄미록》, 1권, 76쪽.

수군이 적을 크게 무찔렀다는 소식이 자주 들려왔기 때문에, 조급한 마음에 기대 수준이 지나치게 높아진 것이다.

한달 전만 해도 왜적의 기세에 눌려 꼼짝 못하였으나, 이제는 왜의 수군을 얕잡아볼 정도가 되었다. 조선 수군이 연전연승한 덕분이었다. 그때 원전은 맏형 원균 장군과 함께 남쪽바다를 지키고 있었다. 원전은 형님의 오른팔이자 눈과 귀와 같은 존재였다.

그런데 이게 웬일인가. 초유사 김성일은 원균이 전라도 수군과 연합하여 적을 무찌르는 일에 대해 제동을 걸기 시작하였다. 그는 이렇게 주장하였다.

> "지금 들으니 수사(원균)가 선전관 원전(元塡)이 가져온 (조정의) 명령에 따라 전라도 수사(이순신 등)와 재차 약속하여 곧 적선을 쳐부수려고 한답니다. 그러나 신의 망령된 생각에는 이러합니다. ... 이번에 쳐들어온 왜들은 서울에 웅거하고 여러 도(道)에도 충만합니다. 만약에 그들의 빈 배를 쳐부순다면 적에게 손해를 입히지도 못하는 것은 물론이고, 그들이 죽기를 각오하고 싸울 마음만 키울 뿐입니다. 그리하여 적이 오랫동안 우리나라에 체류하여 백성들에게 해를 끼치게 될 것입니다."[56]

김성일은 조선 수군이 왜적의 배를 불살라 버리는 것은, 도리어 아

---

56) 〈선조실록〉 27권, 선조 25년(1592) 6월 28일.

군에게 큰 피해를 가져온다고 판단하였다. 공연히 적의 배를 쳐부수기만 하면, 도리어 적의 전투 의지만 키우게 된다는 분석이다. 독자들은 어떻게 생각하실지 궁금하다. 필자가 보기에는 실로 한심한 생각이요, 겁유(怯儒), 즉 겁쟁이 유생의 태도를 고스란히 보여주는 발언이다. 안타깝게도 조선의 많은 선비가 김성일과 같은 식으로 사고하였다. "구더기 무서워 장(醬) 못담겠다"는 식의 발상이었다. 만 가지 어려움을 극복하고 이제 승리를 몇 차례 거두자 혹자는 왜군 무찌르기가 식은 죽 먹기라고 오판하였고, 혹자는 그러다가 적이 죽기살기로 싸우게 되면 도리어 낭패라며 잔뜩 긴장하였다.

그들이 어떤 생각을 하든 간에 원균과 이순신 및 이억기가 이끄는 조선 수군은 전투를 계속하였다. 임진년 6월 하순에 전직 만호 이충이 조정에 수군의 승전을 다시 보고하였다. 그때 원전은 형님과 함께 남해의 전선을 지키고 있었다.

임진년 6월 29일, 오희문의 일기장에 보면 전 만호 이충(李冲)이 경상우수영의 승전보를 가지고 장수를 지나갔다고 적었다. 《선조실록》에는 이충을 가리켜 이순신의 군관이라고 기록하였으나, 그것은 오류가 명백하다. 이충은 오희문을 만난 자리에서 수군절도사 원균이 이번에 다시 적선 24척을 불사르고 적병 7명의 목을 베었다는 내용이 담긴 서장(書狀)을 가지고 행재소로 가는 길이었다. 오희문은,

"그를 우연히 만나 근심이 스르르 풀렸다"라고 썼다.[57] 여기에서도 알 수 있듯, 이충이 가져간 〈장계〉는 원균의 승전보였다.

> "공이 전후에(임진 4월부터 6월까지) 무찌른 적선이 55척이요, 목을 벤 것이 1백 3개였다."[58]

여러 문헌을 종합한 결과, 김간은 임진년 4월부터 6월까지 원균의 경상우수영은 왜선 55척을 파괴하고, 103명의 목을 베어 조정에 바쳤다고 기록하였다. 대단한 성과라 아니할 수 없다.

## 한산대첩과 원전 장군

임진년 7월에는 더 큰 승리가 눈앞에서 기다리고 있었다. 임진왜란의 가장 큰 승리였던 한산대첩(閑山大捷)이었다. 그것은 조선 수군 전체가 거둔 공동의 위업이었다. 기록에 따라서는 이순신보다 원균의 역할이 더 컸다는 주장도 없지 않다. 오늘날 일반시민이 생각하는 것과는 다른 모습이었다는 것인데, 정확한 사실은 무엇인가. 원전을 포함해 원균의 여러 부하가 한산대첩에서 눈부신 전과를 거두었다는 점이다.

---

57) 오희문, 《쇄미록》, 1권, 89쪽.

58) 김간, 〈원균 행장〉.

"(임진년) 7월 6일에 공이 순신 등과 함께 또 노량에 모여 적선 63척을 불태우고, 안골포 앞바다에 이르러 적선 40여 척을 만나 우리 군사가 번갈아가며 쳐서 베고 빼앗은 것이 더욱 많았다. 그러자 적이 지탱하지 못하여 거제와 부산으로 도망해 들어가서는 다시 나오지 못하였더라."[59]

이순신은 그나름으로 자신의 승리를 조정에 보고하였다. 원균과 이억기 등도 저마다 조정에 〈장계〉를 올려 자신의 부대가 세운 공적을 빠짐없이 보고하였다. 선조는 각 장군에게 공을 치하하고 그에 상응하는 포상을 하였다. 원균 장군의 〈장계〉를 읽은 다음에는 다음과 같은 〈유서(諭書)〉를 내렸다. 김간의 〈원균 행장〉에 다음과 같이 쓰여있다.

"경은 나라에 간담(肝膽, 속마음)을 바친 신하요, 세간에 드문 영웅호걸(英豪)이라. (옛날 중국에서도) 몽동(艨艟, 병선)을 한수(漢水)에서 다스리자 공손 씨가 오독(吳督)의 위풍을 두려워하였고, 주즙(舟楫, 배)을 형강에서 공격하자 갈호(羯胡)가 사웅(士雄)의 의기를 꺾었다고 하였다. 경이 (지휘관으로서) 북채를 잡자 사졸이 날래게 뛰었고, 강물에 맹세하자 해와 달이 빛을 잃었도다.

---

59) 김간, 〈원균 행장〉.

당항포에서 (경이) 수십 차 결전하자 적의 목이 강을 막았으며, 한산도에서는 배 70여 척을 불태우니, 고래가 머리를 (경에게) 바쳤도다.

위태해지자 기이한 꾀를 냈다고 하는 이야기를 들은 적이 있노라. 규모가 적은 군사로 큰 적을 치는 일을 오늘에야 내가 보았도다. (경은) 높이가 천길이나 되는 철벽이오, 엄연한 일대의 장성이라. 주나라가 중흥할 때는 윤길보(尹吉甫)의 정벌이 있었고, 당나라가 재건될 때는 곽자의(郭子儀)의 진충(盡忠)에 힘을 입었도다."[60]

그야말로 최대의 찬사였다. 선조는 원균의 공적을 기리며 중국 고사에 등장하는 영웅들과 견주어 손색이 없다고 칭찬하였다. 한 가지 주목을 끄는 점이 있다. 그것은 한산도에서 원균의 경상우수영 수군이 70여 척이나 되는 적선을 불살랐다고 명시한 점이다. 이른바 한산대첩에서 원균의 승리가 얼마나 거창하였는지를 미루어 짐작하기에 충분하다.

한산대첩에서 원균이 거둔 대승을 알리는 오희문의 일기도 한번 들여다 보자. 그는 임진년 7월 26일의 일기장에서 이렇게 말했다.

60) 김간, 〈원균 행장〉.

"김산(경상도 김천) 도훈도(都訓導, 도씨 성을 가진 향교의 교원)의 말에 따르면, ... (경상)우수사(원균)는 이달 8일에 전라도의 좌우수군과 함께 진격하여 적선 80여 척을 나포했는데, 전후하여 7백여 명의 수급을 베었다고 한다."[61]

한산대첩을 거둔 날짜를 7월 8일로 기록한 것은 실수로 보인다. 그 뒤로도 원균을 비롯한 조선 수군의 활약이 컸다며, 오희문은 김천 훈도의 말을 다음과 같이 인용하였다.

"(7월) 10일에 또 적선을 만나 (원균의 우수영 측이) 80여 척을 나포했다. 전라도 수군절도사(이순신, 이억기)가 217명의 수급을 베었는데, 물에 빠져 죽은 자, 불에 타 죽은 자, 여러 고을의 군민들에게 화살을 맞아 죽은 자가 몇천 명인지 셀 수도 없다고 했다. 그때 생포한 왜적 5명 가운데 나이도 젊고 거짓말도 잘하는 이는 즉시 참수하였고, 나이가 겨우 15~16세 된 이는 하동현에 가두었다고 급히 보고했다는 소식이다."[62]

이게 과연 사실일까, 싶을 정도로 큰 승리를 잇따라 거두었다는 희

61) 오희문, 《쇄미록》, 1권, 160쪽. 김간, 〈원균 행장〉

62) 오희문, 《쇄미록》, 1권, 160쪽.

소식이다. 이순신의 《난중일기》를 보아도, 조선의 수군 연합군은 한산도에서 승리한 뒤에 바로 회항(回航)하지 않고 각지에서 적을 소탕한 것으로 기록되어 있다. 임진년 7월에도 아군 연합함대는 대단한 성과를 거두었다.

그때 합동작전에서 이 이야기의 주인공 원전도 많은 공을 세웠다. 비변사에서는 원균이 올린 〈장계〉를 받아보고 선조에게 다음과 같이 아뢰었다.

> "경상(우)수사(慶尙水使) 원균(元均)이 승첩을 알리는 계본(啓本)을 (보내왔습니다. 이것은) 바로 얼마 전에 이순신(李舜臣)이 한산도(閑山島) 등지에서 승리한 것과 같은 시기의 일입니다. 싸움에는 수종(首從)이 있고 공에는 대소가 있는 것이라, 서로 차등이 있기 마련입니다. 그러나 여기서는 확실히 판단하기가 어려운 일입니다. 적을 벤 것을 근거로 대략 논하면, (모두) 힘을 다하여 혈전을 벌였음이 틀림없습니다. 다시 1등에 해당하는 이는 별도로 포상을 하여야 마땅할 듯합니다. (그리고는 다음과 같이 제안하였다.)

(1) 첨사(僉使) 김승룡(金勝龍)과 현령(縣令) 기효근(奇孝謹)은 특별히 당상(堂上)에 올리고,

(2) 현감(縣監) 김준계(金遵階)는 3품으로 승서(陞敍)하고,

(3) 주부(主簿) 원전(元塡)은 5품으로 승서하고,

(4) 우치적(禹致績) 등 4인은 6품으로 승서하고,

(5) 이효가(李孝可) 등 13인은 공에 맞는 관직을 제수하소서.

(6) 만호(萬戶) 한백록(韓百祿)은 전후 공이 가장 많았습니다. 그는 탄환을 맞은 뒤에도 앞으로 나아가 싸우다가 싸움이 끝나자 끝내는 작고하였습니다. 극히 슬프고 애처로운 일이니, 당상(堂上)으로 추증하소서.

(7) 배지인(陪持人) 박치공(朴致恭)은 3급(級)을 베고 왜적 한 명을 사로잡았으니, 6품으로 승서함이 어떠하겠습니까?

(선조가) 답하기를, '이 제안에 따라 조처하라. 그런데 원균에게는 가자(加資)를 하지 않는가'라고 하였다. (비변사가) 회계(回啓)하기를, '원균은 이미 높은 가자를 받았고 지금 이 전첩(戰捷)의 공은 이순신이 으뜸이므로 원균에게는 가자할 필요가 없을 듯합니다.'라고 하였다."[63]

한산도 대첩이 있고 얼마 지나지 않아서 조정의 포상은 이와 같았다. 위에서 열거한 공훈자는 모두 원균 휘하의 장수들이었다. 원균의 아우 원전은 네 번째로 공이 많은 인물이었다. 한편, 그 당시에 비변사는 원균에 대한 가자(加資)를 막았으나 얼마 안 지나서 그의 승품

63) 〈선조실록〉 29권, 선조 25년 8월 24일.

(陞品)이 허락되었다.

임진년 7월까지 원균이 조정에 올린 장계는 모두 네 통이었다. 김간이 기록한 바에 따르면, 그달 23일에 선조가 내린 조서(詔書, 諭書)에는 다음과 같은 내용이 들어있다.

> "경이 (그동안) 네 차례 올린 군공(軍功) 장계를 보았다. 그중에서 공이 탁월한 장수에게 우선 상을 줌으로써, 내가 기뻐하는 뜻을 전하고자 한다. 그러나 그 당시에 본직(本職)에 있던 사람을 이제 만일 승진시키면 자리를 갈고 사람을 바꾸기가 불편할 것이다. 아직 전직(前職)대로 있게 하고, 품계만 올려준다. 후일에 등용하게 하리라. (경이) 소록(小錄, 작은 문서)에 기록한 바 왜적의 물건은, 경이 그것을 노획한 이들에게 나누어주어 뒷사람을 권면(勸勉, 격려)하라."[64]

선조는 원균의 휘하에 있던 유공자들의 승급을 허락하였다. 또, 전투에서 노획한 물건도 원균이 그들에게 잘 나눠주기를 부탁하였다. 그때 원균의 휘하에서 두각을 나타낸 장수는 김승룡, 기효근, 김준계, 원전, 우치적 등이었다. 나중에 이름을 떨친 이운룡, 이광악 등은 아직 두각을 나타내지 못하고 있었다. 훗날 기효근, 이광악 및 이운룡은 선무 제3등 공신에 책봉되어 역사에 이름을 남겼다.

---

64) 김간, 〈원균 행장〉.

세상 사람들은 이순신의 휘하에만 탁월한 장수가 많았던 것으로 짐작한다. 그러나 실은 원균의 부장 가운데서도 명장이 여럿이었다. 원전도 그 가운데 한 명이었다. 원균의 부하들은 특히 연합함대의 선봉대로서 적진을 강타하는 데 탁월하였다.

## 안정을 되찾은 남쪽 바다

이제 임진년 9월의 상황을 조금 더 구체적으로 알아보자. 오희문은 자신의 피난일기에서 9월 초순의 전황(戰況)을 다음과 같이 기록하였다.

> "영남 연안의 여러 고을이 왜적으로 가득 찼다고 한다. 분명 한양에서 내려온 적들일 것이다. 부산 해변에 적선이 가득 정박해 있었는데, (경상도와 전라도의) 좌우수사가 수군을 거느리고 공격하였다. 그러자 육지에 있던 수만 명의 적이 힘을 합해 탄환을 비 오듯 쏘아댔다. 그 바람에 아군 30여 명과 녹도 만호(정운)가 탄환에 맞아 죽었고, 아군은 부득이 수군을 퇴각시켰다고 한다. 이는 분명코 한양에서 내려온 적들이 포구에 머물며 정박했기 때문일 것이다."[65]

---

65) 오희문, 《쇄미록》, 1권, 253쪽(임진년 9월 11일).

오희문의 진술은 사실이었다. 날씨가 추워지자 한양까지 밀고 올라갔던 왜군은 다시 남쪽으로 내려와 부산의 본거지에 모여 있었다. 그때 우리 수군이 전력을 다해 부산진을 공격하였다. 승부는 쉽게 결정나지 못했다. 우리 수군은 육군의 도움이 없었으므로 부산에 상륙하여 적을 토벌하지 못한 채, 그냥 돌아오는 수밖에 없었다.

그런데 이 전투에서 녹도만호 정운과 같은 맹장(猛將)을 잃었으니, 아군의 피해도 적지 않았다. 아무리 수군이 강하더라도 육군과 합동작전을 펴지 못하면 적을 쫓아낼 수 없다는 사실이 명백해졌다. 이런 경험 때문에, 원균은 항상 육해군 합동작전을 지론(持論)으로 삼았다.

임진년 9월에는 왜적이 남쪽으로 다시 내려갔다. 한양을 이미 점령했던 적들도 대부분 부산으로 돌아갔고, 평양이나 함경도로 올라갔던 적도 중부 이남으로 퇴각하였다. 날씨의 위력 앞에 왜군의 기세가 꺾인 것이다. 다시 오희문의 말을 들어보자.

> "경상우도 수군절도사(원균)의 군관이 계본을 가지고 지난 7월 25일에 의주 행재소로 갔다가 이달(9월) 초에 돌아와서 다음과 같이 전하였다. '평양을 차지하고 있던 적들이 모두 물러나 경기도 죽산 이남에 많이 주둔해 있고, 죽산 이북으로는 그 수가 매우 적다.'"[66]

66) 오희문, 《쇄미록》, 1권, 253쪽(임진년 9월 11일).

오희문은 이 소식을 다름아니라 원균의 군관을 통해 들었다. 경상 우수사 원균이 행재소로 보낸 전령(傳令, 연락장교)은 거의 대부분 내륙의 지름길을 통해 오갔다. 그 길은 산골 지방인 전라도 장수를 거치고 있어, 오희문은 바깥소식에 환한 편이었다.

요컨대 왜적의 주력은 이미 경기도 죽산(안성) 이남으로 내려와 있었다. 그래서 오희문은 충청도 아산에 있는 친척 이시열의 집으로 피난처를 옮길 계획을 세웠다.[67]

그런데 왜적은 남하 중에도 어떻게 해서든 전라도를 유린할 궁리를 하였다. 임진년 9월 중순에 왜적은 전라도와 충청도로 진입하기에 용이한 금산(현 충청남도)을 점령하였다. 아군은 이 문제를 염두에 두고 있었으므로, 이미 대규모 부대를 금산에 집결시켜 놓은 상태였다. 곧 쌍방 간에 일대 격전이 벌어졌다. 그러나 아군은 적을 이기지 못하고 무너졌다. 오희문은 그 일을 다음과 같이 기록하였다. 임진년(1592) 9월 21일의 일기에 보인다.

> "(전라)방어사 및 좌우 장수들이 여러 고을의 대군을 거느리고 금산의 적과 네 차례 접전을 벌였다. 그러나 모두 패해 무너졌다. (우리) 장병도 많이 죽어, 끝내 작은 보람도 없었다. 통탄스럽지만 어찌하겠는가."[68]

---

67) 오희문, 《쇄미록》, 1권, 254쪽.

68) 오희문, 《쇄미록》, 1권, 262쪽.

왜적은 아군보다 한 수 위였다. 아군은 많은 병력을 가지고도 번번이 전투에 지고 말았다. 그러나 적들도 곧 피곤해졌다. 그들은 조선군이 이토록 많은 병력을 동원해 끈질기게 방어전을 펼 줄은 미처 예측하지 못하였으므로 크게 당황하였다. 그래서 마침내 충청도와 전라도로 쳐들어갈 계획을 중단하고, 서둘러 남하하였다. 왜군은 이기고도 진 것이요, 우리는 지고도 이긴 셈이 되었다.

바로 그때 오희문은 원전과 원균의 사촌 원식을 만났다. 그들은 모두 전부터 알고 지내는 사이였다. 특히 원식은 지난 4월에 장수에서 오희문과 함께 피난 생활을 한 처지였다. 원식은 전쟁이 일어나기 직전에는 원균의 막하(幕下)에 있었는데, 전쟁이 일어나자 장수로 잠시 피난하였다. 그러다가 5월쯤에 다시 원균을 찾아가 그의 막료(幕僚)로 일하였다.

여기서도 알 수 있듯 원균 장군의 친형제는 물론이고 가까운 친척 중에도 상당수가 처음부터 원균의 임지에서 동고동락(同苦同樂)하였다. 물론 원균만 그런 것은 아니었을 것이다. 그 당시에는 어느 집안이든지 공통된 관습이었다.

임진년 9월에 오희문이 다시 원식을 만났을 때, 그는 원균의 승전보를 지닌 채 행재소로 올라가는 중이었다. 그때 오희문은 다음의 두 가지 사실을 알게 되었다. 하나는 오희문의 고향인 경기도 양주 땅에서 왜적들이 행패를 부려 많은 사족(士族), 즉 양반이 살해되었다는 소식이었다. 오희문의 가족도 전쟁 초기에는 양주로 피난하였다. 이 소식을 듣고 오희문은 가족의 안위를 매우 걱정하였다.[69]

둘째, 원식은 해상 전투에서 왜적의 수급(머리)을 둘이나 베었고, 이번에 전령으로 올라가는 길에 그것을 가져다 조정에 바친다고 했다. 오희문은 그 공으로 자신의 친구 원식이 벼슬을 얻게 될 것이라며 부러워하였다.[70] 짐작하건대 원식은 조선 함대가 부산포를 공격할 때 참전했고, 상당한 공을 세운 것으로 보인다.

원식이 조정에 올라가 경상우수영의 전과를 보고한 뒤에, 나라에서는 특별한 포상조치가 내려졌다. 그간의 노고를 위로하는 뜻에서 선조는 원균 장군과 이억기 장군 등의 자급(資級, 품계)을 높여주었다. 그 일을 김간은 다음과 같이 적었다.

> "(임진년) 구월에 (공은) 자헌(資憲大夫, 정2품)에 진급하여 중추부사를 겸직하게 되었다. (선조는) 또 조서를 내려 표창하셨더라."[71]

이어서 김간은 그 당시의 군사적 상황을 다음과 같이 날카롭게 분석하였다.

---

69) 오희문, 《쇄미록》, 1권, 263쪽.

70) 오희문, 《쇄미록》, 1권, 263쪽.

71) 김간, 〈원균 행장〉.

"처음에 적이 바다와 육지의 두 길로 나누어 멀리 서토(西土, 서쪽)로 달려가 서로 평양에서 만나려고 했다. (이어서 그들은) 명나라('상국')를 침범할 계획이었다. 그러므로, 적장 고니시 유키나가('평행장')이 (우리에게) 글을 보내, 공갈하기를 일본 수군('주사') 십여 만 명이 또 해로로 나올 테니 대왕(선조)의 용어(龍馭, 행차)가 어디로 갈 것인지 모르겠다는 조롱을 하였다. 그러나 이제 공(원균)과 (이)순신이 해로를 막아, 적이 한 명도 지나지 못하게 되었다. 이 때문에 고니시가 평양에 오래 머물러 있기는 하였으나 다시는 서쪽을 침범하지 못하였다. 덕분에 국가(조정)에서는 평안도와 황해도(양서)를 보전하여 마침내는 광복의 공을 거두었다. 이것은 오직 (원균과 이순신 등의) 전략에서 나왔다."[72)]

김간의 분석은 정곡(正鵠)을 찔렀다. 우리 수군이 왜적의 서해 진출을 완벽하게 차단하였기 때문에, 적의 작전계획에 엄청난 차질이 생긴 것이다. 그들은 보급 물자를 최전선으로 보내기도 불가능하였고, 증원군을 파견하기도 어려웠다. 부산의 본거지와 소통도 원활하지 않았고, 인적 물적 자원의 수송이 어려워져 왜적은 불과 수개월 만에 경상도로 남하하고 말았다. 그 반면에 우리는 전라도와 충청도를

72) 김간, 〈원균평전〉.

기반으로 장기전을 치를 수 있었다. 원균 등이 왜적의 서진(西進)을 철두철미 차단한 것은 전술적으로 대단히 귀중한 성과였다. 그 당시 조정에서도 그러한 성과를 충분히 이해하였다.

임진년도 음력 시월이 되자 겨울이 찾아왔으므로 남해는 일단 조용해졌다. 돌이켜 보면 임진년 5월부터 9월까지는 싸움이 잇따랐다. 그 싸움에서 우리 조선 수군은 연달아 이겼고, 그 때문에 왜의 수군은 교전을 회피하는 경향이 생겨나기도 했다. 저들은 한산도 서쪽으로는 밀고 나가기 불가능하다는 판단을 하였다. 반면에 우리 쪽은 이 기회에 적의 본영이 있는 부산까지 진출해 적의 소굴을 일망타진하자는 생각이 있었다.

그러나 그것은 앞에서 잠깐 언급한 대로 별로 승산이 없는 것이었다. 격군(格軍)이 밤낮으로 노를 저어 부산까지 밀고 들어가더라도 중간에 아군의 보급 기지가 하나도 없었다. 그렇다면 어떻게 작전을 원활히 수행하겠는가. 보급 기지를 만들자면 어떻게 해야 하는가. 남해안의 주요한 섬을 점령해 많은 군사를 주둔시키고 군사 장비도 설치해야 하였다. 우리 수군의 형편으로는 이것이 불가능한 과제였다. 그러므로 임진년 겨울이 다가오자 남해에서는 피차 상대를 노려만 볼뿐 이렇다 할 전투가 벌어지지 않았다. 더구나 겨울철의 차가운 바람 때문에 바다 위에 오랜 시간 머무는 것 자체가 불가능한 일이었다.

## 계사년(선조 26년, 1593)과 갑오년(선조 27년, 1594) - 원전은 남해의 사정을 가장 충실하게 보고해

해가 바뀌어 계사년(1593)이 되었다. 그해에도 그 이듬해인 갑오년(1594)에도 원전은 여전히 남해를 지키고 있었다. 맏형님 원균이 경상우수사로서 조선 수군의 양대 축 가운데 하나였기 때문이다. 그러나 그 사이 경상우수영 측에는 한 가지 큰 어려움이 생겼다. 계사년 8월 이후 조정에서는 삼도수군통제사(三道水軍統制使)라는 새로운 직책을 신설하였다. 그 자리는 전라 좌수사 이순신에게 돌아갔다. 통제사 이순신은 원균의 작전구역인 한산도(閑山島)에 통제영을 두고, 자신과 동급인 원균과 이억기를 통제하는 대장이 되었다. 그런데 원균은 이순신보다 나이도 많은 데다 무과급제도 훨씬 빨랐다. 또, 그동안에 역임한 직책으로 보더라도 이순신이 부하로 취급하기가 곤란한 상대였다.

알고 보면 이순신과 원균은 정치적 배경도 달랐다. 원균은 조정의 소수파인 서인과 북인의 지지를 받고 있었다. 그에 비해 이순신은 당시 실권자인 영의정 유성룡과 매우 가까운 사이였다. 즉, 이순신은 남인의 후원을 배경으로 자신의 능력을 유감없이 발휘할 수 있는 유리한 처지였다. 이순신이 초대 통제사로 발령된 데는 그의 능력과 인품 못지않게 탄탄한 정치적 입지가 중요한 역할을 했다.

이처럼 조정의 정치적 판도가 원균에게 불리하였다. 그럴수록 원균은 자신이 더 많은 공적을 세워 충성심을 조정에 알리고, 부하 장수들에게 출세길을 열어주고자 노력했다. 직무상 단 하루도 남해를 떠날 수 없었던 원균에게는, 자신에게 불리하게 돌아가고 있던 조정과의 소통이 무척 중요한 문제였다. 원균에게는 무엇보다 탁월한 전령이 필요했다. 조정에 올라가서 경상우수영의 입장을 설득력 있게 알리고, 자신들의 공적을 제대로 알릴 수 있는 인물이 꼭 있어야 했다.

누가 과연 그러한 중책에 어울리는 훌륭한 인재일까. 원균의 선택은 아우 원전이었다. 그는 체격과 용모가 뛰어나고, 지모(智謀)는 물론, 언변도 갖추었다. 그래서 원균은 조정에 중요한 〈장계〉를 올릴 때마다 반드시 아우 원전에게 일을 맡겼다. 그 결과는 성공적이었다. 원균과는 정치적으로 거리가 먼 남인들을 중심으로 운영되던 비변사의 당상(堂上)들도 원전의 보고를 신뢰하였다. 심지어 선조 임금까지도 원전의 정보력과 판단력을 높이 평가하는 분위기가 조성되었다.

한 가지 예를 들어보자. 계사년(선조 26년) 5월에 비변사에서는 마침 원균(元均)의 〈장계〉를 가지고 올라온 도사(都事) 원전(元坱)을 불러 남쪽의 사정을 두루 물었다. 그리고는 그 결과를 다음과 같이 다섯 가지로 정리해 왕에게 보고하였다.

(1) 왜적의 적선은 원수(元數)가 거의 1만여 척이나 된다(셀 수 없이 많다는 뜻 -백승종). 그들은 현재 경상도 웅천(熊川)에 주로 머물

고 있는데, 채소를 심고 꽃을 가꾸는 등 장기간 머물 태세다.

⑵ 몇 달 전에 웅천에서 탈출한 조선 여성을 심문해서 안 사실이지만, 왜적은 장차 처자를 데려오고 증원군과 군사 장비도 본토에서 가져올 것이다. 그들은 호남을 침범한 뒤에야 군사를 회군(回軍)할 것이다.

⑶ 경상도 창원(昌原)에도 왜적이 주둔하고 있다. 그들은 보리와 밀을 경작하여 제초(除草)를 마쳤고 3월 그믐에 수확하였다.

⑷ 경상도 김해(金海)에 사는 백성은 모두 왜적에게 부역하였다. 그들은 영남의 크고 작은 도로에서 왜적의 향도 역할을 맡았다. 특히 김해 향리(鄕吏) 김변호(金變虎)와 서자(書者) 배인(裵仁) 등은 왜적의 장수로 임명되어, 분탕질할 때마다 반드시 앞잡이 노릇을 한다. 이렇게 되자 적중에 머무는 조선 백성이 모두 왜복(倭服)을 입고 적에게 순종하고 있다.

⑸ 왜적의 행동에 변화가 일어나, 현재는 소굴에 들어앉아 있으면서 바깥출입을 하지 않는 곳이 많다. 경상우도의 문경(聞慶)·함창(咸昌)·상주(尙州)·김해(金海)·창원(昌原)·웅천(熊川)과 좌도(左道)의 선산(善山)·대구(大丘) 남쪽에도 왜적이 주둔하는 곳이 여럿이다.[73]

---

73) 이상은 《선조실록》, 선조 26년 5월 21일의 기사를 정리한 것이다.

왜의 침략 전쟁이 시작된 지도 벌써 1년 2개월이 지난 시점이었다. 원전은 세 가지 점에서 의미심장한 정세 분석을 제공하였다고 볼 수 있다. 첫째, 이 전쟁이 곧 끝날 리가 없다는 전망이었다. 왜군은 전쟁의 장기화를 위해 여러 가지 준비를 하고 있다는 점을, 원전은 구체적인 예를 들어 위에서 본 것과 같이 설명했다.

둘째, 원전은 김해 지방을 비롯해 왜의 점령지역에 사는 동포 가운데 상당수가 적에게 적극적으로 협력하고 있다는 뼈아픈 사실을 가감 없이 전했다. 특히 김해 지방에는 왜적의 앞잡이가 많았다. 그런 점에서 그동안 우리가 의아하게 여겨온 한 가지 중요한 사실을 제대로 알 수 있게 되었다. 즉, 교전 지역에서 생포된 동포 중에 왜군의 복장을 걸친 사람이 적지 않았다. 원균은 그들도 왜적과 동일시해 목을 베었다. 《난중일기》에서는 그런 사실을 적시하며, 우리 백성의 목을 쳐서 왜적으로 둔갑시켰다고 비꼬았다. 그러나 그런 백성이란 원균과 원전 등 경상우수영의 시각에서 보면 적군과 다름없는 사람들이었다.

셋째, 원전은 경상도 지역에 주둔 중인 적의 동태를 세부적으로 파악하고 있었다. 여기서 증명되듯, 원균의 경상우수영은 많은 정보원을 이용해 경상도 각지에 퍼져 있는 적의 동태를 감시하는 데 게으르지 않았다. 원균은 적진에 사람을 보내 다양한 첩보를 수집하였고, 그 결과 원전은 조정이 신뢰할 만한 보고를 할 수 있었다.

원전이 제공한 첩보는 조정의 정세 판단에 도움을 주었을 것이다. 원균은 자신이 조사한 첩보를 조정에 정확하게 전달하고 싶었고, 그처럼 막중한 임무를 수행할 인재로 아우 원전을 골랐다. 그리고 원전은 형님의 기대에 제대로 부응하였다.

국왕 선조에게도 원전은 남해의 수군이 어떠한 처지에 있는지를 사실대로 보고하였다. 가감없는 사실을 간단 명료하게 알렸던 것이다. 선조는 원전의 당당한 태도와 그가 전한 보고 내용에 깊은 감명을 받았다. 원전을 면담한 직후, 선조는 〈비망기(備忘記)〉를 내려 대신들에게 자신의 뜻을 알렸다. 〈비망기〉란 국왕이 승정원 승지를 통해 대신들에게 국정 현안에 관한 왕의 생각을 알리는 문서다.

> "이제 원전(元坱)의 보고를 듣건대, 우리 수군은 절반 이상 전염병에 걸려 죽었다. 수군(船師)의 형세가 외롭고 허약하여 적을 소탕하는 것이 불가능하다. 그뿐만 아니라, (현재 보유한) 전선(戰船)도 운용하기가 어렵다고 한다. 이럴 때 혹시 적변(賊變, 적의 공격)이 일어난다면 도무지 어찌할 방도가 없다. 매우 놀라운 일이라, 걱정스럽도다. 비변사는 원전을 불러서 수군에 관한 모든 일을 물어서 (적절하게) 조처하라."[74]

74) 〈선조실록〉 52권, 선조 27년 6월 28일.

후세는 어이없는 착각에 사로잡힐 때가 있다. 임진년에 적이 쳐들어온 이래 우리 수군은 승승장구하였고, 이순신과 같은 "성웅"의 영도 아래 아무 문제도 없이 세계 최강의 함대를 운용해 적에게 공포심을 불러일으켰다는 식이다. 그러나 우리 수군의 현실은 그렇게 멋지지 않았다. 전쟁이 일어난 뒤에 아군의 전함은 수적으로 늘어나기는 했으나, 전함을 유지하기에 필수적인 병력이 없었다. 전선에 배치된 수군의 일상은 너무도 고된 것이다. 그들에게는 군량도 부족하였고, 장비도 넉넉하지 못하였다. 게다가 위생상태도 불량하였다. 우리 수군의 절반쯤은 각종 질환에 걸려 사망하고 말았다. 그렇다면 계사년(1593) 당시 우리 수군의 사기는 어떠했을까.

이따금 승전보를 조정에 올리고 있었으나, 수군 내부의 사정은 처참하였다. 원전은 그처럼 어두운 수군의 속사정을 선조와 대신들 앞에 숨기지 않았다. '성은에 힘입어 모든 것이 잘 돼 갑니다!'라는 식으로 긍정적인 측면만 내세우며 자신의 공을 세우는 아첨꾼이 그는 아니었다. '비록 지금은 적과의 전투에서 이기고 있으나, 우리의 사정은 매우 비참합니다.' 이런 사실을 태연하게 보고하는 유능한 장수, 그것이 원전의 의연한 모습이었다. 조정에서는 원전의 고언(苦言)을 듣고 대책 마련에 부심(腐心)하였다. 당장에 큰 성과를 얻기는 어려웠으나, 수군에 대한 응급지원을 확대하려고 비변사 대신들은 동분서주하였다.

## 이순신의 《난중일기》 속의 원전과 그 형제들

원전과 그의 맏형님 원균은 이순신과 가깝고도 먼 사이였다. 그들이 어린 시절 한양의 건천동에서 함께 자란 것도 사실이요, 이순신의 덕수 이씨와 원균의 원주 원씨 사이에 과갈(瓜葛, 사돈 관계)이 적지 않은 것도 사실이다. 고성공 원전의 처가만 해도 덕수 이씨였다. 또, 나이로 보면 원균은 이순신의 형님뻘이요, 원전은 이순신의 동생뻘이었다. 더구나 원균과 이순신은 연합함대의 양대축이 되어 임진년 5월부터 왜적을 무찔렀다. 가깝기로 말하면 이보다 더 가까운 관계가 또 있을까 싶을 정도다. 그러나 세상이 다 아는 것처럼 그들은 서로 멀었다. 아니, 시간이 갈수록 더욱더 멀어져 나중에는 원수나 다름없는 처지가 되고 말았다.

후세는 이순신을 역성들며 불화의 책임을 원균에게 씌운다. 과연 그것이 옳은 일인가? 430년 전의 일을 우리가 알면 얼마나 알 수 있을까. 누구도 그들이 불화하게 된 이유를 정확히 알 수는 없을 것이다. 누구의 책임이 더 컸는가 하는 문제도 보는 이에 따라 달라질 것이다. 고장난명(孤掌難鳴)이라는 말도 있듯, 한쪽 손만으로 손뼉을 칠 수는 없다. 만약 과실이 있었다면 양쪽 모두에게 어느 정도의 책임이 있을 것이다. 여기서 필자는 누구의 잘못이 더 큰지를 가려내고자 하는 것도 아니고, 그들의 불화를 무턱대고 비난하려는 것은 더더욱 아니다.

그들은 공동의 적을 무찌르기 위해 협력하였으나, 어쩔 수 없이 공훈을 둘러싸고 경쟁할 수밖에 없는 상대였다. 두 장수는 성격도 달랐고, 전쟁의 구도를 이해하는 관점도 판이했다. 게다가 정치적 후원세력까지도 서로 적대적이었다. 게다가 두 장수의 부하들은 자신의 상관이 경쟁에서 밀리면 출세에 지장이 많았다. 그런 점에서 시간이 흐를수록 양측의 갈등이 증폭된 것은 당연한 일이기도 하였다.

《난중일기》를 바탕으로 필자는 양측의 관계를 헤아려 보기로 했다. 원균과 원전 형제가 이순신에 관해 어떠한 생각을 하였는지도 궁금하지만, 관련된 기록이 남아 있지 않다. 그래서 우리는 불가피하게 이순신의 눈을 빌려 원-이 양측의 상호 관계를 살필 수밖에 없다.

큰 틀에서 보면, 양측의 관계는 임진년(1592년) 여름부터 차츰 악화되기 시작하여 갑오년(1594년) 중반에는 최악의 상태에 이르게 되었다. 2년이라는 비교적 짧은 기간에 관계가 급속도로 나빠진 것이다.

《난중일기》에는 임진년 4월부터 원균이 언급된다. 맨 처음에는 침략전쟁에 관한 정보를 전달해준 이웃 지역의 지휘관으로 언급하였다. 그러나 함께 합동작전을 펼치게 되자 이순신은 원균을 혹평하기 시작했다. 시간이 갈수록 이순신은 원균을 점점 더 적대적인 인물로 인식했다. 그리고는 비열하고 흉악한 인물이라는 식으로 그를 혐오하였다. 사태는 줄곧 악화되었다. 《난중일기》에서 이순신은 숱하게 원균을 비방하고 헐뜯었다. 그래서 이순신을 믿고 따르는 많은 사람은 원균이라면 으레 무능하고 비굴하고 교활한 존재라고 확신하게 되었다. 참으로 안타까운 일이 아닐 수 없다.

상식적으로 접근해 보자. 일방의 기록만으로 상대방을 배척하거나 혐오하는 것은 과연 공정한 일인가? 아마도 그것은 어리석은 일일 것이다. 가령 우암(尤庵) 송시열(宋時烈)이 자신의 문집인 《송자대전(宋子大全)》에서 정적(政敵)인 백호(白湖) 윤휴(尹鑴)와 명재(明齋) 윤증(尹拯)을 노골적으로 비판하고 헐뜯었다고 해서 그런 주장을 곧이들으면 되는가? 그와 마찬가지로 윤휴나 윤증이 여러 편의 글에서 송시열에 관해 적대적인 감정을 표현하였대서 송시열은 흉악한 사람이라는 결론을 내릴 수 있을까? 우리가 다 아는 것처럼 송시열, 윤휴 및 윤증은 모두 탁월한 선비들이었다. 그들 중 한편이 반드시 옳고 다른 한편은 매도되어 마땅한 악인이 아니었다.

또, 조선시대의 당쟁에 관한 다른 기록을 보아도 후세로서는 함부로 판단하기어려운 일이 많다. 동인과 서인의 적대적인 관계나 북인과 서인의 피나는 정쟁(政爭)에서도 역시 똑같은 문제가 깔려 있다. 어느 한편은 다른 편을 악인으로 낙인찍었으나, 제3자인 후세 사람이 보기에는 양편 모두 – 상대방에게 지나치게 군 점은 있을지 몰라도 – 만인의 규탄을 받아 마땅한 악인들은 아니었다. 요컨대 우리가 이순신과 원균의 관계를 놓고 무조건 이순신을 높이고 원균을 함부로 매도하는 것은 아주 위험한 판단이라고 생각한다.

《난중일기》를 자세히 읽어보자. 거기에는 원균뿐만 아니라, 그 형제들도 여러 차례 등장한다. 먼저 계사년(1593) 6월 21일의 일기가 눈에 띈다.

"맑다. 새벽에 진을 한산도 망항포(閑山島 望何應浦)로 옮겼다. 점심을 먹을 때 (원균의 아우) 원연(元埏)이 찾아왔다. 우수사(원균)도 청해서 같이 앉아 술 몇 잔을 마시고 헤어졌다. ..."[75]

임진왜란이 일어난지 14개월쯤 지난 뒤의 일이다. 원-이 양측에 서로 불편한 감정이 쌓이고는 있었으나, 아직 적대적인 감정을 노골적으로 드러내지는 않았던 시절이다. 겉보기에 그들은 마치 가족과도 같이 평화로운 모습을 보여주었다.

그 무렵에는 원균의 아우 원연도 남해로 내려와 경상우수영에 머물고 있었다. 원연은 이순신보다 세 살위였다. 두 장수의 집안은 그들이 어렸을 때 한양 건천동에 있었다. 그래서 이미 서로를 알고 지냈다. 마침 이순신이 한산도로 군진(軍陣)을 옮기자 원균과 원연 형제가 그를 예방한 것이다. 전라 좌수사인 이순신이 경상우수영 관할인 한산도로 진을 옮겼다면, 그때 이미 통제사 발령이 날 것이라는 유성룡의 언질이 있었는지도 모르겠다. 일반적으로 이순신이 통제사에 임명된 것은 계사년(1593) 8월이라고들 하지만, 한산도에 진을 친 것은 그보다 2개월 전인 6월이었다. 이것은 분명코 범상한 일이 아니다.

어쨌든 원씨 형제들과 이순신이 사적으로 만났다. 그들은 서로의 안부를 물었고, 몇 잔의 술을 주고받았다. 여기까지는 평화적인 관계였다고 할 수 있다. 그러나 그 다음부터가 문제였다. 약 열흘이 지난

75) 이순신, 《난중일기》, 계사년(1593) 6월 21일.

뒤의 《난중일기》에서는 전시 상황에 대한 양측의 견해차이가 심각했음이 드러난다. 계사년(1593) 7월 초2일의 일이다.

> "... 해질무렵 김득룡(金得龍)이 와서 진양(진주)이 불리하다고 전했다. 놀라고 염려스러움을 이길 수 없다. 그러나 그럴 리가 만무하다. 이건 반드시 어떤 미친놈이 잘못 전한 말일 것이다. 초저녁에 원연과 원식(元埴)이 찾아와서 군사문제에 관해 극단적인 주장을 하였다. 참으로 우습다."[76]

그 사이에 진주성을 방어하는 문제가 위태로워졌다. 앞에서 말했듯, 원균은 왜적이 쳐들어온 임진년 4월부터 진주성을 방어하는 데 노심초사하였다. 매우 중요한 요충지였기 때문이다. 그런데 진주성이 흔들리고 있었다. 그날 초저녁에 김득룡이 이순신을 찾아와 사태가 불길하다고 말할 때까지도 이순신은 그런 소식을 믿지 않았다.

그런데 이날 밤에 원균의 아우 원연과 그 사촌인 원식 두 사람이 찾아와 또 이야기를 꺼낸 것이다. 《난중일기》에서는 그저 "군사문제"라고 기록하였으나, 실제로는 진주성 방어에 관한 이야기였으리라 짐작한다.

원씨들의 분석과 이순신의 판단에는 큰 차이가 있다. 이순신은 원

---

76) 이순신, 《난중일기》, 계사년(1593) 7월 초2일.

씨 형제들이 "극단적인 주장"을 하였다며 불쾌한 감정을 숨기지 않았다. 왜 그랬을까? 이순신 장군이 화를 내고 있는 것으로 미루어보아, 원씨 형제의 제안이 무엇이었는지 짐작되는 바가 있다. 아마도 원씨 형제는 조선 수군이 진주성을 구원하기 위해 적극적인 조치를 취해야 한다는 의견을 개진했을 법하다. 그러나 이순신은 진주성의 방어는 조선 육군의 힘으로 충분히 가능하다고 보았던 것 같다. 그러므로 그는 수군이 공세를 취해야한다는 원씨 형제의 발언이, 자신의 지휘권에 대한 도전으로 받아들인 것은 아닐까? 이순신은 원전 등의 제안이 실은 원균의 속생각이라 판단하고 더욱더 불쾌하였는지도 모른다.

그날 일기에서 이순신은 원씨 형제에 대해 노골적으로 비판하지는 않았다. 다만 자신의 불쾌한 심정을 일기장에 적어두는 정도였다. 이후에도 원씨 형제는 며칠씩의 간격을 두고 줄곧 이순신을 찾아왔다. 만약에 이순신이 자신의 불쾌한 감정을 여과없이 표현하였더라면 그들이 다시 찾아오기는 어려웠을 것이다. 계사년(1593) 7월 10일의 《난중일기》에 다음과 같은 기록이 보인다.

> "경상 우수사(원균)와 본도 우수사(이억기)가 왔다. 원연(元埏)도 왔다. ... 초저녁에 한산도 끝에 있는 세포(細浦)로 진을 옮겼다."[77]

---

77) 이순신, 《난중일기》, 계사년(1593) 7월 10일.

지난 6월 21일에 이순신이 한산도 망항포(閑山島 望何應浦)로 진을 옮겼을 때도 원씨 형제가 찾아왔다. 그런데 7월 10일에 다시 세포(細浦)로 옮기는 날에도 찾아왔다. 이순신은 그때 이미 삼도수군통제사와 다를 바 없는 지위를 얻어 한산도의 수군 대장(大將)으로 임무를 수행하였던 것 같다.

원균과 이억기가 이순신과 함께 회동할 때 원균의 아우 원연이 배석하였다는 점이 흥미롭다. 원씨 형제와 이순신이 평소에 친밀한 사이가 아니라면 이런 일은 일어나기 어려웠다. 일기장에다 이순신은 원균에 대한 미움과 불신을 이미 여러 차례 기록하였으나 겉으로는 여전히 평화를 유지하고 있었다. 그들 장수는 회동을 거듭하며 여러 가지 현안을 논의하였다. 그때 원씨 형제들은 이순신뿐만 아니라 전라우수사 이억기와도 자주 만났다.

계사년(1593) 7월 11일자 《난중일기》에는 하루 전날에 이어, 그날도 이순신과 이억기가 원균과 원연 형제를 만났다는 기록이 보인다.

> "... 새벽에 우수사(이억기)의 배로 갔다. 거기에는 수사 원균(元均)과 직장(直長) 원연 등이 이미 와 있었다. 함께 군사 일을 의논하고 헤어졌다."[78]

---

78) 이순신, 《난중일기》, 계사년(1593) 7월 11일.

그 무렵에 원전은 만형의 〈장계〉를 가지고 조정에 올라갔던 것으로 추측된다. 그래서 《난중일기》에 기록된 원씨 형제와의 회동에 언급되지 않았던 것이다. 이순신의 진영에도 그의 아우와 아들 및 조카들이 늘 오가는 상황이었다. 아마 이억기의 진영에도 비슷한 일이 있었을 것이다. 조선시대에는 수사(水使)나 병사(兵使) 같은 고급 지휘관의 가족과 가까운 친척은 대부분 고향과 진중을 왕래하며 공사간에 필요한 일을 처리하였다.

《난중일기》에서 확인한 것처럼 원균과 그 형제들은 경상우수영에 체류하며 통제사 이순신 및 전라우수사 이억기와 군사작전을 함께 상의하였다. 겉으로만 보면, 참으로 평화롭고 화기애애한 광경이 아닐 수 없다. 모두가 나라를 지키기 위해 충심으로 지모(智謀)를 아끼지 않았으니 말이다. 그러나 차마 숨기지 못할 안타까운 갈등이 원-이 양측에 존재하였다. 원균과 이순신 양측은 군사전략을 세울 때 의견의 대립이 심하였다. 가장 큰 문제는 원균 측에 대한 이순신의 불신이 도를 넘어서고 있었다는 점이다.

계사년(1593) 7월 21일의 일기에서, 이순신은 자신의 불만을 다음과 같이 토로하였다.

> "경상 우수사(원균)와 충청수사 정걸(丁傑)이 함께 와서 적을 토벌하는 일을 논의하였다. 그런데 원수사가 하는 말은 지극히

흉측하다. 이루 말할 수 없는 흉계다. 이러하고도 함께 일하고 있으니, 뒷걱정이 없을까? 그의 아우 원연도 뒤따라 와서 군량을 얻어갔다. ..."[79]

이순신은 통제사로서 경상 우수사 원균 및 충청수사 정걸과 함께 작전계획을 짰다. 정걸이라면 수군의 대선배로 나이가 이미 80에 가까웠는데 아직도 현역이었다. 그는 왜란이 일어났을 때 이순신의 조방장(助防將)을 맡아 함께 일하였으므로, 이-정 두 사람의 관계는 문제될 것이 없었다. 더구나 충청수사는 전함이 3척 남짓에 불과해 시종일관 보조적인 역할을 하는 데 그쳤다. 문제는 부대 규모가 엇비슷한 원균과 이순신의 관계였다.

이순신은 원균을 의심하고 있었다. 그가 어떤 계획을 내놓아도 순순히 받아들이지 못하고, 항상 흉계를 꾸미고 있는 것이라면서 증오하였다. 이순신은 원균과 장차 "뒤탈"이 나고야 말 것으로 보았다. 이것은 일종의 "자기예언"이었을까, 아니면 현명한 판단이었을까.

그러나 두 사람의 불화는 아직 수면 아래 숨어 있었다. 그날도 원연은 이순신을 찾아왔고, 한산도에서 군량을 얻어갔다. 경상우수영의 군사를 먹이기 위한 것이었다. 이런 사실에서 확인한 바, 계사년(1953) 여름에 원연은 형님인 경상 우수사 원균을 도와 부대 운영에

79) 이순신, 《난중일기》, 계사년(1593) 7월 21일.

관한 실무를 직접 담당하였다.

어느덧 7월이 지나가고 가을바람이 불었다. 이순신은 일기장에서 원균에 대한 자신의 분노를 더욱더 노골적으로 쏟아냈다. 계사년(1593) 8월 19일의 일기를 읽어보자.

> "아침식사를 한 뒤에 원균(元均) 수사의 처소로 갔다. 그에게 내 배로 옮겨타기를 요청하였다. 우수사(이억기)와 충청수사 정걸(丁傑)도 찾아왔다. 원연도 함께 이야기했다. (함께) 말하는 중에 수사 원균(元均)의 (언행에는) 음흉하고 도리에 어긋난 일이 많았다. 그가 하는 짓은 그럴듯하게 남을 속이는 것이라, 이루 말할 수가 없었다. 원균(元均) 수사의 형제가 (자신들의 배로) 옮긴 뒤에 천천히 노를 저어 (한산도의) 본진으로 돌아왔다. (전라)우수사(이억기) 및 정(걸) 수사(충청수사)와 함께 앉아서 자세한 이야기를 나누었다."[80]

그날도 조선 수군 지휘부는 함께 모여 친목도 다지고 장차 어떤 작전을 쓸지도 논의하였다. 그런데 원-이 두 장군의 견해 차이가 컸다. 그런데 독자인 우리로서는 한 가지 안타까움이 있다. 이순신은 후세가 인정하는 훌륭한 장수고 대체로 보아 합리적인 사고의 소유자로

80) 이순신, 《난중일기》, 계사년(1593) 8월 19일.

알려져 있다. 그런데 그가, 어찌하여 원균에 관해서만은 사실관계를 떠나 감정에 치우친 기술로 일관하였을까, 하는 점이다.

가령 일기 중에서 이순신은 이렇게 말하였다. "말하는 중에 수사 원균(元均)의 (언행에는) 음흉하고 도리에 어긋난 일이 많았다. 그가 하는 짓은 그럴듯하게 남을 속이는 것이라, 이루 말할 수가 없었다." 그러나 독자인 우리로서는 이순신의 이러한 판단에 여러 가지 의문을 가지게 된다. 원균이 무슨 말을 하였기에, 이순신은 그것이 음흉하고 도리에 어긋난다고 판단한 것일까. 원균이 무슨 이야기를 가지고 남을 속인다고 주장한 것일까. "이루 말할 수가 없었다"라고 하면, 보통은 그 사람이 입만 열면 거짓과 음모가 튀어나왔다는 뜻이다. 이순신이 원균을 그렇게까지 악인으로 규정한 근거가 무엇일지 궁금해진다.

그러나 《난중일기》를 아무리 읽어보아도 우리의 궁금증은 풀리지 않는다. 《선조실록》에 드러난 원균의 모습은 음흉하다기보다는 솔직하고 순박하다. 도리에 어긋난 사람이라기보다는 너무도 "박실(朴實)"하였다. 소박하고 성실하였다. 이순신의 판단과는 괴리감이 크다.

물론 일기장에 쓴 글인만큼 이순신이 자신의 판단 근거를 제시해야 할 의무는 없다. 그런데 문제는 이순신이 동료이자 선배인 원균을 그처럼 심하게 배척하고 불신하고 증오했다는 사실이다. 자신과 가장 가까이에 있는 장수를 이순신이 극도로 적대적인 시선으로 바라보았다는 것이 불행한 일이다. 이것은 국가를 위해서도 위태로운 일이었다. 원균에 대한 이순신의 증오심은 일기장에 기록되는 것으로 끝날 일이 아니었기 때문이다. 그는 자신의 악감정을 조정의 실권자인 영의정 유성룡 등에게도 전달하였을 것이 틀림없다. 그렇다면 시간이 흐르면 흐를수록 이순신과 원균의 관계는 극단적으로 뒤틀릴 수밖에 없었다.

당장 계사년 8월 19일의 일만 해도 그러했다. 이순신은 원균과 원연이 합동회의를 마치고 우수영으로 돌아간 다음에, 다시 전라우수사 이억기와 충청수사 정걸만 대동하고 "자세한 이야기를 나누었다"라고 기술하였다. 이렇게 되면 이억기와 정걸 역시 원균을 배제하든가, 아니면 원균과 함께 이순신을 멀리하는 수밖에 없게 된다.

그때 삼도수군통제사는 이순신이지 원균이 아니었다. 그렇다면 계사년 가을에 조선의 수군 수뇌부는 원균을 따돌리고, 이순신-정걸-이억기의 수군으로 한정된 셈이다. 통제사 이순신이 협량(狹量)하였다고 해야 할지, 원균에게 총체적 문제가 있었다고 할지, 저마다 판단은 다를 수밖에 없을 것이다. 그러나 사태를 이 지경까지 끌고 간 것은 이순신의 잘못이었다고 판단하지 않을 수 없다.

그런데도 이순신은 표면적으로나마 원균과의 우호관계를 여전히 유지하였다. 해가 바뀌어 갑오년(1594)이 되었고, 정월도 다 지나가던 1월 28일의 일이었다. 이순신의 일기장을 다시 열어보자.

"저녁 나절에 원식이 한양으로 올라간다며 (인사를) 왔기에 술을 먹여서 보냈다. ... 저물 무렵에 비가 오더니 밤새도록 내려 쓸쓸했다. 전선을 만들기 시작했다."[81)]

지난 수개월 동안 《난중일기》에 보이지 않던 원식이 다시 등장한다. 아마 그 사이에도 원식은 사촌형 원균의 막하에 있었을 가능성이 있다. 그런데 그가 한양으로 올라가게 되어 통제사 이순신에게 작별 인사를 하러 찾아온 것이다. 그 시절에도 원균 일가의 주된 거주지는 한양이었다. 그들은 한양과 진위(현 경기도 평택) 두 곳에 근거지가 있었다. 원식은 신창(현 충청도 아산)에도 집이 있었다. 이순신도 연고지가 한 곳은 아니었다. 그의 가족은 아산(현 충남 아산)에 주로 살았으나 한양의 건천동에도 연고가 있었다.

그런데 무언가 피하지 못할 사정이 있었던지, 원식은 바로 한양으로 떠나지 못하고 며칠 더 남해에 머물렀다. 그러다가 2월 초에 원식은 다시 이순신을 찾아갔다. 이번에야말로 정식으로 작별 인사를 하게 되었다. 다시 이순신의 일기를 꺼내 읽는다.

"... 원식과 원전이 찾아와 한양에 간다고 보고했다. 면천(免賤) 공문 한 장을, 원식이 남해(현령)에게 쇠붙이를 바치고 얻어갔다. 날이 저물자 나는 막사로 내려왔다."[82)]

---

81) 이순신, 《난중일기》, 갑오년(1594) 1월 28일.

82) 이순신, 《난중일기》, 갑오년(1594) 2월 초3일.

이순신의 한산도 진영에는 경상우수영 소속인 남해 현령도 머물러 있었다. 원식은 한양에 올라가서 누군가를 "면천"시켜주려고 했다. 그래서 관련 공문이 필요하였다. 이 공문을 가지고 있으면 종(奴婢)이나 신분이 낮은 향리(鄕吏)를 양인으로 만들 수 있었다. 원식은 당시로서는 값비싼 철물을 건네주고 "면천" 공문 한 장을 샀다. 그는 경상 우수사의 사촌 동생이었으나, 형님의 부하인 남해 현령 기효근에게 대가를 지불하고 면천 공문을 준비한 것이다. 청탁에 의해 그런 공문을 함부로 얻을 수는 없었다. 그만큼 경상우수영에는 기강이 서 있었다.

바로 그날 이순신의 일기에 원전이 처음으로 등장하였다. 원전은 전쟁이 일어나기 전부터 원균의 막하에 있었으나, 현존하는 《난중일기》에는 이날 처음으로 그의 이름이 보인다. 알다시피 현재의 《난중일기》는 지난 5백 년의 세월이 지나는 동안 사라진 부분이 많다. 아마 원전의 이름은, 지금은 사라지고 없는 이순신의 또다른 일기장에 수차례 기록되었을 지도 모른다. 어쨌든 지금 남아 있는 일기장을 가지고 보면, 갑오년 2월에 그 이름이 처음 나타난다. 그것도 물론 우연한 일이다.

## 원균, 충청도 병마절도사로 떠나 - 원전은 뒷정리 마치고 형님을 따라가

알다시피 계사년(1593, 선조 26년) 8월에 이순신이 삼도수군통제사에 임명되었다. 그런데 앞에서 이미 살핀 것처럼 그해 6월 하순에 이순신은 이미 한산도에 진을 치고 있었다. 대략 그 무렵에는 전선이 고착되었고, 해상에서는 더 이상 의미 있는 전투가 거의 없었다. 그 이듬해 갑오년(1594, 선조 27년)에 한번의 전투가 있었으나, 아군이 거둔 성과는 크지 않았다. 그런데 조정에서는 정치적 지형 변화가 일어났다. 한양으로 다시 돌아온 뒤로 선조는 동인의 유성룡을 더욱 신뢰하였다. 이 기회에 왜란이 일어난 뒤에 일어난 정치 변화를 간단히 적어보자. 임진년 5월 2일에 북인으로 영의정 자리에 있던 이산해(李山海)가 관직을 빼앗겼다. 전쟁이 일어나 나라가 도탄에 빠졌기 때문이다. 그때 유성룡은 좌의정이었다. 그 이듬해(1593년) 10월 27일에 풍원부원군 유성룡을 의정부 영의정으로 삼았다. 그때 유성룡은 최고 관직에 올라 자신의 친위 세력을 조정에 광범위하게 확장한다. 그는 전쟁 사무를 총괄하는 비변사를 완전히 장악하는 한편, 은연중에 일본과 강화(講和)를 추진하였다. 무력으로 왜적을 무찌르기는 어렵다고 판단해, 적과 대적하기보다는 협상에 희망을 걸었다는 뜻이다.

자연히 호전적인 성격의 강경파는 조정에서 입지가 좁아졌다. 그것은 전선에서도 마찬가지였다. 원균은 늘 적과 결전을 치러야 한다는 주장을 폈고, 그 때문에 신중론자인 이순신과는 뜻이 맞지 않았다. 필자는 그들의 관계를 그렇게 정리하고자 한다.

중앙조정에서 강화주의자 유성룡의 입지가 날로 튼튼해지자, 남해에서도 그 동지 이순신의 영향력은 나날이 커졌다. 이후 유성룡의 리더십에 빨간불이 켜진 것은 왜적과의 강화가 파탄난 병신년(1596, 선조 29년) 하반기였다. 그때부터는 이순신도 정치적 위기를 맞았다. 그러나 그것은 아직 먼 훗날의 이야기다.

갑오년(1594년) 겨울, 원균은 깊은 위기에 빠졌다. 통제사 이순신의 목소리가 커지면서 그의 군사전략에 반기를 든 원균은 완전히 수세에 몰렸다. 그리고 마침내는 수군에서 축출되었다. 조정 대신들은 원균이 수군 장수로 유능하다는 점을 인정하면서도, 이순신의 통제를 따르지 않는 것을 문제삼아 육군으로 내보냈다. 을미년(1595년, 선조 28)의 1월 초의 일이다.

김간은 〈원균 행장〉에서 그 시절의 정치적 사정에 관하여는 일체 함구(緘口)하고, 원균의 신상에 일어난 변동을 간략히 적었다.

> "을미년(1595년, 선조 28) 겨울(정확히 말해 그해 연초! - 백승종)에 (원균을) 충청병사로 임명하였다. 이어서 병신년(1596년, 선조 29) 가을에는 전라병사로 옮겼다."[83]

정확히 언제 원균은 충청병사로 부임하였을까. 정확히는 알 수가 없으나, 을미년(1595) 정월의 일이었다고 보아도 좋다. 《난중일기》를 보면, 을미년 설날에 원전이 다시 출현한다.

---

83) 김간, 〈원균 행장〉.

"... 새벽에 여러 장수와 색리(각종 아전) 및 군사들이 찾아와 해가 바뀌었다며 세배를 했다. 원전(元㙉)과 윤언심(尹彦諶) 및 고경운(高景雲) 등도 찾아와서 만났다. 여러 색리와 군사들에게 술을 먹였다."[84]

설날 아침에 원전은 수군통제사 이순신을 찾아가 세배를 하였다. 그때 원균은 이미 충청도로 떠났을 가능성도 없지 않아 보인다. 원전은 형님을 비롯한 원씨 형제를 대표하여 이순신에게 새해 인사를 하였다.

실록을 살펴보면 조정에서 원균을 충청도로 보내기로 정한 것은 이미 갑오년(1594) 12월의 일이다. 그러나 업무를 인수인계 하는 데 상당한 시간이 걸렸을 것이다. 그렇다면 원균이 을미년(1595) 정월 초쯤에 행장을 정리해 충청도로 옮겼을 수 있다. 지난 수년에 걸쳐 이순신과 원균이 갈등을 벌였는데, 일단은 원균이 패배한 것이다. 이순신은 아마 앓던 이가 빠진 것처럼 속이 시원하였을 것이다. 아무리 그렇더라도 인간관계를 함부로 끊을 수는 없는 법이다. 해가 바뀌자 원전은 형제들을 대신하여 이순신의 진영으로 찾아가 인사를 올리고 덕담도 주고 받았다.

해가 바뀔 때를 전후하여 원균은 형제와 조카들을 거느리고 청주

---

84) 이순신, 《난중일기》, 을미년(1595) 1월 초1일.

에 있는 충청도 병마사의 본영으로 거처를 옮겼다. 그래도 누군가는 경상우수영에 남아 뒷정리를 깨끗이 마쳐야했다. 그처럼 궂은 일을 마다하지 않고, 끝까지 원균을 보필한 이가 바로 믿음직한 아우 원전이었다. 요즘 말로 원전은 원균의 총집사 또는 수석 대리인이었다.

원전이 우수영에 남아서 잔무를 깨끗이 마무리하는 데에는 시간이 좀 필요하였다. 원균은 임진년(1592년) 2월부터 무려 3년 동안 그곳에서 재임하였기 때문이다. 을미년 2월 하순이 되자 원전이 더 이상 남아서 처리할 일은 없었다. 드디어 원전도 남해를 떠나 맏형이 있는 청주를 향해 출발하였다. 《난중일기》에는 다음과 같은 짧은 기록이 보인다.

> "흐렸다. 우뢰와 번개가 많이 쳤으나 비가 오지는 않았다. 몸이 불편하다. 원전(元㙉)이 (하직인사를) 아뢰고 (충청도로) 돌아갔다."[85)]

마지막까지 원전은 이순신에 대한 예의를 잃지 않았다. 그는 공손하게 하직 인사를 드리고, 형님이 있는 충청도 청주로 발길을 재촉하였다. 그날 날씨는 해괴하였다. 천둥과 번개가 쳤으나 비가 오지 않았다. 이순신의 마음도 편하지는 못하였다. 그는 몸이 불편하다고 적

---

85) 이순신, 《난중일기》, 을미년(1595) 2월 24일.

었는데, 한편으로는 승리감에 도취하였을 터이지만 다른 한편으로는 마음 한쪽이 무거웠을 것이다. 일찌감치 피어난 봄꽃은 이미 시들어 가던 봄날, 원전은 남해를 떠나 청주로 떠났다.

그날 원전의 심회는 어떠하였을까. 마음이 무거웠을까, 가벼웠을까. 언젠가 다시 맏형을 따라 정든 남해로 복귀해 왜적과 싸울 날을 손꼽아 기다리는 심정이었을까. 아니면 남해는 이순신에게 맡기고 육군으로 다시 활약하게 된 것을 다행으로 여겼을까. 돌아올 기약은 차마 할 수 없는 처지였으나, 그래도 수군을 거느리고 쩌렁쩌렁한 목소리로 남해를 호령하는 형님을 곁에서 모시고 싶은 바람이 더 컸을지도 모른다. 알다시피 그 당시 조선 육군은 왜적과 싸워 크게 이긴 적이 별로 없었다. 그들은 전적으로 방어에 주력하고 있었을 뿐이다. 그러므로 수군처럼 국가적으로 큰 기대를 모으지는 못하였다.

## 원균은 전라도병마절도사를 거쳐 다시 수군으로 – 원전은 형님과 함께

충청병사 원균은 청주에 상당산성을 개축(改築)하는 데 큰 공을 세웠다. 반대파에서는 원균의 가혹함을 나무라기도 하였다. 그러나 자세히 알고 보면 그것은 원균이 지나치게 의욕적인 지휘관이었던 사실과 관계가 있어 보인다. 또, 일부 언관(言官, 사헌부, 사간원 및 홍문관)은 충청병사 원균을 부패한 관리라고 비난하기도 하였다. 그런데 그 당시 언관은 뚜렷한 근거를 제시하지도 못하면서 반대 당파라면 무조건 비난부터 하는 관행이 심하였다. 아니면 말고 하는 식의 근거 없는 비판이었다. 충청병사 원균에 관한 비판은 후세가 귀 기울여도 좋을 만큼 신빙성 있는 비판이 아니었다. 그런데도 원균을 비판하는 사람들은 언관들의 비판을 줄줄이 인용하며 마치 그가 큰 부정사건에 휘말려들기라도 한 것처럼 비방한다. 이것은 잘못한 일이 없었는데도 뜬소문만 가지고 충직한 관리를 헐뜯는 것에 해당한다.

을미년이 지나고 다시 해가 바뀌어 병신년(선조 29년, 1596) 가을이 되었다. 조정에서는 원균에게 더욱더 막중한 책무를 주기로 결정했다. 그를 전라도 병마절도사에 임명한 것이다. 그때는 영의정 유성룡의 대일(對日) 강화정책이 파탄으로 끝나고 양측 간에 전운(戰雲)이 짙어질 때였다.

다시 전쟁이 재발한다면 전라도가 가장 위험하였다. 그래서 조정에서는 전라병사를 뽑는 데 신중을 기하였다. 대신들은 원균처럼 용맹하고 유능한 인물이 아니면 전라도를 수호하기 어렵다고 판단해 그에게 전라도 병마사의 임무를 맡겼다.

그때는 조정의 기류도 조금씩 바뀌어, 호전적인 북인이 요직을 많이 차지하였다. 비변사 당상관 중에도 절대다수를 차지하던 남인이 조금씩 해임되더니 차츰 북인으로 교체되었다. 유성룡은 나날이 힘을 잃었고, 그 대신에 북인의 영수 이산해가 선조의 신임을 얻었다. 일이 그렇게 되자 그동안 유성룡 덕분에 조정의 아낌없는 지원을 받던 통제사 이순신에 대해서도 매서운 검증의 시간이 찾아오고 있었다.

하루가 다르게 조정의 기류가 바뀌고 있었으므로, 선조가 원균을 대접하는 태도에도 큰 변화가 일어났다. 선조는 신임 전라병사가 되어 임지인 강진으로 떠나는 원균에게 따뜻한 위로의 말을 베풀었다. 아울러 내구마(內廄馬, 대궐에서 기르던 말)를 선물로 주었다. 김간은 그 사실을 다음과 같이 기록하였다.

> "사은(謝恩, 신하가 조정을 떠나며 작별함)하는 날에 상(上, 선조)이 다음과 같이 하교하셨다. 경이 국가를 위하여 진력함에 충용(忠勇, 충성과 용맹)한 정성은 고금에 견주어 보아도 (선례가) 드물도다. 내가 일찍부터 경을 가상히 여겼으나 아직 갚지 못하였도다. 이제 멀리 떠나게 되어 전송하고자 하였는데, 마침 건강(심기)이 좋지 못하여 뜻대로 하지 못하노라. 이렇게 말씀하시고는 내구(內廄, 대궐 마굿간)에서 양마(良馬, 좋은 말) 한 필을 내려주셨다."[86]

선조는 대궐에 있는 자신의 말을 원균에게 내려준 것이었다. 실은 원균을 충청병사에 임명했을 때도 선조는 말을 두 필이나 하사했다. 왕은 원균이 평소에 탈 수 있는 말만 준 것이 아니라, 병영에서 정성

---

86) 김간, 〈원균 행장〉.

껏 길러 여러 장수가 전마(戰馬)로 사용할 종자말도 함께 주었던 것이다. 연거푸 두 번이나 대궐의 말을 받았으니, 왕의 은혜가 원균에게는 뼈에 사무치도록 깊었을 것이다. 그날의 영광을 떠올릴 때마다 원균은 국가에 충성으로 보답하리라는 다짐을 몇 번이고 되풀이하였을 줄 안다.

훗날 원균은 고성의 춘원포에서 의롭게 순국하였다. 그때 선조가 하사한 그 명마가 장군의 소지품을 등에 지고 홀로 천리길을 달려 진위의 자택으로 돌아왔다는 전설이 남아있다. 주인을 잃은 말은 며칠 동안 슬피 울다 드디어는 숨지고 말았다고 한다. 명마가 장군의 고택에 돌아와 울었다고 하여 '울음 밭'이란 지명이 있고, 또 명마의 주검을 묻은 곳이 현재의 원균 묘소 아래 위치한 '애마총'이라고 한다. 이 전설이 과연 역사적 사실과 완전히 일치하는가 하는 문제는 그다지 중요하지 않다.

명마 전설의 본질은, 원균과 그 후손들이 선조가 하사한 말에 관해 얼마나 깊이 감사하였는지, 그리고 그 말에 대해 진실로 깊은 애정을 가졌다는 사실을 실감하게 만드는 점에 있다. 선조가 원균에게 하사한 명마에 관한 이야기를 꺼낼 때마다 후손들은 나라가 장차 위기에 빠진다면 목숨을 바쳐서라도 국은(國恩)에 보답하겠다는 굳은 맹세를 하였다. 이러한 각오가 명마의 전설을 한층 빛내는 것이다.

병신년도 기울어 갈 무렵 통제사 이순신의 지위는 심하게 흔들렸다. 조정 대신들은 누구나 소리 높여 이순신의 무능을 비판하기 시작하였다. 그들은 이순신이 원균을 지나치게 박대하였고 심지어 모함한 적도 있다는 사실을 강조하였다. 위에 언급한 바와 같이 조정의 권세가 남인의 수중을 이탈해 북인에게 옮겨지고 있었던 터라 조정 안에는 이순신을 애써 옹호하는 대신이 거의 없었다.

심지어 유성룡까지도 이순신이 거만하고 직무에 충실하지 못하다는 식으로 비난했다. 오늘날 일반시민이 알고 있는 것과는 완전히 다른 이야기다. 유성룡은 어전에서 원균을 극구 칭찬하며 이순신의 자리를 대신할 장수라고 주장하였다. 유성룡의 동지였던 대신 정탁도 이순신을 감싸는 일방으로, 원균의 탁월함을 공개적으로 칭찬하였다. 후세는 정탁이 이순신을 변호하는 데 주력한 것으로 믿고 있지만, 그 실상은 크게 달랐다. 정탁은, 이순신도 원균도 모두 옳다는 양시론(兩是論)을 폈다. 그와 같은 취지가 명확히 드러난 정탁의 글이, 이순신의 문집인《이충무공전서》에 실려 있다.

병신년 겨울, 이순신의 통제사 자리는 몹시 흔들렸고 그 후임으로는 원균이 꼽혔으니, 세상일이란 누구도 알 수 없는 노릇이다. 조선 수군에는 자타가 공인하는 명장이 많았는데도, 선조와 대신들의 뇌리에는 이순신과 원균을 능가하는 장수는 한 사람도 존재하지 않았다. 만약 이순신에게 하자가 있다면, 그 자리는 당연히 원균에게 돌아가는 것이 마땅하다는 견해가 조정에서는 상식으로 통하였다.

정유년(선조 30년, 1597) 2월, 원균은 전라도 병마사를 그만두고 전라좌도수군절제사가 되어 우도(전라도)수군통제사를 겸하게 되었다.

그러는 사이에 그동안 통제사 자리를 지켜온 이순신은 죄인의 몸이 되어 한양으로 끌려갔다. 원균이 한산도로 자리를 옮기자, 이번에도 그 아우 원전은 조용히 형님의 뒤를 따랐다. 육지로 쫓겨난지 2년 만에 그들 형제는 수군의 품에 안긴 것이다. 그것도 지난 번과는 처지가 완전히 달라졌다. 원균은 이제 삼도의 수군을 총지휘하는 중임을 맡은 동시에 전라 좌수사까지 하게 되었다.

자나깨나 이순신을 옹호하는 이들은, 원균이 통제사에 부임한 일을 매우 불쾌하게 여긴다. 그들은 《난중일기》의 주장을 액면 그대로 받아들이고, 원균이 조정의 간신배들과 흉측한 음모를 꾸며 죄없는 이순신을 나락에 떨어뜨렸다고 생각한다. 하지만 근거가 불충분한, 한갓 추정일 뿐이다. 선조와 조정 대신들이 신중히 결정한 사안에 대해 함부로 이러쿵저러쿵 말하는 것은 잘못이다.

통제영의 교체라는 뜻밖의 사태가 찾아온 것은 당연한 결과이기도 하였다. 병신년에 영의정 유성룡의 강화(講和) 노선이 파탄났으므로, 수군의 지휘부가 바뀌는 것은 조금도 이상한 일이 아니었다. 유성룡에 대한 정치적 문책론이 등장하고, 중앙의 권력 구조에 변동이 초래되자 유성룡과 아주 밀접한 수군 사령탑의 교체도 당연한 수순이 된 것이다. 이순신이 낙마(落馬)한 것은 결코 원균 한 사람의 음해로 일어난 것이 아니었다. 우리는 사태를 구조적으로, 입체적으로 들여다 보아야 한다.

조금 더 자세히 알아보면, 이순신에게도 일말의 책임이 없지 않았다. 아래에서는 바로 그 문제를 짚어 보고자 한다.

## 정유년 이순신의 처벌과 원균의 수군 복귀

16세기의 한양 선비 오희문은 자신의 일기책에서 정유년 1월 하순 조선 수군의 정세를 다음과 같이 기록하였다.

> "(정유년) 1월 24일 (내가 아산에 머물고 있을 때 일이다.) 최경유에게 들으니, 적장 청정(淸正, 가토 기요마사)이 지난 (1월) 13일에 이미 바다를 건너왔다. 그는 양산 땅에서 진법을 연습하면서 병력의 위세를 자랑하고 있다고 한다."[87]

오희문처럼 세상 돌아가는 일에 밝은 선비들은 이미 알고 있었다. 정유년(선조 30년, 1597) 1월에 왜군은 무리를 지어 이미 바다를 건너왔다. 그들은 부산과 그 주변 지역을 차지하였고, 전투 준비에 여념이 없었다.

그럼 왜적이 여러 날 동안 바다를 건너왔을 때 조선의 수군은 무슨 작전을 펼쳤던가. 과거로 되돌아가 임진년(1592년) 4월에 왜적이 쳐

87) 오희문, 《쇄미록》, 5권(정유일록), 40쪽.

들어왔을 때 이순신은, 경상도 수군이 아무런 조치도 취하지 못하고 물러섰다며 맹렬히 비난하였다. 그가 원균을 혐오하고 깔보기 시작한 단초도 여기에 있었다. 원균은 목숨을 던져서 왜적의 침략을 막아야 하였는데도 수수방관했다는 것, 이것이 이순신의 비판이었다. 이순신은 이러한 이유로 처음부터 원균을 깔보았다. 그러나 자신이 삼도수군통제사로서 한산도에서 조선의 함대를 호령할 때 왜적이 재침하였다. 그럼 이순신은 병신년에 도대체 어떤 방법으로 왜적의 한반도 상륙을 저지하였던가. 오희문은 이렇게 기록하였다.

> "전날에 들으니, 청정(기요마사)이 바다를 건널 때 통제사 이순신이 군사를 거느리고 급습해 막았다고 한다. 그래서 그가 육지에 오르지 못하게 했다는 말이 있다. 그런데 이번에는 (기요마사가) 불시에 바다를 건너, (이순신은) 미처 수전(水戰)을 못하고 시기를 놓쳤다고 한다. ... 이 때문에 (조정에서는) 이순신을 잡아가두고, 그 대신에 원균을 통제사로 삼았다는 것이다."[88]

이순신이 기요마사의 상륙을 막은 적이 있었던가. 사실여부는 우리가 알 수 없다. 그러나 항간에 그런 소문이 퍼져있었다는 것 쯤은 짐작할 수 있다. 그런데 정작 중요한 사실은, 정유년에 이순신이 왜군

---

88) 오희문, 《쇄미록》, 5권(정유일록), 41쪽.

의 부산 상륙을 방관하기만 했다는 점이다. 그래서 조정에서는 그를 처벌하는 것이 불가피했다. 이순신에게도 나름의 고충이 있었을 것이다. 시커멓게 떼를 지어 밀려오는 왜적을 조선 수군이 막아낸다는 것은 아마 불가능한 일이었을 것이다.

수군의 규모도 제법 갖춰지고, 실전 경험도 축적된 정유년 초까지도 조선 수군이 수백 척의 배를 타고 한꺼번에 밀려드는 일본군을 막기는 불가능한 일이었다. 그렇다면 아무런 방비도 없었던 임진년 4월의 일이야 새삼 다시 말해 무엇하겠는가.

병신년부터 조선의 식자들은 왜적의 재침략이 하나의 기정사실이라고 믿었다. 그때 조정에서는 경각심을 가지고 만약의 사태에 대비하느라 총력을 기울였다. 그런데도 역부족이었다.

왜장 고니시 유키나가(소서행장)는 자신들의 침략을 수월하게 성사시키려고 한 가지 묘책을 꾸몄다. 이른바 "반간계(反間計)"였다. 고니시는 이중간첩을 이용하였는데, 그때 사정을 김간은 다음과 같이 짧게 요약하였다.

> "(을미년, 선조 28년, 1595) 왜병이 여러 차례 수전에서 패하자 고니시(행장)가 근심하였다. 그는 왜인 (첩자) 요시라를 보내어 경상우병사 김응서 측에 왕래하게 하였다. 그러면서 (친선에) 정성을 들이는 척하였다. 그러다가 정유년(선조 30년,

1597)에 기요마사(청정)가 다시 (부산으로) 나올 때가 되었다. (요)시라는 몰래 (김)응서에게 찾아와서 이렇게 말하였다. '우리 두 나라가 화의(和議)를 이루지 못한 것은, 전적으로 기요마사 때문이다. 고니시는 기요마사를 매우 미워하고 있는데, 마침 기요마사가 한 척의 배를 타고 바다를 건너오게 되었다. 만일 바다 한 가운데를 잘 지킨다면 기요마사를 사로잡을 수 있을 것이다. 삼가 이 기회를 놓치지 말라.' (김)응서가 그 말을 조정에 아뢰었다. 그러자 조정에서 (그 말을 믿고) 위유사 황신(黃愼)을 보내 통제사 (이)순신에게 몰래 알렸다."[89]

임진년 이후 침략전쟁은 소강상태에 빠졌다. 그렇게 되자 왜군의 대다수는 일단 본국으로 물러갔다. 그러나 병신년에 강화조약이 실패로 끝나자 그들은 다시 한반도로 물밀 듯 쳐들어왔다. 그때 왜적의 선봉대장이 바로 가토 기요마사였다.

알다시피 가토와 고니시는 서로 경쟁관계에 있었으며, 노선상에도 차이가 있어 사이가 별로 좋지 않았다. 그 점은 조선이나 명나라에서도 잘 알고 있었다. 고니시는 그 점을 역으로 이용하여 조선 수군을 전멸시킬 흉계를 꾸몄다.

그런 줄도 모르고, 조정에서는 김응서가 전해 준 요시라의 거짓 정

89) 김간, 〈원균 행장〉.

보를 믿고 이순신에게 출동명령을 내렸다. 그러자 이순신은 조정의 명령을 따르지 않았다. 물론 이순신에게 왜적의 재침을 막아낼 특별한 작전이 있었던 것도 아니다. 그야말로 이순신 역시 속수무책이었다.

후세는 덮어놓고 이순신에게 지략이 있어 군대를 함부로 움직이지 않았다며 칭찬한다. 그런 반면에, 이순신을 한양의 조정으로 잡아다가 벌주었다는 이유만으로도 선조와 조정대신을 폄하한다. 더구나 그 결정의 배후에 원균의 모략이 있었다고 주장한다. 하필 원균이 정유년(1597) 2월에 이순신의 후임으로 임명되었기 때문에 그런 혐의를 아예 기정사실로 간주한다. 혹자는 그해 1월에 원균이 조선 수군의 적극적인 공격을 주문한 사실을 예로 들며, 이순신을 궁지에 내몬 원흉이라고 헐뜯는다.

그 당시 사정은 그렇게 간단하지 않았다. 우선 조정 대신들이 이순신에 대해 불만과 불신을 가진 것은 갑작스러운 일이 아니었다. 바로 출동해 기요마사를 체포하라는 조정의 명령을 이순신이 제대로 따르지 않은 것이 문제의 본질이 아니었다. 그에 앞서 수년 동안 이순신은 이미 여러 가지 잘못을 저질렀다. 그중 하나는 원균을 여러 차례 모함하고 비방한 점이었다. 불확실한 소문을 토대로 이순신은 원 장군을 지나치게 헐뜯었다.

또 하나, 이순신은 통제사에 임명 되고 여러 해가 지나도록 조정이 기대하는 성과를 달성하지 못하였다. 게다가 이순신의 조선 수군은 세월이 흐를수록 점점더 약해지고 있었다. 부대가 규모를 유지하기도 어려운 실정이었다. 그러므로 조정의 조바심은 차츰 걱정으로 변하였다.

이순신의 후원자 유성룡이 조정을 이끌었기 때문에 그동안 대신들의 불만과 비판이 수면 아래 머물러 있었다. 그러나 이순신의 리더십 자체에 대한 의문은 당파를 초월해 보편적이었다. 그러다가 유성룡이 주도한 왜적과의 강화가 완전히 깨지자 유성룡의 정치적 입지가 약화되었다. 이순신에 대한 문책론이 갑자기 봇물을 이룬 것은 그 나름의 이유가 있는 일이었다.

그때 조정에서는 원균에 대한 기대가 더욱 높아져, 통제사 자리를 원균으로 교체하는 것이 마땅하다는 의견이 대세를 이루었다. 식자들은 조선 수군의 명장이라면 으레 원균과 이순신 두 사람을 꼽았으며, 그에 필적하는 제3의 인물은 존재하지 않았다. 원균이 이순신의 뒤를 이어 제2대 삼도수군통제사로 발령을 받은 데는 그와 같은 맥락이 숨어있었다.

원균은 수군통제사가 되었으므로, 전라좌수영의 수사까지도 당연히 겸하였다. 한산도에 부임하자마자 그는 다양한 정보를 수집 분석하여, 우리 수군이 새롭게 나아갈 운영전략을 세웠다. 하지만 그에게는 한 가지 난제가 있었다. 비변사에는 여전히 이순신과 기맥이 통하는 남인 대신이 상당한 비중을 차지하였다. 그들은 속으로 원균을 신뢰하지 않았다. 더욱 심각한 문제는, 원균의 정세 판단을 신뢰하지 않는 남인들이 남해 현지의 군사작전까지 지휘하는 지휘체계가 존재한다는 사실이었다. 도체찰사 이덕형과 도원수 권율은 모두 유성룡의 동지들이었다. 게다가 처벌을 받았다고는 하지만 이순신은 사실 조정의 가벼운 견책을 받은 것에 지나지 않았다. 후세가 원통해 하는 '백의종군'(보직대기)이란 사실 후세가 짐작하는 것처럼 심각한 벌이 아니었다. 이순신은 보직 대기 상태에서 도원수 권율의 비공식 자문위원 역할을 하였기 때문에 군부에서 완전히 숙청된 것이 아니었다.

일이 그렇게 흘러갔으므로, 아직 수군에 남아 있는 이순신의 장수들은 주변 사정을 살피며 원균의 명령을 따르지 않았다. 그들은 시시각각으로 수군의 내부 사정을 이순신에게 알리며, 행여나 그가 수군으로 복귀할 가능성을 점치고 있었다.

그럼 왜적의 상황은 어떠하였는가. 그들은 이순신이 통제사로 있을 때 이미 부산과 그 주변 지역으로 들어와서 전투를 준비하고 있었다. 아군에게는 일촉즉발의 위태로운 형세가 계속되었다. 그런데 통제사 원균은 손발이 묶인 상태였다. 그를 감독하는 상부의 인사들, 즉 도체찰사와 도원수가 사사건건 심하게 통제영을 감독하고 견제하였다. 아울러, 이순신의 심복들이 내부에서 강력한 저항세력으로 존재하고 있어, 원균의 지휘권은 처음부터 한계에 부딪쳐 있었다. 삼도수군통제사라고는 해도, 원균이 뜻대로 할 수 있는 일은 제한적이었다. 그 사정을 모를 리 없었던 왜군은, 아군 사이에 이간계를 쓰면서 원균을 더욱더 궁지로 내몰았다. 적의 심장부인 부산으로 아군이 밀고 들어가면 승산이 크다는 거짓말로 도원수와 도체찰사를 유혹하였다. 그리하여 원균과 지휘감독을 하는 상관들 사이에 불화가 커졌다. 그 점을 김간은 다음과 같이 담담하게 기술하였다.

> "공(원균)은 적이 꾀로 우리를 속이는 것을 더듬어 살피고, 부산 바다로 들어가 싸우지 못하겠다는 뜻을 힘껏 아뢰었다. 그러나 조정에서는 (공의 말을) 듣지 아니한지라, 다시 장계를 올려 말하기를, 마지 못해 싸울 것이라면 안골포에 진을 친 적을 먼저 육군을 동원해 몰아내주시기 바라노라. 그러면 들어가서 싸울 수 있겠다고 보고하였다. 그러나 조정에서는 (원균의 제안을) 또 듣지 아니하고, 체상(도체찰사) 이원익이 자신의 종사관 남이공을 (통제영으로) 보내어 (원균에게) 싸움을 재촉하였다."[90]

비변사 내부에서 북인 이산해의 발언권이 강화된 것은 사실이다. 그러나 아직도 영의정은 남인 유성룡이었다. "체상" 이원익도 조정에서 명망이 높은 신하였으나 유성룡의 편이요, 바다의 사정을 속속들이 알 까닭이 없었다. 도원수 권율도 그 점은 마찬가지였다. 그런데 그는 지근(至近, 매우 가까운) 거리에 이순신을 두고 있었다. 그때 이순신이 원

90) 김간, 〈원균 행장〉.

균의 입장을 이해하고 도울 리가 있었겠는가. 어림없는 일이었다.

선조는 원균의 충절을 깊이 이해하였으나, 유성룡, 이원익 및 권율의 판단을 더욱더 믿고 따랐다. 그때 문제를 더욱 심각하게 만든 것은 이중간첩 요시라와 김응서였다. 김간은 그 점을 요령 있게 정리하였다.

> "(정유년) 칠월 초에 고니시가 또 요시라를 보내 (김)응서를 속였다. (요시라가) 말하기를, 왜선이 연락이 되어 이제 바다를 건너온다. 그들이 (조선 수군의 공격에) 방비하지 못할 때, 그런 틈을 타서 (조선) 수군이 습격하면 (조선군이) 승리할 것이라고 하였다. 도원수 권율은 그 말을 믿고, (원균에게) 급히 나아가 싸우라고 몹시 독촉하였다."[91]

상식적으로 판단하면 이것은 정말 말도 안 되는 일이다. 이미 요시라의 거짓 정보를 믿고 이순신을 의심한 조정이었다. 그런데 이번에는 요시라의 말을 또 믿고 바다를 건너오는 왜적의 증원병을 반드시 무찔러야 한다는 명령을 내린 것이다.

사실 부산 근처에는 아군이 정박할 섬이 단 한 개도 없는 상황이었다. 그러므로 원균은 권율과 이원익 등의 명령에 항거하였다. 원균은 조정에 직접 〈장계〉를 올려 무모한 출전 지시를 조목조목 반대하였다.

---

91) 김간, 〈원균 행장〉.

그러나 조정의 판단은 달랐다. 통제사에 대한 지휘권을 가지고 있는 권율과 이원익의 명령에 순순히 따르라는 추상같은 명령이었다. 여전히 유성룡이 이끄는 비변사였다. 그들은 원균에게 지시하기를, 앞으로는 모든 일을 조정에 직접 보고하지 말고 권율 및 이원익과 상의하여 처리하라고 하였다.

애초 김응서가 요시라의 거짓 정보에 속지 않고 신중하게 판단하였더라면 이런 일은 없었다. 그러나 요시라-김응서-권율-이원익-유성룡 라인이 살아 있었으므로, 조정은 요시라의 말 한마디에 오락가락하였다. 본래부터 김응서는 유성룡의 사람이었다. 그는 유성룡의 지원 아래 왜적과 소통하며 적의 내부 정보를 염탐하였다. 아마도 그 과정에서 왜적 또한 김응서를 통해 아군의 기밀을 탐지하였을 것이다. 후세 사람들은 김응서가 왜적의 정보를 빼냈다는 점만 애써 강조한다. 그러나 왜적이 과연 아무런 대가도 없이 자기들의 첩보를 김응서에게 전해주기만 했을까. 상식적으로 믿기 곤란한 일이다.

요컨대 유성룡-김응서는 고니시-요시라 팀에게 시종일관 농락당하기만 한 것으로 보인다. 그들은 왜적에게 이용당하기만 하고 아군에게 아무런 이득도 주지 못했다. 원균 역시 그처럼 잘못된 정보체계의 희생양이 되었다고 볼 수 있다.

그러나 이런 설명은 우리의 판단일 뿐이고, 통제사 원균은 쏟아지는 조정의 명령과 지휘감독자의 지시를 거부하는 데 명백한 한계가 있었다. 조정도, 도체찰사도, 도원수도 한결같이 불호령을 내리며, "출전"이라는 한 방향으로만 조선 수군을 내몰았다. 이제 원균에게는 죽을 힘을 다해 나가서 싸우는 것 말고는 다른 선택지가 없었다.

그러나 상황이 이렇게 악화되기 전에도 원균은 틈만 나면 왜적을 공격하였다. 그가 세운 전과도 결코 적지 않았다.

> "공이 드디어 웅천 앞바다에 이르러 적을 만나 크게 싸워 깨뜨렸다."[92]

원균은 전함을 이끌고 경상도 웅천으로 진격하여 왜적을 크게 무찔렀다고 했다. 그것은 이미 정유년 3월말의 일이었다. 그 당시 강원도 평강에 머물고 있던 오희문은 일기에 원균의 승전보를 적었다(1597.4.5). 평강 현령으로 재임하는 아들 오윤겸이 가져온 〈조보(朝報, 일종의 관보)〉에는 승전보가 실려 있었다.

> "오늘 〈조보〉를 보았다. 통제사 원균이 왜선 2척을 포획하고 왜적의 수급 65개를 베었다고 한다. 참으로 기쁜 소식이다. ..."[93]

여기에 일일이 다 쓰지 못하지만 원균은 불리한 여건 속에도 여러

---

92) 김간, 〈원균 행장〉.

93) 오희문, 《쇄미록》, 5권, 97쪽.

차례 승리를 거두었다. 그러나 안타깝게도 사람들은 원균이 얻은 승리를 기억하고 칭찬하는 데 인색하였다. 그보다는 원균의 무능과 비겁을 과장하고 비판에만 집착한다. 과연 언제쯤이나 역사의 진실이 빛을 발할지 모르겠다. 이야기의 주인공 원전은 그때도 맏형님 원균을 곁에서 모시고, 과연 어떻게 하면 왜적을 무찌를 수 있을지를 고심하며 날마다 전략을 짜는 데 몰두했다. 날마다 그들 형제는 노심초사하였다.

## 원균, 판옥선 제작의 영웅

대신들이 원균에게 끊임없이 "진격"을 종용한 데는 또다른 이유가 숨어있었다. 원균은 군비를 확장하는 데 탁월한 능력이 있어, 그가 통제사로 부임하자 불과 두어 달 사이에 수군의 전력이 크게 증강되었다. '이만한 장비를 갖추었다면 적의 심장부를 노릴 만하다는 낙관적인 분위기가 조정 일각에 조성되었다'라고 짐작해도 좋을 정도였다.

이것이 도대체 무슨 이야기인가. 《선조실록》을 펼쳐본다. 선조 30년(1597) 5월 12일에 비변사가 선조에게 아뢴 내용에 다음과 같은 구절이 있다.

> "(저희가) 도원수 권율의 장계를 보았더니, 수군(舟師)으로 지금 한산도(閑山島)에 도착한 배가 1백 34척입니다. 이미 (주

둔지를) 출발하였으나 아직 (한산도에) 도착하지 못한 배는 5~6척이옵니다. 이와 별도로 현재 제작중인 것으로, 20일 이내에 완성될 배가 48척이라고 합니다. 모두 계산하면, 1백 80여 척에 이릅니다. 이것이 (모두) 판옥 대선(板屋大船)입니다. 그 밖에도 병선(兵船, 협선 등 보조선)으로 아군의 형세를 도울 수 있는 배의 숫자가 많이 있다고 봅니다."[94]

길게 설명할 필요도 없이, 원균은 임진왜란 이후 조선 수군을 최대 규모로 확장하였다. 그보다 4년 전인 선조 26년(1593) 7월 16일에 경상우도 수사(慶尚右道水使) 원균(元均)이 보고한 내용과 비교해보면 차이가 명백히 드러난다. 그때 원균은 이렇게 말하였다.

"왜선(倭船) 6백여 척이 바다를 뒤덮고 (건너) 오는데 뒤따라 오는 선척(船隻)도 끊이지 않습니다. 이들은 곧바로 호남(湖南)을 침범할 계획인 것 같습니다. 그런데 (우리) 삼도(三道)의 판옥선(板屋船)은 1백 20여 척 뿐입니다. 본도(本道, 경상우도)는 (왜적의) 분탕질로 인하여 군량이 이미 다 떨어졌습니다. 많은 사졸(士卒)이 심각한 기곤(飢困)으로 계속하여 죽어가고 있습니다. 배를 부릴 방책이 없어 매우 걱정됩니다."[95]

---

94) 《〈선조실록》》, 선조 30년(1597) 5월 12일.

95) 《선조실록》, 선조 26년(1593) 7월 16일.

120척의 판옥선이란 숫자는 전라도, 경상도 및 충청도 수군의 전력을 총집계한 것이다. 그것도 임진년 4월에 침략전쟁이 시작되던 때에 비하면 크게 증가한 숫자다. 전쟁의 혼란 속에서도 한척의 배라도 많이 만들어야겠다는 열성으로 이순신, 원균, 이억기 등은 힘이 닿는 대로 끊임없이 판옥선을 만들었다. 선조 25년 5월 초순에는 원균이 4척, 이순신이 20여 척을 거느렸다. 원균과 이순신은 30척 정도로 연합함대를 편성하였다. 그런데 얼마 후에 이억기가 20여척을 추가했다. 그러므로, 전라좌우도와 경상우수영의 합동작전에는 50척쯤의 판옥선이 운용되었다.

임진왜란이 시작된 지 2개월쯤 지난 다음에는 전혀 다른 숫자가 등장한다. 선조 25년(1592) 6월 21일 자 〈실록〉에는, 그해 5월 6일에 원균과 이순신 장군이 옥포 해전을 벌였다면서 "이순신이 전선(戰船) 80척을 거느렸다."라고 기록하였다. 그런데 여기서 말한 "전선"은 과연 모두 판옥선이었을까. 그럴 리는 없었고, 이것은 위에서 말한 30여척의 전선에 50척의 협선까지 더한 것이었다.

선조 25년(1592) 6월 21일의 실록을 자세히 읽어보면 그러한 사실을 확인할 수 있다. 그해 6월 4일에 원 장군과 이 장군이 당포(唐浦) 앞바다로 나아갔을 때 "전라 우수사(全羅右水使) 이억기(李億祺)가 전선 25척을 거느리고 와서 회합하니 여러 장수의 기운이 고무되지 않는 이가 없었다."라고 기록하였다.[96] 이치로 보면 25척이란 숫자는

96) 《선조실록》, 선조 25년(1592) 6월 21일.

이억기가 지휘하는 전라 우수영의 총병력이다.

본래 원균의 경상우수영은 20척가량의 전함이 배치되었다. 임진왜란이 끝나고 선조 36년(1603) 7월 26일에 통제사 이경준(경상 우수사)이 조정에 올린 《장계》를 보면, “진중에 있는 전선(戰船)은 원수(元數, 본래의 숫자)가 19척”이라고 하였다.[97] “원수”라는 표현에 주목할 필요가 있다.

그런데 조선 후기가 되면 각 수영의 판옥선 수가 달라진다. 《만기요람》에는 전라도와 경상도의 수영은 저마다 9척에서 29척의 판옥선을 보유하였다. 규모가 제일 큰 전라우수영은 29척, 경상우수영은 24척, 그리고 전라좌수영은 14척이었다. 여러 수영 중에서도 규모가 적은 경상좌수영은 9척뿐이었다. 일반시민은 의아해 할 테지만 충청도 수영은 겨우 3척을 거느렸다.

그러나 임진년에 전쟁이 시작된 이후 조정에서는 수군의 병력 증강을 서둘렀다. 결과적으로 계사년(1593년) 가을에는 수군의 전함수가 120척으로 늘어났다. 참으로 다행한 일이었다. 하지만 원균이 〈장계〉에서 보고하였듯이 아군은 군량이 부족해 부대 규모를 유지하는 것 자체가 어려운 상황이었다. 어쩔 수 없는 국력의 한계였다.

선조 27년(1594) 2월 25일에 이순신이 조정에 올린 〈장계〉에는 그간의 실정이 간단히 요약되어 있다. 앞에서 필자가 언급한 전함 숫자의 변화와 다르지 않았다.

---

97) 《선조실록》, 선조 36년(1603) 7월 26일.

"임진년에 적세가 매우 날카롭던 무렵, 영남의 여러 성이 연달아 무너지고 연해안 일대에 사람 사는 그림자가 아주 끊어졌습니다. 고성 · 사천 · 하동 · 남해는 호남에 잇닿은 지방인데, 이곳에 무려 200여척의 적선이 연속해서 쳐들어왔습니다. 그때 우리 수군은 30척 미만의 전선을 가지고 있었으나, 용감하게 돌진하여 (왜적을) 쳐서 무찌르고 하나도 도망쳐 돌아가지 못하게 하여 그들의 날카롭고 민첩한 기세를 꺽었습니다.

그 뒤로 (우리는) 전선을 조금씩 더 제작하여 전라좌 · 우도는 모두 80척이 되었습니다. 매번 삼도의 수사 및 여러 장수가 함께 적을 섬멸할 계획을 세웠고, 죽기로 맹세하고 수로를 가로 막았습니다. (왜)적이 전라도를 침범하지 못하게 한지도 3년이 지났습니다."[98]

이순신이 보고하듯 왜적의 침략이 시작되었을 때 전라좌도(이순신)와 경상우도(원균)의 수군은 모두 합쳐 30척 미만의 전선을 보유하였다. 그 당시 왜적은 200척도 넘는 대군이었다. 그후 여러 수사가 경쟁적으로 군비를 강화하였고, 결과적으로 전라좌도와 전라우도는 80척의 전함을 갖추었다. 이 보고서에 언급되지 않았으나, 경상우도도 40척쯤으로 늘어났다. 원균 장군이 조정에 보고한 바, 계사년(선조 26년, 1593) 7월 16일에 삼도의 수군은 120척의 판옥선을 가졌다는 기

98) 《선조실록》, 선조 27년(1594) 2월 25일.

록을 음미해 보면 알 수 있다.

80척은 이순신 장군의 〈장계〉에서 보듯 전라좌우도의 수군 소속이었다. 그리고 충청도는 3척이었다. 나머지 37척은 원균이 지휘하는 경상우수영의 전함이었다. 침략전쟁이 시작되었을 당시에 원균은 휘하에 10척쯤을 거느렸다. 그러나 한 달 동안 부단히 적과 싸우느라 예닐곱 척은 약간 파손된 상태였다. 선조 25년 5월에 이순신과 최초로 연합합대를 구성하였을 때 원균은 불과 4척의 판옥선을 이끌었다. 그러나 1년여가 지나자 정확히40척쯤으로 전력이 강화되었다. 우리는 그동안 원균의 이러한 공적을 왜 모르고 있었는가?

더욱더 눈길을 끄는 것은, 선조 30년(1597) 2월에 원균이 삼도수군통제사로 임명되고 난 뒤의 일이었다. 원균은 군비 증강에 전력투구해 큰 성과를 거두었다. 앞에서 인용한 선조 30년(1597) 5월 12일자 〈실록〉에 기록되어 있듯, 무려 48척의 새로운 판옥선이 제작중이었다. 6월이 되면 아군의 전선은 무려 180척으로 늘어날 예정이었다. 이것은 이순신 장군이 통제사로 재임한 지난 3년 동안에 그 수가 120척으로 고정된 것과는 비할 수 없는 숫자였다. 그런데 원균이 통제사가 되었을 때 작전에 투입할 수 있는 판옥선의 실제 숫자는 100척 정도였다. 이후 원균은 짧은 기간 동안에 무려 80척의 전함을 새로 건조하였다. 이렇듯 원균은 군사 장비를 확장하는 데 능력이 뛰어났다. 그는 곧 바다에서 싸움이 벌어질 것으로 예상하고 조선 수군의 주무기인 판옥선을 대폭 제작하였다. 이런 역사적 사실이 지금까지 별로 주목을 받지 못하였다. 그만큼 우리는 이순신을 바라보는 눈이 다르고 원균을 평가하는 자가 달랐다. 항상 평가 기준은 똑같아야 한다. 그것이 공정성의 토대다. 원균에게 여간한 충성과 열성이 없었더라면 이러한 일이 일어날 수 있었겠는가. 물론 이순신이든 원균이든 군비 확장에는 조정의 도움이 필수적이었다. 많은 인력과 장비 및 자금이 투입되는 일이므로, 연변의 지방관들이 적극적으로 협력하지 않으면 한두 척의 배를 새로 장만하는 것도 어려운 일이었다. 그런 점을 염두에 두더라도, 통제사 원균의 열성과 강한 의지가 아니었으면 대규모 군비확장은 엄두도 내지 못했을 것이다. 후세의 호평을 받기에 전혀 손색이 없는 위업이라 하겠다.

## 선조는 원전 장군을 총애하였다 - 고성 현령으로 발탁

앞에서 서술한 것처럼 정유년이 되자 조정에서는 삼도수군통제사를 원균으로 바꾸었다. 그 무렵 선조는 원균의 아우 원전에게도 중요한 임무를 맡길 때라고 생각하였다. 왕은 원전을 뚜렷이 기억하고 있었다. 선조가 기억력이 남다르기는 하였으나, 중앙과 지방에 얼마나 많은 문신과 무신이 있었던가. 제 아무리 두뇌가 뛰어난 선조라도 모든 신하의 이름이며 행적을 일일이 다 기억할 알 수는 없는 노릇이었다.

그런데도 선조는 왜란 초기에 원균이 그 아우 원전을 보내 승전보를 바친 사실을 또렷이 기억하였다. 아울러, 그가 올린 보고서에 따라 원균을 가선대부로 포상한 사실도 잊지 않았다.

선조 30년 1월 하순, 선조는 영의정 유성룡과 더불어 이순신과 원균에 관해 다음과 같은 이야기를 나누었다.

> "유성룡: (이순신은) 그 성품이 (남에게) 굽히기를 좋아하지 않아 제법 취할 만하였습니다. 그래서 그 사람이 어느 곳의 수령(전라도 정읍현감 -백승종)으로 있을 때 신이 그를 수사(水使, 전라 좌수사)로 천거했습니다." 《선조실록》, 선조 30년 1월 27일.

임진년(1592년)에 신이 차령(車嶺)에 머물러 있을 때 (한산도에서 왜적을 물리친 공으로) 이순신이 정헌(正憲)대부(정2품)가 되고, 원균이 가선(嘉善)대부(종2품)가 되었다는 말을 들었습니다. 작상(爵賞)이 지나치게 높다고 여겼습니다. 무장(武將)은 지기(志氣)가 교만해지면 쓸 수 없게 됩니다.

> "선조: 그때 원균이 자신의 동생 원전(元㙉)을 보내 (한산대첩 등의) 승전을 알려왔고, 그래서 그런 상을 주었다."[99]

---

99) 《선조실록》, 선조 30년 1월 27일.

그 자리에서 선조와 유성룡은, 통제사 이순신이 자신의 직무에 충실하지 못하다는 데 의견이 일치하였다. 특히 유성룡은 이순신을 지나치게 후대한 것이 잘못이라고 지적하였다. 뒤돌아보면 한산대첩이 끝나고 나서, 조정에서는 원균의 벼슬을 1단계 높여서 종2품이 되게 하였다. 그러나 이순신에게는 정2품의 벼슬을 주었다. 2단계를 껑충 뛰어넘은 승진이었다. 그런 일로 이순신이 교만해졌다는 것, 유성룡의 진단은 그러하였다.

그때 선조는 수군통제사의 교체를 염두에 두고 있었다. 왕은 인사를 단행하기에 앞서 유성룡 등 여러 대신과 함께 수군의 상태에 관해 여러 차례 숙의하였다. 후세는 《징비록(懲毖錄)》의 진실을 지나치게 확신한 나머지, 유성룡이 처음부터 끝까지 이순신을 보호했다고 믿는다. 그러나 사실은 이상의 기록에서 살펴본 것처럼 그렇지 않았다. 정유년 1월 말, 유성룡은 결코 이순신의 적극적인 옹호론자가 아니었다. 그날의 회의에서도 선조는 임진년에 원전이 승전보를 가지고 올라온 사실을 언급하였다.

며칠 뒤 조정에서는 또, 유능한 지방관을 물색하느라 여념이 없었다. 그때도 선조는 원전의 이름을 제일 먼저 떠올렸다. 과거에 원전은 왕을 자주 뵐 수 있는 중앙 관청에서 근무한 적이 없었으나, 선조는 그를 대단한 인물이라고 확신하였다. 어전 회의 광경이 〈실록〉에 기록되어 있어, 아래에 소개한다.

"(대신) 윤두수(尹斗壽): 공주(公州)의 수령(목사)도 역시 비어 있습니다. 이암(李岩)이 (그 자리를) 맡을 만합니다.【이암은 왕실 외척이다. 그는 청주 목사(淸州牧使)로 있을 때, 백성들의 전결(田結)을 빼앗아 사사로이 자신의 것으로 만들었다. (그 결과 국가에 바치는) 공부(公賦, 세금)가 줄어들었는데도, (왕에게) 보고하는 신하들이 (이암은) 저축을 많이 했다고 칭찬하였다. 그래서 윤두수가 (이암을) 힘껏 추천하였다. - 사관의 주석】

(대신) 이산해(李山海): 공주는 가장 중요한 곳이니, 반드시 적임자를 얻어야 합니다.

"선조: 원균(元均)의 아우 원전(元㙉)은 지금 어디에 있는가? 그는 (나라에) 공로도 있고, 또 장사(壯士)이니라."[100]

공석으로 있던 충청도 공주목사로 누구를 보낼 것인가 하는 문제로 설왕설래한 회의였다. 그런데 선조는 대뜸 원전의 이름을 들고 나왔다. 원전으로 말하면 한산대첩을 비롯해 여러 전투에서 수훈(殊勳, 뛰어난 공훈)이 있다는 점을 왕은 기억하였다. 게다가 또, "장사"라고 하였다. 원전은 기개(氣槪)가 출중하고 골격(骨格)이 군센 인물이라는 평가였다. 요즘 식으로 말해, 원전은 용모와 성격이 볼만하고 나라

---

100) 선조실록, 선조 30년 2월 4일.

를 위해 큰 공훈을 세운 관리였던 셈이다.

선조가 원전을 이렇게까지 호평한 것은 매우 이례적인 일이었다. 왕은 남해에서 원균이 보낸 〈장계〉를 가지고, 원전이 조정에 여러 차례 드나든 사실을 회상하며 언젠가 때가 되면 반드시 중책을 맡기려고 생각하였던 것이다. 위에서도 서술한 것처럼 원전은, 우리 수군의 현황을 정확히 파악하고 있었다. 또, 왜적의 형편도 가감없이 보고하는 강직한 무관이었다. 선조는 원전을 믿음직한 신하로 여겼다. 그랬으므로, 왕은 비변사 대신들에게 남쪽 형편에 관해서는 원전에게 물어보라고 지시한 적도 있었다. 원전은 공훈도 있고 기개도 있는 무관이라는 선조의 칭찬을, 대신들이 어찌 감히 흘려들을 수 있었겠는가.

조정에서는 장차 원전에게 좋은 관직을 내려줄 방침이었다. 그런데 마침 정유년 3월에 고성 현령 조응도가 왜적과 싸우다 전사하였다. 그 소식이 올라오기가 무섭게, 정유년 3월 17일에 원전은 고성 현령에 임명되었다. 고성 현령은 경상우수영에 속한 관리이므로, 원전은 통제사인 형님 원균을 더욱더 잘 보좌할 수 있게 되었다. 원전이 고성 현령에 임명된 사실을 문신 조응록(趙應祿)은 다음과 같이 기록하였다.

> "정유년(선조 30년, 1597) (3월) 17일 정미(丁未) ... 원전을 고성(현령)에 임명하였다. (元埧拜固城)"[101]

---

101) 조응록, 《죽계일기(竹溪日記)》, 한국사료총서 제35집, 4권.

현령은 제도상으로 종5품으로, 현감보다는 한 단계 위였다. 그리고 고성은 경상우수영에서도 가장 중요한 지역이었다. 조정에서는 선조가 아끼는 원전을 다른 지방으로 보낼 수 있었으나, 되도록 그가 맏형과 함께 근무할 수 있게 배려하였다. 원전이 경상우수영의 장수가 되자 통제사 원균에게는 큰힘이 되었을 것이다. 통제사는 전라좌수영을 직할부대로 삼았으므로, 경상우수영의 내부 사정을 궁금하게 여길 때가 많았을 것이다. 그런데 아우가 경상우수영의 중요한 참모이므로, 얼마나 큰 다행이었겠는가. 원전이 고성 현령에 정식으로 부임한 것은 그해 4월이었다. 조선 후기에 작성한 〈고성 읍지(固城邑誌)〉에 나와 있는 사실이다.

## 칠천량의 비극 – 고성공 원전의 슬픔

정유년 2월에 원균은 전라 좌수사로서 삼도수군통제사를 겸해 한산도에 자리를 잡았다. 그를 최측근에서 보좌하던 원전은 고성 현령이 되어 거의 날마다 고성과 한산도를 오가며 형님을 보좌하였다.

그 사이 원균은 앞서 말한 것처럼 80척 가량의 판옥선을 새로 건조하였다. 그는 왜적과 싸워 몇 차례 승리를 거두기도 하였다. 그러나 부산 일대를 점거한 왜적이 곧 전라도로 쏟아져 들어갈 것이 박두한 현상이었으므로, 걱정이 없지 않았다. 조정에서는 우리 수군이 하루 빨리 적의 근거지인 부산을 강타해, 적군의 본영이 무너지기를 바랐다. 원균은 또, 자기 나름으로 수륙 합동작전을 펼쳐 적진을 교란시키고자 했다. 하지만 조선의 육군이 미약했던 까닭에, 수군과 공동작전을 펼 수 있을 만한 입장이 되지 못했다. 고육지책(苦肉之策)으로 원균은 명나라 육군을 움직여 왜적의 소굴인 가덕도와 안골포만이라도 우선 소탕하기를 소망했다.

하지만 조정에서는 명나라와 연합작전을 펼 결심을 하지 못하고 차일피일 미루다가 결정적인 시기를 놓치고 말았다. 조선 수군은 명나라 육군의 지원도 받지 못할 처지가 된 것이다. 그런 판국이었으나, 원균을 감독하는 도체찰사와 도원수는 조선 수군에게 단독으로 부산포 공격을 감행하라고 명령하였다. 그들의 지시는 그때 도원수 권율의 자문역이던 이순신과도 조율을 거친 것으로 보인다. 본래 이순신 또한 우리 수군이 단독으로 부산을 공략하는 작전은 무모하다고 판단하였다. 하지만 자신의 처지가 '백의종군'으로 달라지자, 틀림없이 실패가 예견되는 상부의 지시에 대해서 반대하지 않은 것 같다. 어쩌면 그로서는 자신이 혐오하는 원균의 시대가 하루바삐 끝날 수만 있다면, 그것이야말로 가장 바람직한 일이었는지도 모르겠다.

원균은 상부의 무모한 작전 지시를 거부하였다. 그러나 끝내는 강압에 못이겨 일단 부산으로 출전하였다. 그때 왜적은 원균과의 교전을 회피하였는데, 우리 수군은 육군의 협력이 없는 상태라 단독으로 상륙작전을 펼 수도 없는 처지였다. 원균의 조선 수군은 부산에서 곧장 철수하였다.

철수하는 아군의 후미에 왜적이 따라붙었다. 시간이 흐르자 아군은 기력이 점차 고갈되었고, 여기저기서 증원부대까지 합류한 왜적은 강해졌다. 그 당시 왜의 수군은 조선의 판옥선을 모방하여 이미 우리와 같은 전함을 소수나마 보유하였다. 적의 화력도 예전에 비해 훨씬 더 강해졌다. 적진에 이러한 변화가 일어날 줄은, 선조도 예상한 바였고, 아군이 벌써 알고 있는 사실이었다.

원균이 함대를 이끌고 한산도로 돌아가는 길은 이미 차단되었던 것 같다. 그의 함대는 마지막 일전을 계획하였으나, 경상 우수사 배설이 휘하 세력을 이끌고 대오를 이탈하는 바람에 아군의 전선은 무너졌다. 원균은 할 수없이 부대를 이끌고 고성에 상륙하였다. 아군의 장수와 병사는 대부분 무사하였는데, 원균과 이억기 및 최호 등 최고 지휘관들은 끝까지 적과 싸우다가 장렬하게 순국하였다. 이 사건이 일어난 것은 정유년 7월 중순이었다.

요컨대 통제사로 부임한지 5개월만에 원균은 전사하였다. 그날 고성 현령 원전은 부산으로 출전하지 못하였다. 어느 작전이나 다 그렇듯, 원균은 부산으로 출격할 때 함대의 절반을 남겨두고 떠났다. 원전이 참전하지 못한 데는 이유가 있었다. 정유년 봄에 원전의 전임자 조응도가 고성의 수군을 이끌고 왜적과 싸울 때 함선을 잃었으므로 고성현에 대한 특별한 배려를 한 것으로 보인다. 그리고 통제사를 대신하여 믿음직한 장수가 한산도의 본진을 제대로 관리해야 할 필요할 있었다. 그래서 원균은 고성 수군에게 출동령을 내리지 않은 것으로 보인다. 만약의 경우에 대비하며 원전은 한산도에 남아 있었던 것이다.

통제사 원균의 순국이야말로 원전에게는 청천벽력과도 같았다. 고성 현령이 된지 석달도 지나지 않은 마당에 자신이 누구보다 의지하고 존경하던 맏형이 하필 자신의 땅 고성에서 유명을 달리하였다. 이 얼마나 침통한 일이었겠는가. 차마 필설(筆舌)로 묘사할 수 없는 참변이었을 것이다.

이른바 칠천량의 참변에 대해서는 여러 가지 기록이 남아 있다. 그러나 대개는 단편적인 에피소드에 불과하며, 그나마도 기록자에 따라 서사의 편차가 심하다. 엄밀히 말해, 칠천량에 관한 관련 기록은 대개가 모순덩어리다. 게다가 왜곡도 심한 편이다. 그런 기록을 아무리 열심히 분석한다 한들, 정유년 7월 중순 한산도와 부산포 및 칠천량에서 무슨 일이 일어났는지를 알아내기는 불가능하다. 〈실록〉의 기록조차 종잡을 수 없이 혼란하여, 쉽게 믿으면 곤란하다.

17세기에 원균의 생애를 글로 정리한 김간은 〈원균 행장〉에서 칠천량 해전이 일어나기 직전의 사정을 다음과 같이 서술하였다. 그의 기술 역시 사실 자체라기보다는, 원균의 후세의 문인(文人)들이 서술한 바에 따라 사건의 줄거리를 정리한 것으로 보인다.

> "(왜적을 일차로 물리친 다음에 원균이) 다시 (적과 싸우러) 나갈 계획을 세웠다. 그런데 그때는 적병이 다시 움직여서 세력이 매우 성대하였다. 공은 그들의 승승장구하는 기운을 보았으므

로, 우리 군사를 일단 퇴각시켰다. 그리고 구원병을 청하여 다시 (적을 치러) 나갈 계획을 세웠다."[102]

원균은 누구에게 구원병을 요청하였을까. 조선의 육군은 도울 처지가 못 되었다는 점을 염두에 둘 필요가 있다. 한치윤은《해동역사》에서, 원균이 명나라의 육군과 합동작전을 추진했다고 기록하였다. 한치윤이 중국 측 기록에 정통하였다는 점은 누구나 아는 바다. 그러므로, 필자는 한치윤이 중국 자료를 토대로 이러한 주장을 한 것으로 보고, 신빙성이 있다고 본다.

한치윤의 서술을 더 읽어보면, 이 작전은 김응서 등이 그에 관한 정보를 적에게 알려주는 바람에 구현되지 못했다고 한다. 김응서가 요시라와 더불어 피차의 정보를 주고받은 일이 한두 번이 아니었으므로, 이러한 주장은 일리가 있다고 본다. 여기서는 일단 한치윤의 기록은 더 이상 깊이 따지지 않고, 김간의 붓끝을 따라가 본다.

> "그러나 권율은 공이 머뭇거리느라 기회를 잃었다고 책망하고, 원문(轅門, 도원수 군영)에 잡아다가 곤장을 쳤다. 그러므로 공은 일이 반드시 실패할 줄 알았으면서도 이미 원수부에서 처벌을 받은지라, 하는 수 없이 수군을 거느리고 부산 바다로 달려나갔다."[103]

102) 김간, 〈원균 행장〉.

103) 김간, 〈원균 행장〉.

권율을 옹호하는 이들은 그때 원균에게 무조건 부산으로 나가라고 명령한 적이 없었다는 식으로 변명을 늘어놓는다. 도원수가 통제사를 붙잡아다 매를 때려놓고, 가기 싫으면 가지 말라고 했다는 식의 옹색한 변명이다. 도무지 말이 되지 않는 이야기다.

한 가지 명백한 사실은 권율이 원균에게 벌까지 주면서 출동을 강요했다는 점이다. 그 무렵에 이순신은 《난중일기》에서 신기하다면서 꿈 이야기를 기록하였다. 원균이 자리를 잃고 다시 자신의 부하가 되었다고 했다. 이순신은 그 꿈을 꾸고 기분이 매우 좋았던 것 같은데, 그럴만한 이유가 있었으리라 생각된다. 이제 권율과 이원익이 저와 같이 원균을 불신하고 압박하므로, 머지 않아 자신이 다시 통제사로 복직할 전망이 뚜렷해졌다. 이런 확신 속에서 아마 이순신은 원균에 관한 꿈을 꾸었다고 볼 수 있다.

권율의 요구는 단순하였다. 원균은 조선 수군을 이끌고 적군의 수뇌부가 있는 부산을 강타하라는 것이었다. 그간 조정에 몇 차례 하소연을 하였으나 도원수와 도체찰사의 명령에 따르라는 엄중한 경고까지 받은 터였다. 원균은 더는 상부의 명령을 거부하지 못하여 어쩔 수 없이 출병하였다. 그 이후에 벌어진 상황을 김간은 다음과 같이 요약하였다.

> "적이 약하게 보이며 (아군을) 유인하였다. 우리 군사는 기세를 높이며 (앞으로) 나아가 그들을 압박하며 날랜 기운으로 적

> 을 추격했다. 그러는 사이에 적의 지경에 깊이 들어갔는데, 그 점을 미처 깨닫지 못하였다. 뱃사람이 (우리가) 이미 물고개를 넘었다고 알려주었다. 그러자 공이 매우 놀라 급히 뱃머리를 돌려 퇴군하였다."[104]

김간이 이렇게 서술한 부분은 원씨 후손의 이야기를 채록한 것은 아니다. 항간에 널리 퍼져 있는 칠천량에 관한 기록이 대강 이러했기 때문에 그것을 참고로 줄거리를 정리한 것이다. 사람들은 이런 예화를 인용하며, 원균의 우둔함을 나무란다. 적의 유인책에 속은 것이 잘못의 하나요, 게다가 우리 영역을 벗어난 줄도 몰랐으니 바보가 아니냐는 지적이다.

그러나 필자가 여러 기록을 대조한 결과 이런 일이 발생한 것은 이른바 칠천량 해전과는 무관한 일이었다. 이것은 그보다 여러 날 전에 일어난 사건을 칠천량 해전으로 착각한 것이다. 그 점은 아래의 서술을 통해 분명히 드러난다.

김간 역시 세상에 널리 퍼져 있는 설화를 듣고 앞뒤 분간을 정확히 하지 못한 채 한 가지 중요한 사건을 서술하였다. 그것은 바로 전라우수영을 거느리는 이억기 수사의 함대가 완전히 실종되고 말았다는 것이었다. 김간은 그 점을 다음과 같이 기록하였다.

---

104) 김간, 〈원균 행장〉.

"전라수사(이억기)의 배가 이미 물살에 떠밀려 동해바다로 가버렸다. 그러자 적은 우리 군사가 기세를 잃은 것을 알아차리고 새 전함과 낡은 전함을 총출동하여 나는 듯이 어지럽게 아군을 추격하였다.

또, 몰래 가벼운 배를 보내어 영등포(거제도 북부)의 섬에 군사를 숨겨두었다. 그런데 우리 군사는 (사정을 모르고) 영등포로 퇴각해, 서로 앞을 다퉈 배에서 내린 다음에 (저녁밥을 하려고) 나무와 풀을 모았다. 그러자 갑자기 대포를 쏘는 소리가 크게 나더니, 사방에서 적병이 나타나 장검을 휘두르며 좌우로 어지럽게 (아군을) 찔러댔다."[105)]

다시 말하지만 이것은 김간이 독자적으로 연구한 결과가 아니라 그 당시 세상에 유행하던 여러 문집에 나오는 내용이다. 그런데 아귀가 맞지 않는 이야기였다. 세 가지 점에 유의할 필요가 있다. 첫째, 이야기대로라면 원균은 전함을 이끌고 동쪽으로 갔으나, 결국은 부산포까지는 가보지도 못했다는 이야기다. 그런데 다른 자료를 보면 분명히 부산포로 진격하여 상당한 전과를 거둔 것으로 되어 있다. 어느 쪽이 옳은가. 당연히 후자가 옳다. 원균은 큰 문제없이 부산포까지 진격하였고, 교전 끝에 회항을 서두른 것이다.

---

105) 김간, 〈원균 행장〉.

둘째, 수령(水領)을 넘어서 이억기의 부대가 표류한 것은 칠천량 해전이 일어나기 한참 전의 일이다. 그때는 원균이 직접 출동하지도 않았다. 이억기 부대는 길을 잘못 들어 동해안으로 표류하였다가 여러 날 뒤에 다시 복귀하였다. 《난중일기》에도 그때 일이 기록되어 있다. 만약에 지금 위에서 살핀 기록이 칠천량 해전에 관한 것이라면 이억기 수사는 어떻게 칠천량에서 전사할 수 있었겠는가? 동해바다를 표류하던 그가 어떻게 그 다음날 새벽에 칠천량에서 싸우다 순국한단 말인가? 원천적으로 불가능한 서사다.

셋째, 이억기 부대는 칠천량 해전이 일어나기 전에 그러한 불운을 겪었으나 생환하였다. 그러므로 칠천량 해전 때 그들은 원균과 함께 부산포까지 진격해서 싸우고 날이 저물기 전에 한산도로 귀항을 서둘렀던 것이다.

그럼 거제도 영등포에서 적의 습격을 받은 것은 사실이었을까. 그 또한 믿기 어려운 일이다. 거제도에 왜적이 가득 차 있다는 것을 우리 수군은 이미 알고 있었다. 저녁 식사를 짓는 것은 배 안에서 해결할 일이지 결코 적이 판치는 섬에 무모하게 상륙까지 할 일은 아니었다. 그 정도의 준비도 없이 작전을 진행하였다고 서술할 수가 있는가. 이것은 처음부터 원균의 함대를 엉망진창이라고 전제한 상태에서 멋대로 끼적인 결과이다. 원균과 배설, 이억기, 초호 등을 그처럼 만만한 장수로 보는 것은 큰 잘못이다.

의심의 여지가 없는 점은 세 가지였다. 첫째, 아군은 작전을 마치고 한산도로 귀항중이었다는 점이다. 저녁밥은 각기 전함마다 알아서 해결하였다고 보아도 좋다. 둘째, 문제는 우리의 퇴로가 안전하지 않았다는 점이다. 적은 우리를 추격하기 시작하였다. 시간이 갈수록 여러 섬에서 추격에 합세하는 적선의 수가 늘어났다. 셋째, 함대는 언제나 척후선을 운용하기 마련이다. 저녁이 깊어가는 가운데 적의 추격이 시작되었으므로, 원균은 작고 날랜 배를 띄워 본진인 한산도에 증원군을 요청하고자 하였을 것이다. 이것은 당연한 상식이다. 그런데 그 연락이 불가능해졌다. 한산도로 가는 길은 이미 차단된 상태였다.

이러한 전제 아래서만 김간과 다른 자료들에도 나오는 다음과 같은 기술에 설득력이 생긴다.

> "우리 군사가 (영등포) 항구를 벗어나 온라도(칠천도, 거제시 북쪽 하청면 소재)에 이르렀다. 해는 이미 넘어가고 바다와 하늘이 어두워졌는데, 좇아오는 적은 바다를 뒤덮었다. 군사들의 마음이 더욱 위태하였다. 그때 공(원균)이 여러 장수를 모이게 하고는 의론하기를, 오늘의 계책은 오직 일심으로 싸우다가 순국할 따름이라고 하였다."[106]

---

106) 김간, 〈원균 행장〉.

통제사 원균이 이끄는 조선 수군은 영등포에서 서남쪽에 있는 온라도, 즉 칠천도 해역에 도착하였다. 해는 이미 떨저졌고, 아군을 뒤쫓아 오는 적선은 그 수를 헤아리기 어려울 정도로 많았다. 한산도로 돌아가는 길도 이미 막힌 상태였다. 그러자 원균은 운명의 시간이 다가왔음을 직감하였다. 그는 수사들과 고위 참모가 참여하는 비상회의를 소집하고, 일대결전을 벌일 때임을 선언하였다.

"오직 일심으로 싸우다가 순국할 따름"이라는 말로 여러 장수와 함께 이 위기를 극복하자고 다짐하였다. 사령부의 강요로 억지 출병한 결과가 이처럼 참혹한 현실로 되돌아올 줄을 그 누가 알았겠는가.

정유년(1597년, 선조 30) 7월 15일 밤, 조선 수군은 한산도로 귀항하지 못한 채 칠천도 해역에 조용히 닻을 내린 채 휴식을 취하였다. 그때 한산도 본진에서 유진장(留陣將)이 횃불을 단 증원군을 데리고 나타났다면 큰일이 없이 지나갈 수 있었다. 그러나 본진과의 소통이 불가능하였다. 아마 본진에서도 해가 졌는데도 함대가 귀항하지 않아 백방으로 소식을 알아보고 있었을 것이다.

많은 역사 기록에서는 그때 원균의 함대가 힘든 출정으로 모두 깊은 잠에 빠졌다고 서술하였다. 또는 보초조차 세우지 않았다고 적었다. 그것이 과연 사실일까? 터무니 없는 이야기다. 적군의 추격을 당해 본진과 연락을 시도해도 기맥이 전혀 통하지 않는데 배에서 그대로 전군이 잠을 잔다는 것은 상식적으로 말이 되지 않는다.

여기서 다시 우리는 칠천량에 관한 어처구니없는 기록을 만나게 된다. 여러 기록에 나오는대로 김간은 다음과 같이 서술하였다.

"그날 밤에 적이 가만히 소초선(小哨船, 순찰하는 작은 배)을 보내 우리 배 사이로 뚫고 들어오게 하였다. 또, 적이 병선(전함)으로 몰래 바깥을 포위하였는데 우리 군은 조금도 알지 못하였다."[107]

원균을 바보로 여기는 사람들이 만든 창작물이 이와 같았다. 이것은 원균만 엉터리로 만드는 데 그치는 것이 아니라 이억기와 최호까지도 형편없는 군인으로 끌어내리려는 가짜 뉴스다. 그럴 리가 없었다.

아군은 뜬눈으로 밤을 새우며 새벽이 오기만 기다렸을 것이다. 적도 아군도 날이 밝아야 피아(彼我)를 구별하고 제대로 싸울 수가 있었다. 16세기에 바다 한가운데서 야간 전투를 벌이기란 불가능한 일이었다. 날이 밝아오자 드디어 아군과 적군이 싸움을 시작하였다고 보아야 한다. 김간은 전투 상황을 다음과 같이 기술하였다.

"하늘이 밝아오자 우리 배에 불이 났다. 공(원균)이 급히 북과 바라를 치며 변고를 알렸다. 그때 적선이 사면에서 충돌하며 탄환을 비 오듯 쏘아댔다. 적의 고함소리가 하늘을 진동하

107) 김간, 〈원균 행장〉.

> 여 그 기세가 마치 산을 무너뜨리고 바다를 휘감는 듯하였다. (아군은 그들을) 대적할 수 없었다. 그때 경상 우수사 배설이 먼저 닻을 거두어 달아나자 우리 군사가 드디어 무너졌다."[108]

전날 저녁에 원균은 비상회의를 열고 최후까지 싸우자고 맹세한 터였다. 그러나 적의 선제 공격이 시작되자 경상 우수사 배설이 도망을 쳤다. 그는 자신이 거느린 판옥선 12척을 거느리고 무작정 꽁무니를 뺐다. 이것이 결정적이었다. 배설이 달아나자 "우리 군사가 드디어 무너졌다"라는 서술은 사실적이다.

중과부적(衆寡不敵)으로, 적은 함선 수도 많았고 화력도 전에 없이 강화되었다. 이런 상태에서 죽기 살기로 싸우면 다수의 희생자가 발생하는 것은 당연한 일이다. 무슨 수를 써서든지 아군의 사기를 살리는 것이 마땅한데도 배설은 자기 홀로 훗날을 기약하며 도망쳤다. 그러자 전라우수영, 충청수영 및 전라좌수영도 저마다 겹겹이 둘러쳐진 포위망을 뚫고 퇴로를 찾기에 급급했다.

엄밀한 의미로 칠천량 해전은 일어난 적이 없었다. 수사들은 저마다 자신의 부대를 이끌고 적의 포위망을 탈출하기에 여념이 없었다. 조선과 왜의 수군이 정면 충돌한 해전이 아니라, 전세가 크게 불리해진 아군이 퇴각하는 과정에서 벌어진 희생이라고 보는 것이 옳다.

108) 김간, 〈원균 행장〉.

사람들은 여전히 칠천량에서 조선 수군이 모두 바닷물에 빠져 죽은 것으로 짐작하는 데, 사실과는 거리가 멀다. 우리 수군 장병은 칠천량이 아니라 고성의 춘원포에 정박했다가 적과 충돌하였다. 새벽에 전투가 벌어졌을 때 배설이 도주하는 바람에 전열이 무너져 모두 가까운 섬과 육지로 배를 몰고 갔다. 거기서 배를 두고 내려 장수와 병사의 목숨을 살리는 쪽을 선택하였다. 그때 목숨을 잃은 이는 수적으로 그리 많지 않았다. 특기할 점은 통제사 원균, 전라우수사 이억기 그리고 충청수사 최호가 순국한 사실이다. 사령관과 그들과 운명을 함께 하는 최측근의 용감한 병사들만 목숨을 잃었다. 그들은 수군의 최고 지휘관이요, 가장 용맹스러운 병사로서 명예로운 죽음을 선택하였다. 패전의 책임을 온몸으로 지고 세상을 떠난 것이다.

그밖에는 정확히 어느 장수와 군관 또는 병사가 전사하였는지 기록된 것이 없다. 이순신의 심복 장수며 군관은 모두 살아남은 것으로 보인다. 원균의 부장들도 대부분 목숨을 보전하여, 그 뒤에 벌어진 명량해전과 노량해전에서 승전의 역군이 되었다. 이운룡과 우치적 등이 대표적이다.

요컨대 조선 수군이 몰살당한 '칠천량 해전'이란 역사에 존재하지 않았다. 오로지 불의의 퇴각 작전에서 피해가 발생하였을 뿐이다. 그때 죽음을 선택한 통제사와 수사 등 최고위급 장수들의 희생을 후세는 자랑스럽게 여기는 것이 마땅하다.

## 유성룡의 눈으로 바라본 "칠천량 사태"

칠천량에서 급보가 올라오자 조정은 궁지에 빠졌다. 이런 일이 일어날 줄은 꿈에도 상상하지 못하였기 때문이다. 그때 가장 믿을만한 정보를 신속히 수집한 것은 영의정 유성룡이었다. 그에게는 이순신이 있었기 때문이다. 비상사태가 발생하자 이순신은 곧 유성룡에게 첩보를 보냈을 것이 명백하다. 그게 아니라도 유성룡이 이순신에게 사정을 물었을 것은 누구나 쉽게 짐작할 수 있는 일이었다. 어전에서 유성룡은 다음과 같이 사태를 요약하였다.

> "한산(본진)에 거의 이르러 (아군이) 칠천도(七川島)에 도달했을 때는 밤 2경이었습니다. 왜적은 어둠을 틈타 (우리 함대에) 잠입하였다가 갑자기 대포를 쏘아 우리 전선 4척을 불태웠습니다. 너무도 급하게 일어난 일이라 추격하여 포획할 수 없었습니다.
>
> 그 이튿날 날이 밝았습니다. 그러자 적선은 이미 사방으로 아군을 포위하였고, 아군은 부득이 고성으로 향하였습니다.
>
> (고성에서) 육지에 내렸는데, 왜적이 먼저 상륙하여 진을 친 상태였습니다. 그래서 우리 군사들은 미처 손쓸 사이도 없이 모두 죽임을 당하였다고 합니다."[109]

---

109) 《조선왕조실록》, 선조 30년(1597) 7월 22일.

칠천량 사태가 일어난 직후, 조정에서는 사건의 경위를 정확히 파악하려고 노력하였다. 그러나 여러 가지 이야기가 설왕설래하면서 가짜뉴스만 잔뜩 수집되었다. 원균이 살아서 도망쳤다는 둥, 그야말로 종잡을 수 없는 여러 가지 헛소문이 많았다. 그나마 어느 정도 믿을만한 정보를 확보한 이가 유성룡이었다. 그 마저도 제대로 된 것은 아니었다. 그러나 남해와 한양의 지리적 거리를 감안할 때 사건이 일어나고 5~6일 뒤에 이 정도라도 사태의 윤곽을 파악한 것은 유성룡의 힘, 아니 이순신의 능력이었다.

그런데 그것은 원균에게 우호적이지 않은 이순신과 유성룡의 의견이란 점을 염두에 두어야겠다. 그런 점을 감안하면서 칠천량 사태에 관한 기록을 시간순으로 정리해보자.

첫째, 선조 30년 7월 15일 2경(20시쯤) 통제사 원균이 거느린 조선수군이 칠천도 해역에 도착했다고 한다. 그러나 다른 기록에 따르면 거기서 가까운 고성 춘원포에 정박했다고 한다. 왜군은 그곳에 먼저 도착해 우리 군대를 기다리고 있었으므로, 우리 함대는 한산도로 돌아가지 못하고 바다에 머물렀다.

밤이 깊자 적선이 대포로 아군을 공격하여 우리 전선 4척이 불탔다. 그런데 적선은 공격후 즉시 현장을 이탈하였다. 그러므로 아군은 손을 쓰지 못하였다. 그날 밤 날씨는 매우 좋지 않았다.

둘째, 7월 16일 새벽이 되자 적선이 사방에서 포위망을 죄어오자 아군은 전면전을 벌이지 못하고 일단 퇴각하였다. 아군은 고성에 상륙하기도 하고 그곳에서 가까운 여러 지역으로 흩어졌다. 셋째, 통제사 원균 등은 일단 상륙하였다. 그곳은 고성 춘원포 또는 추원포라고 하였다. 가덕도였다는 기록도 있으나 그것은 오류임이 틀림없다. 가덕도에는 왜적이 똬리를 틀고 있어 원균이 늘상 경계하였던 점을 상기하자.

문제는 왜적이 우리의 상륙 지점을 정확히 예측하고 있었다는 점이다. 적들은 이미 진을 치고 아군을 기다리고 있었다. 그래서 통제사 원균은 현장에서 순국하고 말았다. 그런데 우리 수군의 함선이 모두 춘원포/추원포에 상륙한 것은 아니었다. 조선 수군은 고성과 이웃한 연안의 여러 지점에 상륙하여 저마다 목숨을 보존하였다. 사태 직후 유성룡은 그 점을 명확하게 파악하지 못하고 있었다.

넷째, 유성룡이 통제사 원균의 행적에 초점을 맞추는 것은 당연한 일이다. 그러나 위의 기술에서 보듯, 사태 직후에 그는 원균의 생사를 정확히 파악하지 못했다. 이순신은 사건 직후에 심복의 보고로, 원균이 전사한 사실을 이미 알고 있었다. 《난중일기》에 원균이 순국한 사실이 기록되어 있다. 그런데도 이순신은 조정에는 그 사실을 알리지 않은 듯하다. 잘못된 정보일 수 있다고 보았기 때문일까. 아니면 이순신은 유성룡에게 사실대로 알렸으나, 유성룡이 다른 사람을 통해서 원균이 아직 살아 있다는 정보를 입수하였으므로 선조에게 제대로 보고하지 못하였을까. 아마 후자일 가능성이 커 보인다.

여하튼 유성룡은 칠천량 사태의 피해 규모를 정확히 파악하지 못하고 있었다. 이순신도 사건 직후에는 피해 정도를 정확히 알지 못하였다. 그것은 당연한 일이기도 했다. 살아남은 장수와 군사들이 부대에 복귀하지 않았기 때문이다. 나중에 드러난 바로, 칠천량에서 이순신의 부장 이순신(李純信) 등 주요 장수는 전원 무사히 돌아왔다. 이운룡과 우치적 등 원균의 휘하도 대체로 인명피해를 입지 않았다. 여간 다행스런 일이 아니었다.

칠천량 사태에 관해서는 오늘날에도 잘못된 지식이 널리 퍼져 있다. 임진왜란을 연구한 전문가들도 잘 모르기는 마찬가지인 것 같다. 필자가 지난 여러 해 동안 이 문제를 틈틈이 연구하였는데, 그 결과 다음의 세 가지 점을 올바로 이해하는 것이 꼭 필요하다는 결론을 내리게 되었다.

첫째, 통제사 원균이 부임한 이후 판옥선 제작에 총력을 기울여 큰 성과를 냈다는 사실이다. 전임자 이순신이 통제사로 있을 때보다 원균은 무려 80척쯤 더 많은 전함, 즉 180척의 판옥선을 보유하였다. 이처럼 군비가 확장되자 그것이 도리어 원균에게 독배가 되었다. 권율과 이원익 등 원균을 감독하는 대신들이 조선 수군의 기량을 과신한 나머지 원균에게 무리한 작전 수행을 강요한 것이다.

둘째, 원균은 본래 명나라 육군과 공동 출병하여 가덕도와 안골포의 왜적부터 소탕한 다음, 부산포에 대한 공격을 대대적으로 펼 계획이었다. 그러나 유성룡의 심복인 김응서 등이 그 정보를 왜적에게 누설하였다. 게다가 조정에서는 제 때 공동작전을 허가하지 않아, 수륙 공동작전이 성사되지 못했다. 바로 그런 상태에서 원균은 승산이 없는 싸움에 나가게 되었다.

후세가 아는 이른바 "칠천량 해전"은 존재하지도 않았다. 그날은 기상 조건도 매우 나빠서 원균은 함대를 이끌고 부산까지 갔다가 서둘러 귀항하는 중이었다. 그러나 한산도로 가는 길이 막혀 할 수 없이 칠천량 해역에서 밤을 보낸 것이다.

이튿날 새벽에 적군이 공격해오자 조선 수군은 결전을 다짐하였는데, 배설의 경상우수영 함대가 멋대로 퇴각하였다. 그 바람에 아군 함대의 공격 대열이 무너져 다들 고성 등 인근 지역을 통해 모두 퇴각하였다. 우리 수군의 대부분은 큰 피해 없이 무사히 퇴각하였다. 그러나 뜻밖의 사태에 큰 책임감을 느낀 사령부의 최고 지휘관들은 죽음으로 명예를 지켰다.

셋째, 사후에 우리 전함은 거의 모두 손실되었다. 병사들이 배에서 내려 적의 추격을 피하였기 때문에 왜적은 아군의 빈배를 불태웠다. 또는 우리 스스로 파괴하고 떠난 경우도 많았다. 이것은 대단히 안타까운 일이었다. 그러나 대병력을 한꺼번에 잃어버린 것보다는 한결 나은 선택이었다. 그때 수군의 전투역량이 대체로 보존되었기 때문에, 다시 통제사로 임명된 이순신은 비교적 수월하게 수군을 재건하였다.

분명한 사실은, 후세가 짐작하는 것보다 조선 수군이 입은 인명 피해는 훨씬 적었다는 점이다. 그러나 패전한 것은 엄연한 사실이었다.

그러므로 그에 대한 궁극적인 책임을 이미 순국한 통제사 원균에게 떠넘기는 일이 일어났다. 칠천량 사태로 원균은 순국하였고, 그의 라이벌인 이순신이 통제사의 자리를 다시 차지하였으므로, 모든 책임을 통제사 원균에게 돌리는 것은 아주 쉬운 일이었다. 그 당시 조정에서도 원균 한 사람에게 패전의 책임이 있다고 주장하는 대신이 있었다. 그러나 비변사와 도원수에게 주요한 책임이 있다는 주장도 만만치 않았다.

사태가 일어나고 4년의 세월이 흐른 다음, 선조는 영의정 이덕형과 함께 칠천량 사태에 관해 최종적인 판단을 내렸다. 〈실록〉에도 나와 있는 내용인데, 김간은 다음과 같이 정리하였다.

> "신축년(선조 34년, 1601) 쯤에 영의정 이덕형이 체찰사가 되어 남쪽으로 내려갈 때 상(上, 선조)이 만나서 이렇게 말씀하셨다. '원균이 패하여 죽은 뒤로 그를 헐뜯는 말이 아직도 그치지 아니한다. 나는 그것을 원통하게 여기노라. 우리나라는 풍속이 (누가) 한 가지 일을 잘하면 으레 어질다고 말한다. 만약 한 가지 일이라도 실패하면 으레 그는 본래 그르다고 한다. 이 패전이 어찌 그가 한 일이라고 하겠는가. 그때 〈장계(서장)〉을 읽어 보면, (원균은) 안골포의 적진을 먼저 몰아낸 뒤에 (부산포로) 들어가 싸우려고 하였다. 그러나 조정(비변사)에서 싸움을 독촉하

였고, 원수(권율)는 곤장까지 쳤다. 이것은 (원)균이 스스로 싸우다 패전한 것이 아니요, 조정에서 시켜서 패한 것이다.'"[110]

선조는 판단력이 탁월한 왕이었다. 많은 사람이 선조의 무능을 비판하지만 그것도 지나친 비난이다. 선조가 과감하지 못한 것은 사실이지만, 그는 어리석거나 무능한 왕이 아니었다. 왕은 원균에게 패전의 책임을 홀로 지우는 것은 잘못이란 점을 정확히 인식하였다. 그러자 이덕형은 그때의 근본적인 문제는 사령탑의 교체였다고, 즉 이순신의 자리를 빼앗아 원균에게 준 것이 근원적인 문제라고 분석하였다. 선조는 이덕형의 그러한 반론에 수긍하지 않았다. 왕의 주장은 다음과 같았다.

"상(上, 선조)이 말하였다. '조정에서 강제로 빨리 (나아가) 싸우라고 하였다. 만약 장수를 바꾸지 않았더라도, (그 처지에서는 이순신) 또한 패하였을 것이다.'"[111]

탁견이라고 생각한다. 아무리 신출귀몰한 이순신이었다고 해도 한양에서는 비변사가 압박하고 남해에서는 도원수가 몰매를 때려 전쟁터로 몰아냈다면 그 결과가 어떠하였을까. 누구도 낙관할 수 없는 일이

---

110) 김간, 〈원균 행장〉.

111) 김간, 〈원균 행장〉.

다. 그때 선조는 우리 군대의 기강이 약하다는 점을 떠올리며 다음과 같이 한탄하였다. 이 또한 〈실록〉에도 기록되어 있다.

> "(왕이) 말씀하기를, '병법에 따르면 대장을 죽게 만들면 부장의 목을 베야한다. 만약 부장을 죽게 하였으면 영장의 목을 벤다고도 하였다. (원)균이 이미 싸움에 져서 죽었으니, 그 부하들은 목을 다 베지는 못할지라도 조사를 해서 (가장 책임이 무거운 부장의 목은) 베는 것이 옳다'라고 하였다."[112]

사리에 맞는 주장이다. 그런데 선조와 이덕형의 문답에서도 알 수 있듯, 총사령관인 원균은 말없이 순국하였으나 그의 부장들은 모두 살아 남았다. 통제사를 끝까지 보필하지 못한 책임을 그들에게 묻는 것이 옳다. 그러나 누구 한 사람도 그 일로 엄한 형벌을 받지 않았다. 왜 그랬을까. 그때는 사정상 퇴각하는 것이 어쩔 수 없는 일이라고, 모두가 묵시적으로 동의하였기 때문일 것이다. 죽지 않고 살아서 다행이라는 생각을 누구나 하고 있었던 것이다. 일을 그렇게 풀이하게 된 것은 물론 나중의 일이었다.

한 가지 명백한 사실은, 배설을 제외한 세 명의 사령관들, 즉 원균, 이억기 및 최호가 구태여 살아남으려고 하지 않았다는 점이다. 그들 장

112) 김간, 〈원균 행장〉.

수는 목숨을 버려 나라의 은혜에 보답하고자 했다. 항간에는 원균이 비겁하게 도망쳤다든가, 도망치려 했으나 살이 많이 쪄서 잡혀죽었다고 조롱하는 이도 많았다. 하지만 그것은 근거없는 낭설이다. 원균은 나라를 위해 순국한 통제사다. 그런데도 그를 악의적으로 폄하하려는 사람들이 많았다. 그와 대립하던 이순신이 다시 통제사의 자리에 올랐기 때문에, 이러한 '가짜뉴스'가 더욱더 기승을 부리게 된 것이다.

## 칠천량 사태, 그것은 명나라에게도 숨긴 대외비

우리가 몰랐던 한 가지 충격적인 사실이 또 있다. 일반적으로 우리는 원균이 180척의 전함을 모두 거느리고 부산포로 갔다가 칠천량에서 전멸하였다고 알고 있으나, 그랬을 리는 만무하다. 억지로 떠나는 길에 어떤 장수가 전병력을 데리고 가겠는가. 실제로 원균이 이끌고 간 것은 함대의 절반이었다. 즉 90척의 판옥선을 남겨두고 떠난 것이다. 이 점에 관해서는 당시 조선 수군의 동력원이었던 격군의 증언이 있었다. 영의정 이덕형이 체찰사로서 남해안을 순회하고 돌아왔는데, 그때 자신이 수집한 정보를 바탕으로 그는 선조에게 다음과 같이 보고하였다. 《실록》에서 주요 대목을 발췌해 인용한다.

> "(원균 등에 관한) 외부의 공론을 신은 모릅니다. 다만 신이 지난해(선조 33년, 1600) 남방을 왕래하면서 현지 사람들의 말을 들어보았습니다. 대개는 그들(원균과 이억기 등 수군 지휘

관이)이 모두 나라를 위해 죽은 사람이라고 하였습니다."[113]

민간의 여론은 칠천량 사태로 순국한 장수와 병사들을 추모하는 분위기였다. 이렇게 말한 다음에, 이덕형은 원균을 비방하는 여러 장수가 있으나 그것은 믿을 말이 못되며, 진실은 오히려 일반 병사인 "격군"들의 증언이라고 강조하였다. 그는 이렇게 말하였다.

"(원균을 헐뜯는) 여러 장수의 말은 믿을 수 없습니다. 그러나 격군(格軍, 노를 젓는 병사)의 말은 믿을 수가 있습니다."[114]

그럼 격군의 증언이란 무엇인가. 이덕형은 자신이 청취한 내용을 다음과 같이 시간 순으로 요약하였다.

"부산(釜山)에 진격하여 적을 공격할 때 우리 나라 수군 90척이 곧바로 적을 행해 쳐들어갔습니다. 그때 이루 헤아릴 수 없이 많은 적선이 바다에 가득하였다고 합니다. 우리 수군은 수가 적어 도저히 당해낼 수가 없었습니다."[115]

113) 《선조실록》, 선조 34년 1월 17일.

114) 《선조실록》, 선조 34년 1월 17일.

115) 《선조실록》, 선조 34년 1월 17일.

원균이 90척의 전함을 끌고 부산포로 직행하였으나 중과부적이었다. 싸움이 제대로 되지 못하였다. 그 다음 수순은 뻔했다.

"그래서 아군은 한산(본진)을 향해 후퇴하였습니다. 격군들이 쉴새없이 노를 저어 춘원포(春原浦, 경남 고성군)에 닿았다고 합니다."116)

싱겁다고 생각할지 모르나 이른바 칠천량 사태의 진실은 이렇게 간단한 것이었다. 원균은 한산도로 돌아가고 싶었다. 그러나 격군의 힘은 딸리고 해는 이미 떨어졌다. 그래서 우리 수군은 고성 춘원포에 정박했다는 증언이다.

"그런데 적군이 밤을 틈타 정면으로 공격해 왔습니다. 아군은 힘도 많이 지친 데다 갑자기 당하는 변고라 뜻대로 싸우지 못하였습니다. (우리 군대는) 물이 마르듯이 서둘러서 퇴각하였다고 합니다. 전사자도 거의 없었다고 합니다."117)

이덕형이 격군에게서 들은 바는 그러했다. 아군은 칠천량 해역에 정박한 사실도 없었다. 춘원포에 정박하였을 뿐이다. 그런데 적의 야

---

116) 《선조실록》, 선조 34년 1월 17일.

117) 《선조실록》, 선조 34년 1월 17일.

습이 있었고, 아군은 대항할 기력이 없어 육지에 상륙하였다. 마치 "물이 마르듯" 서둘러 퇴각하였다는 것이다.

그 다음은 필자가 상상으로 채워야 하는 공백이 남겨져 있다. 어떤 부대는 배에서 내리기 전에 전사하였을 것이고, 어떤 부대는 상륙 후에 적과 겨루다가 사상자를 내기도 하였을 것이다. 하지만 우리가 익히 들어서 아는 대규모 참패는 발생하지 않았다. 그렇기에 이덕형은, "전사자도 거의 없었다고 합니다"라는 결론을 내린 것이다. 퇴각 작전을 수행하는 과정에서 극소수의 병력이 손실되었으므로, 이덕형은 그런 말로 자신의 보고를 마무리한 것이다.

이덕형이 전쟁이 끝난 뒤에 민간에서 직접 청취한 이른바 칠천량 사태의 진실은 이와 같이 간단 명료하였다. 이덕형의 보고를 조용히 듣고 나서, 선조는 다음과 같이 다짐하였다.

> "원균은 싸움에 패하여 이미 죽었다. 그 휘하를 비록 다 죽이지는 못할지라도 사실을 밝혀 군율에 따라 처리하는 것이 마땅하다. 지금 원균의 후배(後人, 부하)로서 이미 고관대작(高官大爵)이 된 이가 많다. 그런데도 그 싸움에 패배한 죄를 원균 한 사람에게만 돌린다. 이래서는 원균의 본심이 후세에 밝혀지지 못할 것이다. 구천(황천)에 있는 그의 넋도 어찌 자기 죄를 승복하며 억울하게 여기지 않을 수가 있겠는가."[118]

---

118) 《선조실록》, 선조 34년 1월 17일.

역사의 진실은 명백하였다. 필자는 선조가 사태의 핵심을 옳게 이해하였다고 판단한다. 후세의 역사가는 이른바 '칠천량 사태'라는 허구를 조작하여, 패전의 모든 책임을 통제사 원균 한 사람에게 뒤집어 씌워서는 안 된다. 그때 선조는 사태를 이처럼 정확하게 인식하였고, 그래서 이보다 수년 뒤에 선무공신이 책봉될 당시에 원균을 당당한 1등 공신으로 삼았던 것이다. 아울러 원균의 공신교서에는 그가 거둔 승리의 기록을 구체적으로 명시하였다.

알다시피 선조 37년(1604) 6월 25일(갑진)에 조정은, 세 종류의 공신(功臣)을 책봉하였다. 첫째, 한양에서 의주까지 임금의 거가(車駕, 수레)를 따른 이들을 호성공신(扈聖功臣)으로 삼았다. 둘째, 전쟁터에서 왜적을 무지른 제장(諸將)을 선무공신(宣武功臣)으로 표창하였다. 셋째, 전쟁 중에 일어난 이몽학(李夢鶴)의 난을 토벌하는 데 공이 큰 신하를 청난공신(淸難功臣)으로 정했다.

《선조실록》을 편찬한 사관은 공신 책봉에 관한 기사를 싣고 다음과 같이 간단하게 평하였다.

> "이순신, 원균 및 권율은 혈전(血戰)한 공이 있다. 그리고 그 당시의 삼공(三公, 삼정승)에게는 다소나마 대책을 결단한 공이 있다. (만약 공신 책봉이) 부득이하였다면 이들 몇 사람만 녹훈했어야 옳았다."[119]

119) 《선조실록》, 선조 34년 1월 17일.

선조가 임진왜란 후에 책봉한 공신은 숫자가 너무 많았다. 정말로 공이 큰 사람은 위에서 사관이 언급한 6명 정도였다. 그런데 실제로 책봉된 인원을 보면, 선무공신이 18명이요, 호성공신은 86명, 청난공신은 5명이나 되었다. 도합 109명의 공신이 탄생한 것이다. 사관이 적정수라고 말한 6명에 비해 18배도 넘는 숫자였다. 그래서 상(賞)이 과람(過濫, 분수에 지나침)하다는 비판까지 나온 것이다. 하여튼 당대의 인사들이 보기에 임진왜란에 가장 공이 큰 이는 이순신, 원균 및 권율의 3인이었다.

피란지에서 왜란을 직접 겪으며, 자신이 들은 여러 가지 소식을 일기장에 기록한 오희문을 기억할 것이다. 그는 이른바 칠천량 사태에 관해 어떤 소식을 들었을까. 정유년(선조 30년, 1597) 7월 29일자 일기에 다음과 같은 기록이 있다.

> "저녁에 언명(彦明)이 찾아왔다. ... 언명에게서 들으니, 한산도의 여러 장수가 진을 치고 있는 곳에 흉적(왜적)이 불의에 야습하여 송두리째 함락되었다고 한다. 통제사 원균과 충청 수군절도사(최호) 등이 죽임을 당했다고 하니, 매우 놀랍고 한탄스럽다."[120]

120) 오희문, 《쇄미록》, 5권, 176쪽.

일기에 등장하는 언명은 오희문과 친했던 어느 관리인 듯하다. 그가 오희문에게 전한 내용은, 앞에서 이덕형이 선조에게 보고한 것과 별로 다르지 않았다. 조선 수군, 즉 "한산도의 여러 장수"가 진을 치고 있었는데 왜적이 야간 습격을 하였다. 그 결과 아군이 패전하였는데, 그때 원균과 최호 등이 순국하였다. 사건이 발생한지 10여 일이 지난 시점에 조정의 일각에서는 그와같이 사태의 본질을 제대로 인식하고 있었다.

그러나 그 무렵의 〈실록〉에는 혼란스러운 정보를 잔뜩 기록하고 있다. 사관(史官)들마다 소속된 정파(政派)도 달랐다. 그들은 저마다의 정치적 이해관계 때문에 간단한 사실을 오히려 복잡하고 혼란스럽게 서술한 것이다.

오희문이 일기를 쓸 당시는 왜적이 아직 전라도로 침략하지 않았다. 그러나 그들이 곧 전라도로 쏟아져 들어가리란 점은 쉽게 예측할 수 있었다. 오희문은 자신의 걱정을 다음과 같이 토로했다.

> "한산도는 전라도의 울타리다. 적들이 오래도록 (전라도를) 침범하지 못한 것은 한산도에서 적을 막았기 때문이다. 이제 (한산도를) 빼앗겨 적이 점령했다고 한다. 만일 거기서부터 그들이 곧장 전라도를 침략하면 누가 막겠는가. 그러나 아직 정확한 소식은 모르겠다. 선전관이 소식을 탐문하기 위해 내려갔는데, 아직 돌아오지 않았다고 한다."[121)]

---

121) 오희문, 《쇄미록》, 5권, 176쪽.

한산도가 적의 수중에 들어갔다면 왜적의 침략을 어찌 막아야 할지 모르겠다는 한 선비의 한탄이었다.

그런데 오희문이 듣기로, 조선 수군이 왜적에게 패해 통제사 원균 등이 순국한 사실은 사건 직후만 해도 조정의 대외비였다. 아직 사건의 전모를 파악하지 못한 상태에서 섣불리 이처럼 충격적인 정보가 누설되면, 명나라 군대가 혹시라도 철수하겠다는 결정을 내릴지도 몰랐다. 그래서 조정에서는 비밀을 엄수하려고 애쓰는 중이었다. 오희문은 이렇게 말했다.

> "(이것은) 조정의 소식이다. 명나라 장수가 한양에 머물고 있어 (아직) 비밀로 하고 발표를 하지 않았다고 한다. 그래서 조정에 있는 관원이라도 (사실 여부를) 자세히 알지 못한다고 한다. ... 세상일이 이와 같으니, 어디가 끝일지 모를 일이다. 탄식한들 어찌하겠는가."[122]

만일 그렇다면 이처럼 엄중한 대외비를 오희문에게 전해준 "언명"은 누구였겠는가. 그는 지위가 높거나 조정 소식에 정통한 고위층 인사였을 것이다. 필자가 당시의 인사들을 조사한 결과 심언명(沈彦明)이란 선비가 있었다. 그는 선조 19년(1586) 알성시(謁聖試)에 급제하여 요직

122) 오희문, 《쇄미록》, 5권, 176쪽.

인 승정원 주서(注書)를 역임한 선비였다. 선조 29년(1596)에 그는 사헌부의 탄핵으로 관직에서 쫓겨나기는 하였다. 그러나 조정의 요직에는 친분이 두터운 인물이 포진하고 있었다. 훗날 그는 다시 조정으로 돌아가 여러 가지 중요한 벼슬을 지냈다.

아무튼 통제사 원균이 순국하자 조정에서는 곧바로 이순신을 후임 통제사로 삼았다. 그런데 병신년(1596) 겨울부터 조정에서는 왜적이 전라도를 침략할 날짜가 박두한 것으로 예측하고 여러 가지 대비책을 마련하였다. 그리고는 원균을 압박하여 억지로 부산포로 내보냈다. 그 결과 큰 낭패를 당하였으니, 이제는 과연 무슨 조치를 취해야 할 것인가. 파도처럼 밀려오는 적을 격퇴하는 수밖에 없었다.

원균의 순국으로 조정 대신들은 한 가지 큰 교훈을 얻었다. 다시는 이래라저래라 하는 명령으로 일선 지휘관을 압박하지 않기로 하였다. 원균과 이억기, 최호의 순국 덕택에 이순신은 수군의 독립적인 작전권을 얻었다.

그러한 상황 변화를 이용해, 이순신은 수군의 본거지를 아예 전라우도로 옮겼다. 멀찌감치 수군기지를 이전함으로써 왜적과의 직접적인 충돌을 의도적으로 회피한 것이다. 왜란이 처음 일어났을 당시에 이순신의 태도와는 아주 다른 결정이었다. 그는 경상도 수군이 왜적의 침략을 적극적으로 막지 않았다고 큰 불만을 표시하던 사람이다. 그런데 자신의 처지가 불리해지자 교전 자체를 아예 회피하였다. 그런데도 이순신을 추앙하는 사람들은 그의 이와 같은 태도변화를 조금도 문제 삼지 않는다. 그들은 오직 모든 문제를 원균에게서 찾으려고 한다. 상식을 가진 사람이 보기에는 납득하기 어려운 태도다.

칠천량 사태가 일어나고 보름쯤 시간이 흘렀다. 이제 왜적은 전라도를 본격적으로 침략하였다. 오희문은 그때 사정을 다음과 같이 기술하였다. 정유년(1597) 8월 9일자 일기장이다.

> "... 한밤중이 되기 전이었다. (강원도 평강)현 사람이 뜻밖에 다시 왔다. 평강(아들 오윤겸)의 편지를 보았더니, 적장 가토(청정)가 이달(8월) 3일에 7명의 장수를 거느리고 상륙하여 전라도로 향했다고 한다. 또, 세 장수는 수군을 거느리고 나주로 향해 가는데 (왜의 육군과) 함께 수륙으로 진격한다고 했다."[123]

오희문의 큰아들 오윤겸은 누구일까. 그는 훗날 정승이 될 인물이었다. 그런데 정유년 가을에는 아직 강원도 평강의 현령에 지나지 않았다. 오윤겸이 〈조보〉를 바탕으로, 정유재란이 전개되고 있었떤 초기 과정을 아버지 오희문에게 알려주었다.

왜적은 이번에야말로 수륙병진(水陸竝進, 육해군이 공동으로 진격함)을 구사하고 있었다. 그러자 전라도가 초토화 될 위기에 빠졌다. 깜짝 놀란 조정에서는 전국에 비상령을 내렸다. 그래서 강원도 두메

123) 오희문, 《쇄미록》, 5권, 182쪽.

산골에 있던 오희문의 가족도 이 전쟁의 고통을 실감할 수 있었다. 오윤겸은 아버지에게 다음과 같이 보고하였다.

> "그래서 오늘 순찰사의 전령이 두 번이나 (제게) 찾아왔습니다. (강원도) 여러 고을의 수령도 제각기 군사를 거느리고 영원성(영원산성, 현 강원도 원주시 판부면)으로 달려가 적을 막고 지키라는 것입니다. 그래서 내일 (저는) 그곳으로 가야하므로 형편상 근친하지 못합니다."[124]

이런 보고 끝에 아들은 자신이 나라에 몸을 맡긴 이상 어찌하겠냐고 아버지에게 어려움을 호소하였다. 왜적은 과연 한강 이북까지 북상할 수 있을까. 그것은 아직 미지수였다. 그러나 전선에서 멀리 떨어진 강원도에서조차 수령들이 군사를 이끌고 험고(險固)한 산성에 모여 만약의 사태를 대비할 정도로 벌벌 떨고 있었다.

원균의 순국은 그저 한 개인의 죽음에 그치는 것이 아니었다. 이런 비극이 올 줄도 모르는채 통제사 원균의 거듭된 반대를 꺾고 조선 수군을 부산포로 내보낸 사람들은 어떤 사람들인가. 그들은 도대체 그때 어디서 무슨 일을 하고 있었나? 그들은 태평하게 날마다 철수작전을 거듭하며 적과의 교전을 시종일관 회피하였다.

---

124) 오희문, 《쇄미록》, 5권, 182쪽.

## 원균 장군의 유해를 수습한 것도 원전

정유년 7월 중순에 통제사 원균이 순국하고, 이순신이 다시 통제사가 되었다. 그러자 고성 현령 원전의 신상에도 큰 변화가 일어났다. 조선 후기에 편찬된 고성현의 〈읍지〉에 다음과 같은 기록이 보인다. 그 고을의 통치 책임자인 현령의 근무기간에 관한 것이다.

"원전 – 정유년(1597) 4월에 부임하여 (그해) 10월 조정의 명령으로 파직되었다.(元墺 丁酉 四月來 十月 京罷)"[125]

이순신이 통제사가 되고 불과 석달 만에 원전은 자리를 완전히 비워야 했다. 기록상으로는 10월에 후임자와 교대한 것으로 되어 있는데, 실제로는 이미 8월에 해임된 것으로 짐작된다. 후임자는 이대수였는데, 그의 임기와 관련해 다음과 같은 서술이 눈에 띈다.

> "이대수 – 정유년(1597) 8월에 부임하였다. 성주에 가서 요새인 채공(寨公, 지명인듯)에 주둔하였다. 무술년(1598) 12월에 파직되었다. (李大樹 丁酉八月 星州駐寨公 戊戌臘罷)"[126]

이대수가 원전의 후임으로 고성 현령 자리에 앉은 것은 칠천량 사

125) 《경상도 고성부 총쇄록(慶尙道固城府叢鎖錄)》, 1책.

126) 《경상도 고성부 총쇄록(慶尙道固城府叢鎖錄)》, 1책.

태가 일어나고 보름쯤 뒤인 팔월이었다. 통제사 원균이 세상을 떠난 마당이라, 그가 가장 아끼고 신뢰한 아우 원전이 무슨 의욕이 있어 그 자리에 연연하였을까. 원전은 우리가 위에서 보았듯, 평생 동안 맏형의 총집사 또는 비서실장으로 일하지 않았던가. 그는 아무런 미련도 없이 고성을 떠났다. 아니, 맏형이 없는 조선 수군을 떠나 고향 진위(현 경기도 평택시)로 돌아갔다고 보아야 한다.

정유년 초가을에 원전은 고성을 떠나 고향으로 돌아갔으나 그의 발걸음은 너무도 무거웠을 것이다. 그에게 남겨진 마지막 사명은 무엇이었을까. 역시 맏형과 직접 관계되는 일이었다. 김간의 〈원균 행장〉을 읽으며, 필자는 한 가지 중대한 추론을 하게 되는데, 우선 통제사 원균의 최후에 관한 서술부터 읽어보자.

> "공(원균)은 배를 버리고 (고성 춘원포) 언덕에 올랐다. 그러자 적이 추격해와 머리를 베어가더라. 때는 정유년 칠월 십육일이요, 향년은 오십 팔세였다. 왜적이 물러간 뒤에 (공의) 시신을 거두어 (고향) 진위 여좌동에 장사하였다. (그 뒤에) 조정에서는 제사와 부의를 예법에 맞게 하였다."[127]

원균은 20대 청년 시절에 무관으로 임용되어 50세가 넘을 때까지

---

127) 김간, 〈원균 행장〉.

줄곧 함경도에서 여진족과 싸워 많은 공을 세웠다. 그러다가 임진왜란이 박두하자 조정의 명령으로 경상우도를 지키는 수사가 되었다. 그는 불리한 여건 속에서도 여러 장수와 힘을 합쳐 서진(西進)을 노리는 왜적의 길을 막아, 나라를 보전하는 데 막대한 공을 세웠다.

세파에 시달리면서도 원균은 나라를 위한 충성심으로 평생 흔들림이 없었다. 하지만 그런 그도 결국은 비변사와 도체찰사와 도원수의 무리한 출전 강요로 말미암아, 고성땅에서 숨을 거두고 말았다. 순국한 통제사 원균이 사랑하는 아우 원전에게 준 마지막 과제가 남아 있었다. 그것이 무엇이었겠는가?

누구라도 짐작할 수 있듯 유해(遺骸)를 반장(返葬)하는 일이었다. 고성 현령 원전은 통제사의 유해를 수습하여, 안전하게 고향으로 모셔갈 책무를 느끼지 않을 수가 없었으리라. 여기서 우리는 "왜적이 물러간 뒤에 (공의) 시신을 거두어 (고향) 진위 여좌동에 장사"한 주체가 누구인지를 가늠하게 된다. 그는 다름아닌 원전이었을 것이다. 맏형님의 보필에 시종일관 정성을 쏟은 원전이었기에, 그말고는 이러한 사명에 더욱 적합한 이가 따로 존재할 수 없었다. 물론 통제사의 외아들 원사웅과 여러 조카들, 그리고 원전의 아우 원지 등이 힘을 모았을 것은 당연한 일이다. 그러나 누구보다 앞장서 "장사(葬事)"를 주관할 사람은 원전이었다.

고성땅에서 적과의 일전은 한바탕의 소나기처럼 지나갔다. 그런 다음에 통제사의 유해를 임시로 그곳에 안장할 수 있는 시간이 주어진 것은 물론이었다. 하지만 그때는 수백리 먼길을 무사히 운구할 수 있는 여건이 마련되지 않았다. 곧 정유재란의 소용돌이가 한반도 남부를 강타했기 때문이다. 고성 현령을 그만둔 원전은 통제사의 유해를 적당한 곳에 일단 모셔두고 진위로 돌아왔다고 본다. 사리로 보아, 그는 귀로(歸路)에 형님이 사랑하던 애마를 데리고 왔을 것이다. 귀한 애마를 어찌 감히 탈 수가 있었으랴. 그것은 너무도 송구한 일이었다. 원전은 통제사의 유품을 애마의 등에 싣고 슬픈 마음을 달래며 고향으로 돌아왔을 것이다. 진위에 도착한지 얼마 안 되어 영특한 애마는 주인을 그리워하다가 숨을 거두었고, 그래서 후세에는 이른바 '울음밭'과 '애마총'의 설화가 남았다고, 필자는 설명하고 싶다.

그 이듬해는 무술년(1598)인데, 마침 늦겨울에 왜적이 조선에서 완전히 철수하였다. 따라서 통제사 원균의 유해는 기해년(1599) 봄쯤에 진위의 선영(先塋)으로 모실 수가 있었다. 지금도 고성 일각에는 통제사의 무덤이 남아있다는 전설이 있다. 이는 통제사를 초장(草葬, 가매장)한 사실을 반영하는 설화로 보아야 합리적이다. 혹자는 본래부터 원균 장군의 묘소에는 유해가 없다고 말하는 것 같으나, 그럴 이치도 없고 문헌상으로도 위에 말한 것과 같이 반장(返葬)한 증거가 뚜렷하다.

김간이 행장에서, "왜적이 물러간 뒤에 (공의) 시신을 거두어 (고향) 진위 여좌동에 장사"하였다고 기록한 사실을 뚜렷한 이유 없이 무시하지 말라. 이 기록은 김간이 자의로 쓴 것이 아니다. 그는 원씨 자손들의 소망에 따라, 후손들이 제공한 여러 가지 자료를 읽고서 행장을 썼다. 게다가 그글은 《원주 원씨 족보》(초간본)에도 실려, 말하자면 후손이 인증한 내용이다.

더욱이 상당한 세월이 흐른 뒤에 통제사의 배필 파평 윤씨가 작고하였을 때의 기록도 역사에 남아 있다. 충훈부(忠勳府)에서는 통제사의 묘소를 이장하여 부인의 묘소와 함께 쌍분을 만들도록 배려하였고, 일체의 비용을 지급하였다. 충훈부란 공신에 관한 사무를 담당하는 관청이었기 때문이다. 김간이 〈원균 행장〉을 쓰게 된 직접적인 계기는 다름아닌 통제사의 개장(改葬, 이장)이었다. 우리는 그 사실을 유념해야 한다.

고성공 원전은 맏형님 통제사의 영원한 오른팔이었다. 그는 사후에까지 형님의 장사(葬事)를 주관하는 중책을 수행하였다. 이것은 어쩌면 수백년의 세월이 흐른 오늘날에도 한 가지 상징적인 의미를 가지는 사건일 지도 모르겠다. 고성공의 후손이야말로 부당하게 더럽혀진 원릉군 원균의 명예회복에 앞장서야 한다는 의미라고 해석하면 어떠할까.

## 글을 마치며

여담 하나를 덧붙인다. 예부터 죄가 없는데도 후세에 억울하게 누명을 쓰고 만 사람들이 있었다. 〈원균 행장〉의 저자 김간은 이런 이야기를 꺼냈다.

> "옛적에 (당나라 장수) 장순(張巡)과 허원(許遠)은 함께 수양(睢陽)을 지키다가 성이 함락될 때 함께 순국하였다(안록산의 반란이 일어났을 적 이야기임 – 백승종). 그런데 (후세에) 장순을 추앙하는 사람들은 (까닭없이) 허원을 함부로 헐뜯었다. 그러자 한문공(韓文公, 韓愈)이 (억울한) 그(허원)를 위하여 전기도 짓고 후서(後序)도 써 가지고, 그렇게 보면 안 된다는 점을 강조하였다. 그러자 비로소 시비가 분명해졌다."[128]

알 사람은 아는 옛 이야기다. 당나라 후기에 절도사 안록산(安祿山)이 반란을 일으켰다. 장순과 허원은 반란군에 맞서 싸우다가 같은 날 순국하였는데, 어떤 사람들은 장순만 높이고 허원을 헐뜯었다. 이 점을 원통하게 여긴 당나라의 문장가 한유는, 위에서 언급한 두 편의 훌륭한 글을 지어 허원의 억울함을 해명하였다. 그랬더니 허원에 대한 세상의 비방이 멎었더라는 것이다.

---

128) 김간, 〈원균 행장〉.

한유가 허원의 억울함을 풀어주었듯이, 김간도 〈원균 행장〉을 통해 역사의 진실을 밝히려고 했다. 그러나 그 뜻은 이뤄지지 못했다.

하물며 빈곤한 나의 학식과 문장력으로 무엇이 얼마나 달라질 수 있을지는 참으로 의문이다. 그래도 우리는 왜곡되고 파묻힌 진실을 드러내는 일을 멈출 수 없다. 지하의 고성공도 우리와 똑같은 마음일 것으로 믿어 의심하지 않는다.

## 선무원종공신(宣武原從功臣) 제일등(第一等) 통정대부(通政大夫) 고성 현령(固城縣令) 원주(原州) 원공(元公) 묘비명(墓碑銘)

조선은 유교 문물이 완비되어 참으로 아름다운 나라였다. 그러나 불행하게도 선조 25년 4월에 동쪽의 일본이 쳐들어와 참혹한 전쟁이 7년 동안 이어졌다. 이것이 이른바 임진왜란이었는데, 갑자기 16만 명가량의 적병이 쳐들어오자 고을을 다스리던 관리들은 물론이고 장수와 군졸들까지도 혼비백산하여 도망치기에 바빴다. 삽시간에 수도 한양을 빼앗기고, 선조는 멀리 의주까지 피난하는 등 나라의 운명은 바람 앞에 선 등불처럼 위태로웠다.

그때 남쪽 바다에 늠름하신 공이 계셨다. 공은 맏형님인 경상 우수사 균(均) 공을 보좌하여 전함에 올라 날마다 적군과 싸움을 계속하셨다. 일본은 600척의 전함을 움직여 공의 형제가 지키던 남해를 거쳐 한양까지 진출하려고 혈안이 되었다. 그러나 이하 마찬가지! 공이 누구신가. 형제가 여러 용맹한 장수를 거느리고 적의 진로를 완벽하게 차단하였다. 이에 적은 본래의 침략 계획이 완전히 빗나갔고, 마지막에는 빈손으로 쫓겨나고야 말았으니 얼마나 장한 일이던가.

젊은 시절부터 공은 맏형님 경상 우수사 공, 즉 훗날의 삼도수군통제사 공의 곁에 머물며 성심으로 조력하셨다. 기쁘나 슬프나 형제가 함께 진중에 머물며 오직 나라를 위해 헌신하였으니, 후세의 귀감(龜鑑, 모범)이었다. 〈조선왕조실록〉에도 기록되어 있듯, 통제사 공은 나라 안에서 적을 무찌른 공이 으뜸이라, 선무공신(宣武功臣) 가운데서도 가장 높은 제일등에 오르셨다. 그리하여 의정부 좌찬성(종1품)의 높은 벼슬에 추증되셨고, 원릉군(原陵君)에도 책봉되셨다.

용기와 지혜로 말하면 두 분이 서로 비등하셨으나, 공은 조금도 자신을 내세우지 않고 통제사 공을 뒷바라지하는 데 전념하셨다. 세상 사람들이 이러한 공의 겸손과 형제의 우애를 높이 기렸다.

왜란 중에 선조께서는 공의 공훈과 능력을 어느 신하보다 높게 평가하셨다. 선조 30년(1597) 2월에 선조를 모시고 여러 대신이 현명한 관리를 널리 구할 때였다. 신하들의 의론을 가만히 듣고 계시던 선조께서 불현듯 이렇게 말씀하셨다.

> "원균(元均)의 아우 원전(元㙉)은 어디에 있는가? 그는 공로도 많은 데다 또한 장사(壯士)이니라."

이는 〈실록〉(선조 30년 2월 4일)에 실려 있는 말씀이다. 멀리 남해에서 자나 깨나 맏형님을 보필하고 있던 공을 선조께서 기억하시고 직접 거명(擧名)하며 추천까지 하셨다니, 이처럼 영광된 일이 어느 신하에게 다시 있었겠는가. 대신들은 깜짝 놀라서 공을 경상도 고성현의 현령으로 보내기를 청하였다. 고성이라면 통제사 공의 휘하에 계속하여 머물면서 함께 바다를 지킬 수 있어서였다. 구중궁궐에 깊숙이 앉아 계신 선조께서 공의 "공로"를 기억하시고, 게다가 탁월한 "장사"라고 칭찬을 하셨다. 장차 나랏일에 크게 쓰일 재목으로, 선조는 공을 점지하신 것이다.

공의 참모습을 선조께서는 어찌 그리도 정확히 아셨을까. 다름 아니라, 왜란 중에 통제사 공은 수십 번이나 승전보를 바쳤는데, 누구보다 이를 기쁘게 여기신 선조께서는 〈선무공신 교서〉에서 다음과 같이 회상하셨다.

> "그대(통제사 공)가 한창 적을 무찌를 때는 하루에도 10여 개의 진을 쳐부쉈노라. (왜적과) 전투를 벌일 때는 한 달에도 3번이나 승리의 장계를 올렸도다."

과연 통제사 공은 자주 〈장계(狀啓, 보고서)〉를 조정에 올렸고, 그때마다 어느 장수가 무슨 공을 세웠는지 사실대로 보고하였다. 그 가운데는 고성공의 혁혁한 공적도 빼곡히 적혀 있었다. 가령 한산대첩만 하여도 세상 사람들은 이순신 장군의 승리로 알지만, 그런 것이 아니었다. 공의 형제분이 이끌던 경상 우수영의 수군은 무려 70여 척의 적선을 쳐부쉈다. 선조께서는 기쁨을 참지 못하고 〈유서(諭書)〉를 보내 승전을 높이 치하(致賀, 칭찬)하셨다. 〈실록〉에는 그때 전투에서 큰 공을 세운 여러 장수의 이름을 언급하였던 바 고성공도 어김없이 그중 한 분이셨다. 그때의 공훈으로 공의 벼슬은 5품으로 껑충 올라갔다(실록, 선조 25년 8월 24일). 유달리 총명하신 선조께서 어찌 그런 사실을 잊을 수가 있었으랴.

여러 해 동안 전란이 계속되자 선조께서는 물론이요, 조정대신들도 공의 성실하고 지혜로운 언행을 자연히 알게 되었다. 통제사 공은 왜란 초기부터 조정에 중요한 〈장계〉를 바칠 때마다 아우인 공을 보냈다. 조정에서도 공을 통해 통제사에게 명령을 전하였다. 선조 25년 6월에 경상우도 초유사 김성일이 올린 보고서에도, "수사(원균 공)가 선전관 원전(元埈)이 전한 (조정의) 명에 따라 전라도 수사(이순신)와 재차 약속하여 곧 적선을 쳐부수려고 합니다."라는 기록이 보인다. (실록, 선조 25년 6월 28일) 경상도와 전라도 수군의 연합작전이 성사된 데는 공의 역할이 컸다고 하겠다.

멀리 남해에서 공이 한양에 들어오면 조정에서는 현지 사정을 공에게 물었다. 그때마다 정확하고 요령 있는 설명으로 공은 궁금증을 풀어주셨다. 우리 수군의 여러 가지 애로는 물론이고, 적의 형편을 가장 정확히 조정에 알린 이가 다름 아닌 공이셨다. 선조 26년 5월에 비변사에서 선조께 적의 사정을 보고할 때도 "원균의 〈장계〉를 가지고 올라온 도사(都事) 원전(元塡)"의 설명에 전적으로 의존했던 것이다.(실록, 선조 26년 5월 21일)

또, 공은 수군에 대한 조정의 지원을 얻으려고 백방으로 수고하셨다. 선조께서 대신들에게 준 글에 다음과 같은 말씀이 있다. "이제 원전의 말을 듣건대, 수군은 거의 절반이 전염병으로 죽어 선사(船師, 수군)가 외롭고 허약하다고 한다. 적을 소탕하는 것은 고사하고 전선(戰船)조차 부리기도 어려운 처지라니, 이럴 때 혹시 적변(賊變)이 일어나면 다시 어떻게 할 수가 있겠는가. 매우 놀랍고도 걱정스럽도다. 비변사는 원전을 불러 수군의 모든 일을 알아보고 알맞게 조처하라."(실록, 선조 27년 6월 28일)

정직하고 성실한 공의 태도를 보고 선조께서는 크게 감동하셨다. 대신들도 공이 제공한 정확한 정보와 상황 분석에 의지하는 바가 컸다.

그러므로 더더욱 안타깝도다. 만약에 하늘이 공과 통제사 공에게 천수(天壽)를 온전히 허락하셨더라면 나라에 큰 보탬이 되었을 것을, 어찌하여 명운이 그리도 짧으셨던가. 장차 선조께서는 공에게 병마(兵馬, 군사)의 권한을 맡겨 남북의 오랑캐들이 감히 넘보지 못하게 하실 소망을 품고 계셨던 것이나, 고성 현령에 부임하신 지 5개월 만에 이른바 '칠천량 해전'이 일어나고 말았다. 그것은 도원수 권율과 도체찰사 이원익 그리고 비변사 정승 유성룡의 강압으로 빚어진 비극이었다. 통제사 공은 몇 번이나 좋은 말로 나라에 유리한 계책을 제시하셨으나, 결국 대신들의 강압에 밀려 순국하고야 말았다. 공은 아버님처럼 받들던 통제사 공을 여의고 식음(食飮, 먹고 마심)을 끊다시피 하셨다. 겨우 통제사 공의 시신을 수습하여 모셔두었다가 난이 끝나자 형제 자질(子姪)과 더불어 지극 정성으로 고향 진위의 선산에 장례를 모셨다. 통제사 공의 장사(葬事, 장례 일)에 관하여 여러 전설이 있으나, 그때 공이 고성에 계셨으니 어찌 유해를 수습하지 못하였겠는가. 훗날 대사헌 김간 공이 지은 〈원릉군 행장〉에도 명백한 기록이 있고, 나라에서 편찬한 문서에도 묘소에 관한 기술이 남아있어 재론하지 않는다.

통제사 공이 순국하시자 전임인 이순신이 그 자리에 다시 부임하였고, 이에 공은 그해 초겨울에 현감의 직책에서 완전히 물러나셨다. 공은 초라한 여장을 꾸려서 진위현 여방면(현 평택시 도일동)의 향제(鄕第, 고향집)로 돌아오셨다. 아마도 더는 세상 사는 즐거움이 없으셨던 듯 밤낮으로 울울하게 지내시다가 이년이 지난 뒤 7월 18일에 영영 세상을 버리셨다.

"공로도 많은 데다 또한 장사(壯士)이니라."라고 공을 아끼시던 선조께서 공의 때 이른 죽음을 아셨더라면 비통한 심정이 과연 어떠하셨을까. 수년이 지나자 조정에서는 왜란 때 공의 공로가 유난히 크고 많은 점을 인정해 선무원종공신 제일등으로 삼았다. 〈선무원종공신녹권(宣武原從功臣錄券)〉(제1권, 8쪽)에 "선전관(宣傳官) 원전(元㙉)"이라고 기록되어 있는 바, 제대로 기록하자면 "고성 현령"이라고 했어야 옳다.

공의 집안에는 선무원종공신이 모두 13명이었다. 어찌 성대하지 아니한가. 공의 5촌 조카인 도정 사언(士彦)도 공의 뒤를 따라 제일등에 뽑혔다. 공의 둘째 형님인 증 이조참의 통정대부 적성현감 연(埏)은 왜란 때 의병장으로 이름을 떨쳤고, 훗날 충신 정려(旌閭)를 하사받으셨다. 셋째 형님 용(墉)은 증 참판이요, 공의 아우 지(墀)도 선무원종공신으로 벼슬이 삭주부사(府使)에 이르렀으니, 5형제의 명성이 세상에 크게 떨쳤다. 일문(一門)이 이처럼 역사에 찬연히 빛난 집안이 과연 몇이나 될 것인가.

공으로 말하면, 삼한갑족(三韓甲族, 최고 문벌이 높은 집안)으로 손꼽히는 명문가에서 태어나셨다. 일찍이 고려 태조를 도와 후삼국을 통일하고 그 공으로 삼한벽상공신(三韓壁上功臣)이 되신 원성백(原城伯) 병부령(兵部令) 극유(克猷)의 후손이다. 대대로 고관대작을 지냈고 중찬(中贊) 부(傅)에 이르러서는 해동 제일의 귀족 가문으로 그 명성이 중국에까지 전해졌다. 조선이 건국되자 공의 직조(直祖, 직계조상)이신 양촌(陽村) 선(宣)은 고려의 중정대부 판삼사좌윤(判三司左尹)을 지내신 분으로 양주 송산에 숨어지내시며 고려에 대한 충성을 끝까지 지키셨다. 이후에 손자이신 증 통훈대부 군자감정(軍資監

正) 몽(蒙)이 진위에 터를 정해 후손을 위한 천년 보금자리를 만드셨으니, 공에게는 고조부가 되신다. 그 아드님이신 증 통정대부 형조참의 숙정(淑貞)은 공의 증조부요, 그 둘째 아드님이으로 증 가선대부 호조참판 겸 동지의금부사 오위도총부 부총관 임(任)은 공의 조부시다. 부총관 공의 둘째 아드님이신 준량(俊良)은 무과에 급제하여 벼슬이 절충장군 경상좌도 병마절도사에 이르렀는데, 곧 공의 부친이시다. 절도사 공께서는 큰 아드님인 통제사 공의 공훈으로 순충적덕병의보조공신(純忠積德秉義補助功臣)에 봉해지셨고, 벼슬도 추증되어 대광보국숭록대부(大匡輔國崇祿大夫) 의정부영의정(議政府領議政) 겸 영경연(領經筵) 홍문관(弘文館) 예문관(藝文館) 춘추관(春秋館) 관상감사(觀象監事)에 세자사(世子師)에 오르셨고, 평원부원군(平原府院君)에 추봉(追封, 사후 책봉)되셨다.

공의 모친은 증 정경부인이신 남원 양씨(南原梁氏)인데, 또한 명문의 따님으로 현숙(賢淑)하기 그지없으셨다. 부인께서는 조선 초기의 명신으로 이름난 이조판서 문양공(文襄公) 성지(誠之)의 현손이시다.

공으로 말하면 평원부원군과 정경부인의 넷째 아드님으로, 휘(諱, 이름)는 전(塡)이다. 어릴 적부터 총명하고 용력(勇力)이 출중하셨다. 문무(文武)를 겸비하였고 효성과 우애가 뛰어난 데다 성품이 활달하고도 고결하여 보는 사람마다 장차 크게 될 인물로 여겼다. 늠름한 풍모와 유창한 언변으로 남쪽 바다의 정세를 날카롭게 분석하여 선조께서도 감탄하신 적이 많았다는 점은 이미 위에서 말한 바이다.

일찍이 무과에 급제하셨는데, 왜란 중에 선조의 특명으로 선전관으로 승진하셨고, 도사(都事)를 거쳐 마침내 고성 현령이 되셨다. 벼슬이 갈릴 때마다 선조의 특명이 내려졌던 것이니, 공을 아끼는 성심(聖心, 왕의 마음)이 자별하셨다. 어떤 벼슬에 있든지 공은 항상 통제사 공의 곁에 머물렀으니, 어찌 공처럼 충심으로 맏형을 따르는 우애가 있을 수 있다는 말인가.

공의 배위(配位, 부인)는 숙부인(淑夫人) 덕수 이씨(德水李氏)시다. 또한, 나라 안에서 명가(名家)로 손꼽는 집안 출신이셨으니 부덕(婦德)이 매우 높으셨다. 공과 숙부인의 묘소는 원래 쌍분(雙墳)인데, 송장산(松莊山, 덕암산) 직촌(直村, 상리) 임좌(壬坐)의 아름다운 명당이다. 오늘날 후손이 수백 명을 헤아리며 자자손손 현달(顯達)하지 않은 때가 없었다.

숙부인은 공이 슬하에 자녀를 두지 못한 점을 매우 근심하였다. 이에 공은 둘째 형님이신 참의 공의 둘째 아들인 사립(士立)을 양자로 들이셨다. 사립 공은 조부(祖父, 할아버지와 아버지)의 전통을 이어 무과에 급제하였고, 왜란이 일어나자 서둘러 일선으로 달려나갔다. 왜적을 무찌르는 전투마다 앞장서 큰 공을 여러 번 세웠다. 그 벼슬이 통정대부 진주 목사에 이르렀고, 또한 선무원종공신으로 뽑히셨다. 효성도 뛰어나 세상의 칭송이 자자하였는데, 훗날 조정에서 효자 정려를 내리셨다.

목사 공은 훌륭한 아들을 두셨으니, 증 통정대부 승정원 좌부승지 빈(玭)이시다. 승지공은 다시 여러 자녀를 두셨는데, 장남은 통덕랑 순상(舜相)이요, 둘째는 증 가선대부 호조참판 순빈(舜賓)이다. 셋째는 순석(舜錫)이요, 넷째는 순규(舜揆), 다섯째는 순징(舜徵), 여섯째는 순승(舜昇), 일곱째는 순화(舜華)이다. 장녀는 관찰사(觀察使) 어진익(魚震翼)의 배필이 되었고, 차녀는 이계(李稽)에게 출가했으며, 삼녀는 부사(府使) 신석일(辛錫一)의 배필이 되었다. 사녀는 이문익(李文翊), 오녀는 첨중추 권확(權擴), 육녀는 이유한(李有漢)의 배우자가 되었다. 관찰사 공의 손자인 부원군 어유구(魚有龜)는 경종(景宗)의 국구(國舅)인지라. 고성공의 6대 외손녀가 이 나라의 중궁전(中宮殿, 왕비)이 되신 것이니, 참으로 지극한 영광이었다. 나머지 자손은 여기에 다 기록하지 못한다.

공의 명(銘 일생을 새김)은 다음과 같이 지었다.

아름다운 저 덕암산
그 아래 맑은 냇물 흐르도다
바람도 구름도 쉬어가는
천년 명당일세

높고 높은 우리 고성공이
통제사 큰형님 받들어
날뛰는 저 오랑캐를
남김없이 무찌르셨네
공적도 많거니와
참으로 장사로다
총명하신 선조 임금
장차 높이 쓰실 계획 지으셨네
남쪽 바다 외로운 우리 수군
궁핍한 형세 조정에 알린 이
붓을 든 선비로되
큰활 힘껏 당겨 왜적 무찌르셨네
위태로운 이 나라 어찌 구할까
밤을 낮 삼아 궁리하셨네
죽을 각오로 돌진하니
그 뜻이 해처럼 빛났네
아름다운 덕암 산천
작별하고 떠날 적에
말에 오르며 하시던 말씀
맏형님 모시고 남해로 떠나니

만약 왜놈들 쳐들어오거든

이 목숨 초개같이 던지리

머나먼 의주 행재소(行在所, 임금의 임시처소)

한달음에 승전보 나르셨도다

아, 하늘이 돕지 않고

귀신도 무심하였어라

칠천량에서 통제사 공, 지는 별 되시고

공의 가슴 상처투성이 되었다네

이 원수 갚으리라 거듭 맹세하고

칼날 화살 무릅쓰고 바다로 나갔으나

오호라, 통제사 갈리자

빈손으로 돌아섰네

용안(龍顔, 임금 얼굴) 다시 우러르지 못하고

형제가 나란히 산 아래 누웠구나

충성스러운 두 분 혼백에

달도 별도 빛을 잃었네

공이 남기신 덕 크고도 높으사

아드님 진주공 충효로 다시 일어서셨네

세상에 어찌 이런 가문 또 있으랴

맏형님은 선무일등공신

둘째 형님은 충신 정려에 빛나시고
공 또한 선무원종 일등공신이라
일문에 공신이 열셋이도다
지령(地靈)은 인걸(人傑)이라더니
나라에서 대대로 큰 벼슬 주시자
자손은 충효로 보답하였다네
경종의 중궁전도
공의 6대 외손녀
공의 음덕 두텁기도 하셔라
원성백 병부령공
나라 위해 헌신하시더니
중찬 공 우뚝 솟아 삼한의 명가라
이 명(銘) 새겨 삼가 후세에 전하노니
보고 느낀 감동 뉘라 없으리오
한갓 꾸며낸 말 결단코 아니라네
청사(靑史, 역사)에 새겨진 사실이고 말고.

2023년(계묘년) 9월 전 서강대학교, 독일 튀빙겐 대학교 교수

철학박사 백승종 삼가 지음.

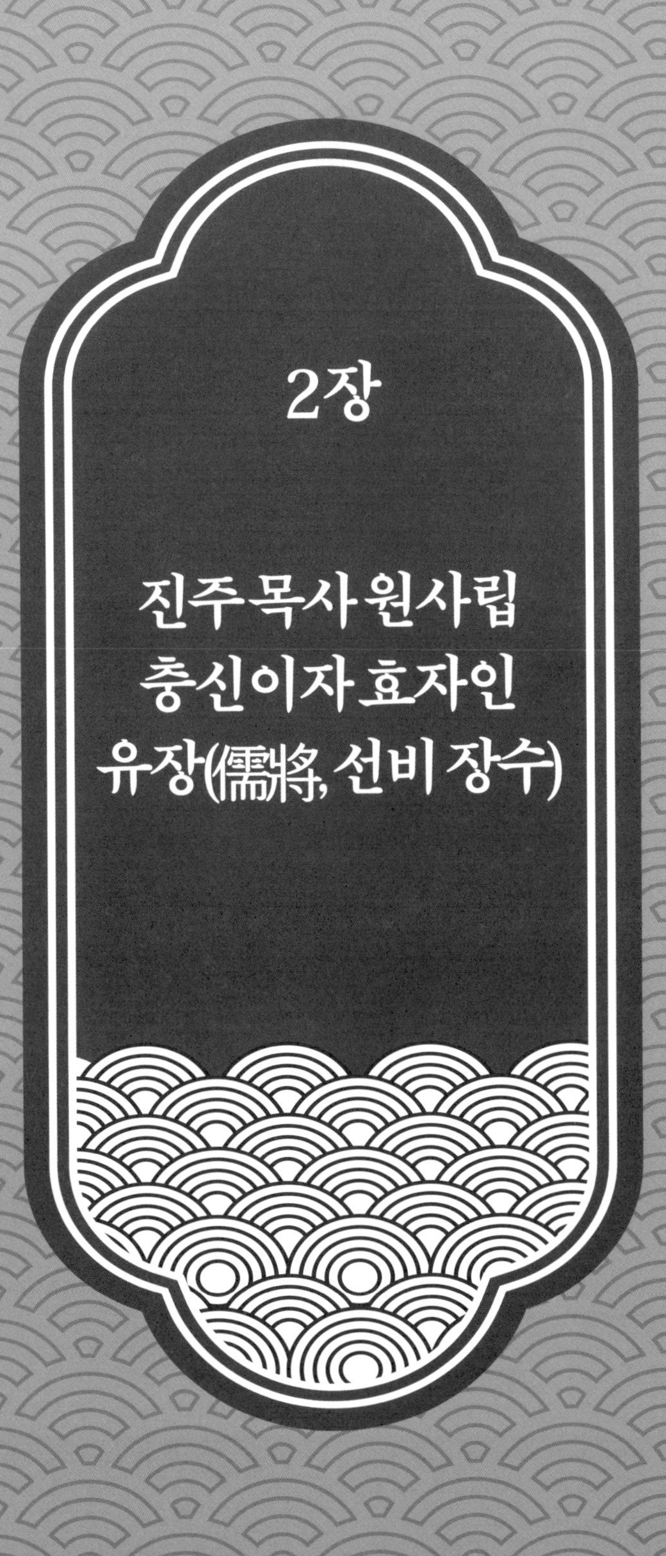

# 2장

# 진주목사 원사립 충신이자 효자인 유장(儒將, 선비 장수)

2장

# 진주 목사 원사립 충신이자 효자인 유장(儒將, 선비 장수)

## 진주공은 진정한 충신이자 효자

원사립(元士立)은 진주 목사를 지냈고, 그래서 후손들은 그를 "진주공"이라고 부른다. 진주공은 임진왜란 전 기간에 걸쳐 많은 공을 세웠는데, 특히 정유재란 때 충청도에서 세운 공훈이 가장 빛났다. 그 덕분에 《선무원종공신녹권(宣武原從功臣錄券)》에 "부사(府使) 원사립(元士立)"이라는 영예로운 이름이 새겨져 있다.[1] 그는 김해 부사를 지내기도 하였다. 왜란이 끝나고 10년쯤 지난 선조 40년(1607)의 일이었다.

알고 보면, 원사립의 생부(生父)인 증(贈) 이조참의 원연(元埏)도

1) 《선무원종공신녹권(宣武原從功臣錄券)》, 1권, 22쪽에 "府使 元士立"이라고 기록되어 있다. 서울대 규장각 청구번호 古4651-13.

선무원종공신이었다. 공신녹권에는 "현감 원연"이라고 기록되어 있다. 아버지와 아들이 모두 3등공신이었던 것이다. 그리고 원사립의 양부(養父) 원전(元㙉)으로 말하면, 선무원종공신 중에서도 가장 영예로운 일등공신이었다.[2)]

원사립의 가까운 친족 중에는 무려 13명이 선무원종공신과 청란원종공신에 책봉되었다. 무엇보다도 원사립의 큰아버지인 원릉군(原陵君) 원균(元均)은 선무공신 중에서도 제일등에 책봉되었다. 요컨대 원사립은 그 자신도 나라에 큰 공을 세운 충신이요, 그의 집안 전체가 충의(忠義)로운 선비로 넘쳐났다고 하겠다.

원사립의 자(字)는 현경(顯卿)이요, 후대에 충신 정려를 하사받은 원연의 아들로 태어났다. 그런데 숙부인 고성 현령 원전에게 뒤를 이을 아들이 없어 근심이 컸다. 원사립의 생부 원연은 아우 원전을 사랑하는 마음이 워낙 깊어서, 자신의 사랑하는 아들 원사립을 아우에게 양자로 보냈다. 사실 16세기 후반의 조선사회에서는 웬만한 양반 집안에서도 입양(入養)의 풍습이 아직은 생소하였다. 그러나 여동의 원주 원씨 일가는 달랐다. 그들은 후사(後嗣)가 끊이지 않게 입양을 주선하였다. 이것은 원씨들이 성리학을 깊이 존숭(尊崇)하였기 때문에 비롯된 풍습이었다. 우리 역사를 살펴보면, 이미 14세기 후반부터 여

2) 공신녹권에 원전의 관직을 "선전관"이라고 기록한 것은 잘못이다. 고성 현령을 지냈으므로 당연히 "縣令 元㙉"이라고 했어야 옳다. 그러나 선무원종공신은 그 수가 9천 명도 넘기 때문에, 몇 사람의 직책을 잘못 기록하는 실수는 이해할 수 있는 일이다.

동 원씨들의 조상은 나라 안에서 손꼽히는 성리학자들이었다.

원사립은 부조(父祖)의 전통을 이어받아 문무(文武)를 겸하였다. 그의 집안은 할아버지 원준량(元俊良) 때부터 뛰어난 양장(良將, 훌륭한 장수)을 많이 배출하였다. 그리하여 임진년(선조 25년, 1592)에 왜적이 조선을 침략하였을 때 원사립의 생부와 양부는 물론이요 백부(伯父)와 숙부(叔父)들, 그리고 형제와 여러 사촌이 앞장서 전선으로 뛰쳐나갔다.

같은 또래의 청년들 가운데서도 원사립은 무략(武略)이 가장 출중하였다. 정유재란(1597년) 때 그는 충청도 서천 군수로서 왜적을 크게 무찔렀다. 그 공으로 벼슬이 껑충 높아지기도 하였다. 이런 사실은 18세기의 대학자 성담(性潭) 송환기(宋煥箕, 1728-1807)가 쓴 〈묘표(墓表)〉에 기록되어 있다.[3)]

큰선비 송환기는 원사립의 빼어난 점을 충성과 의리라는 두 가지에서 발견하였다. 그러면서 그는 이러한 공을 선조들에게 돌리고 있다. 송환기는 이렇게 썼다.

> "공(원사립)의 충성과 의리는 선조의 미덕을 잘 배우신 것이라. 오호, 위대하시도다! 이 점은 진실로 우리가 영원히 기억하

---

3) 송환기(宋煥箕), 《성담선생집(性潭先生集)》(24권)에 실린 〈목사 원공 묘표(牧使元公墓表)〉를 보라. 이하에서는 〈원사립묘표〉라고 부름. 그 가운데는 "島夷再寇。以一守宰有勦賊之功而被陞職之典"라고 하였다. 정유재란 때 수령으로 공이 컸기 때문에 원사립의 벼슬이 높아졌다는 뜻이다.

여야 할 일이로다. (其忠義之盛。克趾先美。嗚呼偉哉。是誠可以諗夫永世也)"[4]

가문의 훌륭한 전통을 계승하는 것은 아름다운 일이다. 진주 목사 원사립이 국가에 충성하고, 한 세상을 살며 의리를 저버리는 일이 없었던 데는 전통의 힘이 컸다. 그뿐만 아니라, 그는 효성과 우애가 깊은 신실한 선비기도 했다. 훗날 조정에서는 원사립에게 효자 정려(旌閭)를 내려주었는데, 그 사실은 《경기읍지(京畿邑誌)》에 명확히 기록되어 있다. 기사를 번역하여 소개하면 다음과 같다.

"원사립 – 현감 (원)연의 아들이다. 무과에 급제하였는데, 정유(재란) 이후 왜적이 (충청도) 서천과 한산 사이에 진을 치고 있었다. 조정에서는 (원)사립에게 장수로서 재질이 탁월한 사실을 알고, 상(喪) 중인데도 기용하여 서천 군수로 삼았다. (그는) 여러 차례 왜적을 물리치고 공을 세웠다. 이에 통정대부(정3품)로 승진하여 진주 목사로 임명하였다. 나중에는 친상(親喪, 부모의 상사)을 당하였는데, (효성이 워낙 깊어) 기운이 무너지고 예절에 지나침이 있었다. (그로 인하여) 병이 깊어져 목숨을 잃었다. 묘소는 (진위) 고을 남쪽 16리에 있다. 효성이 탁월하였으므로 경인년(순조 30년, 1830)에 (임금께서) 명하여

---

4) 송환기, 〈원사립묘표〉.

정려를 내렸다. (元士立 縣監埏之子 登武科 丁酉以後 倭賊屯於舒川韓山之間 朝庭以士立有將材 起復爲舒川郡守 累有刦賊之功 陞通政晉州牧使 後遭親喪 氣毁踰節 病廢而卒 墓在縣南十六里 以孝庚寅 命旌)"[5)]

조선 사회에서 사람들이 가장 중요하게 여긴 가치는, 우리 귀에도 익숙한 두 가지 용어로 표현되었다. 충성(忠)과 효우(孝友)가 그것이었다. 원사립은 그런 가치를 몸소 실천하였다. 나라가 침략전쟁으로 어지러워지자, 그는 분연히 떨쳐 일어나 전쟁터로 뛰어나가 본인의 안위(安危)를 잊고 치열하게 싸워 선무원종공신이 되었다. 나중에 평화가 다시 찾아오자 효성과 우애를 다하였다. 마침내 모상(母喪)에 정성을 바친 끝에 자신의 목숨을 잃을 정도였다. 충신 원사립에게 효자 정려가 더해진 것은 당연한 일이다.

한 마디로, 진주공 원사립은 충효(忠孝)로 세상의 거울이 된 선비요, 장수였다. 오늘날 그의 고향 평택시 도일동에는 〈양세충효정문(兩世忠孝旌門)〉이 있어, 원사립의 효성과 생부인 이조참의 원연의 충성을 말없이 전하고 있다. 사실 원사립은 효자일 뿐만 아니라 충신이었다. 또, 충신됨으로 말한다면 그의 생부뿐만 아니라, 선무원종공신 제일등으로 기록된 고성공 원전도 부족함이 없는 인물이었다.

---

5) 현재 서울대학교 규장각에 보관된 《경기읍지》는 두 종류다. 모두 조선 후기에 편찬된 것이다. 두 책 모두 원사립에 관해서는 한 글자도 차이가 없는 동일한 내용을 싣고 있다. 《경기읍지(京畿邑誌)》 4책 143쪽; 6책 185쪽을 참고할 것.

그러나 후세는 진주공 원사립의 성품과 업적을 제대로 알지 못하는 경우가 많다. 안타까운 일이라 생각되어, 이제 그의 약전(略傳)을 쓰기로 하였다. 원사립의 생애를 기록하기에 앞서 필자는 〈실록〉과 각종 〈읍지〉 등 여러 종류의 공적 기록을 모두 열람하였다. 아울러 〈원사립묘표〉와 〈사적(事蹟)〉 등 집안에서 편찬한 자료도 충분히 참조하였다.

특히 송환기가 쓴 〈원사립묘표〉는 소중한 기록이다. 거기에는 정유재란 당시 원사립의 활약상은 물론이요, 그의 평소 언행에 보이는 특징이 날카롭게 포착되어 있다. 18세기의 거유(巨儒, 큰선비) 송환기가 그 글을 지은 것은, "공(원사립)의 6세손 병상(秉象) 씨의 부탁이 있어 삼가 이 글을 지었다"[6]라는 표현에서도 보이듯이 진주공의 업적을 영원히 기억하고자 하는 후손들의 요청이 있었기 때문이다.

또 하나, 언급할 사실이 있다. 18세기 전반에는 원사립의 인품과 공훈을 기념하려는 후손들의 열망이 대단히 높았다는 점이다. 〈목사공 휘 사립 사적(牧使公 諱士立 事蹟)〉이란 글이 《원성 원씨 세보(原城元氏世譜)》에 실린 것을 보아도 넉넉히 짐작할 수 있다.[7] 지금 쓰는 약전은 현재 남아 있는 공사(公私)의 문헌을 두루 참작한 것인데, 필자의 능력이 부족하여 허술한 점이 없지 않을 것이다. 이점 매우 송구

---

6) 송환기, 〈원사립묘표〉.

7) 《원성 원씨 세보(原城元氏世譜)》, 상(上), 16쪽. 이 족보는 영조 16년(1740)에 처음으로 출간된 《원주 원씨 족보》다. 원사립을 포함해 후손들이 자랑스럽게 여기는 여러 조상의 사적이 실려 있다. 그의 생부 원연과 백부 원균 등이 그들이다. 그러나 유감스럽게도 원사립의 양부 원전에 관해서는 별도의 기록이 실리지 않았다.

하게 생각하며, 이 글의 탄생을 계기로 아직까지 세상에 드러나지 못한 다른 문헌들도 발굴되었으면 좋겠다.

## 진주공은 누구인가?

그는 "선조 기사년"에 태어났다고 〈묘표〉에 기록되어 있다. 정확히 말해, 선조 2년(1569년) 5월 초하루 출생했다고 한다. 그럼 원사립이 작고한 것은 언제일까. 역시 〈묘표〉에는 다음과 같은 기록이 보인다.

> "어머님 상을 마치자마자 경술년(광해 2년, 1610) 12월 14일에 타계하셨다."[8]

진주공 후손이 소장하고 있는 다른 기록에도 돌아가신 해가 "경술"년이라고 적혀 있다. 짐작하건대 송환기는 이런 기록을 참조하여 진주공이 경술년에 세상을 뜨셨다고 기록한 것으로 보인다. 그러나 유감스럽게도 이것은 잘못된 기록이다.

〈실록〉을 읽어 보면 그것이 착오란 사실이 저절로 드러난다. 원사립은 광해 10년(1618)까지도 생존하였기 때문이다. 이것은 엄연한 사실이었는데, 바로 그해에 조정에서는 고향에 머물고 있던 여러 장수의 재기용을 검토하였다. 원사립도 그 중 하나였다. 그렇기 때문에 필

8) 송환기, 〈원사립묘표〉.

자는, 원사립이 타계한 연도는 광해 2년의 경술년이 아니라, 광해 12년(1620)의 "경신년"이었다고 추정한다. 이 경우 그의 향년은 52세가 된다. 문제는 후세에 누군가 원사립이 별세한 연도를 "경술년"으로 착각하였다. 결과적으로, 원사립은 실제 작고한 연도가 아니라 그보다 무려 10년 전으로 기록되었다. 잘못은 이제라도 바로잡아야 한다.

## 진주공의 양부 – 충신 원연

다 알다시피 원사립이 큰 공을 세운 것은 정유재란 때였다. 그는 서천 군수로 기용되었는데, 정확히 말해 그것은 정유년(선조 30년, 1597) 가을이었다. 그의 생부 이조참의 원연은 그해 2월 19일에 세상을 떠났고, 그래서 원사립은 그때 거상중(居喪中)이었다.

혹자는 원사립의 양부 고성 현령 원전이 정유년 7월 18일에 벌어진 칠천량 사태 당시에 작고한 것으로 말한다. 그러나 사실과 거리가 먼 주장이다. 원전이 고성 현령에서 공식적으로 해임된 것은 정유년 10월이었다. 정유년 가을에도 원전은 생존중이었다.

그런 점에서 원사립이 서천 군수에 기용될 당시에 그는 생부의 상중(喪中)이었음이 명백하다. 〈나무위키〉 등에는 이조참의 원연이 정유재란 때 의병을 일으켜 싸우다가 전사했다고 적혀 있는데, 이 또한 사실과는 동떨어진 주장이다. 원연은 정유재란이 발생하기 반 년쯤 전에 별세하였다.

조선 후기에 편찬된 원연의 〈약전〉에도 또 다른 오류가 있다. 가령《경기읍지》등에는 원연이 관직에 등용된 시점에 관하여, "적이 평정된 후에 현감으로 발탁"되었다고 하였다. 마치 임진왜란이 다 끝난 뒤에 관직에 나아간 것처럼 오해할 수 있는 서술이다. 정확히 여기서 말하는 "적이 평정된 후"는 언제인가? 그것은 왜적이 남쪽으로 다시 내려간 계사년(선조 26년, 1593) 이후의 일이며, 원전이 타계한 정유년(선조 32년, 1599) 봄 이전을 가리킨다. 그런데 필자가 쓴 원전의 일대기에서도 이미 확인한 것처럼, 계사년(선조 26년, 1593) 7월 경에 원연은 맏형인 원균의 진중에서 활동하였다.

그러므로 원연이 지방관으로 기용된 것은 갑오년(선조 27년, 1594) 이후였다고 봐야 옳다. 그후에 병신년(선조 29년, 1596)까지 햇수로 3년 동안 원연은 지방관으로 활약하였다. 그러나 세태가 너무 어지러워 탐관오리들이 날뛰는 상황이라, 원연은 병을 얻을 지경이었다. 병신년 겨울에 그는 관직을 버리고 조용히 고향으로 돌아갔다. 이후 병세가 더욱 악화되어 정유년(선조 30년, 1597) 2월에 눈을 감고 말았다.

그런데 〈양세충효정문〉을 소개하는 글도 그렇고, 현재 남아 있는 일부 기록에서는 원연이 작고한 연도를 완전히 잘못 판단한 경우가 있다. 즉, 아버지 원연의 3년상을 치를 때 지나치게 효성을 다한 나머지 아들 원사립도 곧 세상을 떠났다고 기록한 것은 잘못되었다. 이것은 문헌에 언급된 "친상(親喪)"을 하필 "부친상"으로 좁게 해석한 결과다.

"친상"이란 표현은 아버지의 상(喪)에 국한되는 것이 아니라, 어머님의 상에도 쓸 수 있는 용어이다. 누군가 "친상"을 굳이 "아버지 상"으로 오역함으로써 빚어진 착오다.

도일동에 거주하는 진주공의 후손이 소장하고 있는 고문서에는 이 문제를 말끔히 해결해주는 글귀가 있다. 순조 30년(1830) 나라에서 원사립에게 효자 정문을 내릴 때 담당 관청인 예조(禮曹)에서 처분한 문서가 흥미롭다. 그 문서에는 이렇게 되어 있다.

> "원사립은 아버지가 돌아가시고 상중에 있을 때 서천 군수로 기용되었고, 어머니 상을 마치고는 너무 몸이 상해 작고하기에 이르렀다."

여기서 말한 "아버지"란 충신 원연을 가리킨다. 그 당시에 양부로서 고성 현령이던 원전은 생존하였기 때문이다. 예조의 문서에서 언급한 "어머니"는 그럼 누구였을까. 그 역시 생모가 되는 "숙부인(淑夫人) 진주 소씨(晉州蘇氏)"를 가리켰다.

원사립의 생부 원연은 단정한 선비로 그야말로 전형적인 "충의지사(忠義之士)"였다. 즉 충성스럽고 의리가 있는 선비였는데, 송환기가 저술한 〈원사립묘표〉에는 원연의 삶이 다음과 같이 기술되었다.

"지난 만력 연간(선조 때)에 임진왜란이 일어났다. (그때 적성) 현감 원연 공은 진위현의 일개 상사(上舍, 진사와 생원을 일컬음)였는데도, 의병을 일으켜 용인의 금령에 주둔하고 있던 적을 크게 무찔렀다. 그 공으로 조정에서는 특별히 그를 임용하여 고을을 다스리게 하였다. 오늘에 이르기까지 수백 년 세월이 흐르는 동안 의리를 숭상하는 선비가 많이 있었다고는 하지만, 그 분의 충성스럽고 뜨거운 애국심에 필적할 이가 없도다. (사립) 공은 바로 그 분의 둘째 아드님이시다. (粤在萬曆壬辰之亂。縣監元公埏以振威一上舍。倡義赴難。大鏖屯賊於龍仁之金嶺。朝廷特授百里之任。迄今數百載。慕義之士。莫不稱其忠烈。公其仲胤也)"[9]

나라를 향한 뜨거운 "충열"이 원연에 비할 만큼 훌륭한 선비는 천고에 드물었다. 이것이 송환기의 역사적 평가다. 그런데 혹자는 원연이 문과에 급제하였는데도 벼슬에 나가지 않았다고 서술하기도 한다.

그 역시 물론 잘못된 주장이다. 원연은 문과에 급제한 적이 없었다. 그는 오늘날의 문학박사에 해당하는 학위 시험에 당당한 합격한 진사였다. 진사시험은 관리 임용을 목적으로 하는 문과와는 완전히 다른 시험이었다. 진사 원연은 애당초 벼슬에 마음을 두지 않았던 것이다.

---

9) 송환기, 〈원사립묘표〉.

그로 말하면 유복한 가정에서 태어나 문무를 겸비한 선비였다. 전쟁이 일어났을 때 진사인 그가 하필 무기를 손에 거머쥐고 적과 싸워야할 의무 같은 것은 없었다. 그러나 원연은 "충성스럽고" "열사"의 풍모를 지닌 선비였으므로, 왜적의 침략을 좌시하지 않았다. 그는 자신의 재산을 털어 군사를 모아 "창의(倡義)"하였다. 그 점을 《경기읍지》는 다음과 같이 서술하였다.

> "원연 - (원)균의 아우다. 임진왜란 때 쓰스로 의병장이 되어 여러 번 승리한 공이 있다. 그 상으로 관직에 나아가 현감이 되었다. (元埏 均之弟也 壬辰之乱 自爲義兵将 有累捷之功 除賞職官至縣監)"[10]

조선 후기에 편찬된 《기년편고(紀年便攷)》(16책)에는 조금 더 자세한 내용이 나와 있다.

> "(원)균의 아우 (원)연 - 그는 백부인 봉사(奉事) (원)수량(遂良)의 뒤를 이었다. 자(字)는 광보(廣甫)며, 명종 정묘년(명종 22년, 1567)에 사마시험(생원진사 시험)에 합격하였다. 선조 임진년(선조 25년, 1592)에 의병을 일으켜 (경기도) 용인의 금령(金

10) 《경기읍지(京畿邑誌)》, 6책, 185쪽.

領)에서 왜적을 소탕하였다. 그 공으로 (충청도) 연기 현감과 (경기도) 적성 현감을 지냈다. (훗날) 이조 참의에 추증되었고 충신 정려가 하사되었다. (均弟 埏 為伯父奉事遂良后 字廣甫 明宗丁卯司馬 宣祖壬辰 起義旅 勦破倭奴於龍仁金領 以其功連除燕岐積城 贈吏議 忠旌)"[11]

남쪽 바다에서 맏형 원균이 경상 우수사로서 아우 원전 등과 함께 왜적을 물리치느라 생사를 잊은 채 혈전을 거듭할 때였다. 원연은 가족을 이끌고 피난을 떠나도 무방하였다. 그러나 그는 목숨을 걸고 의병을 일으켜, 경기도 남부에 주둔 중인 왜군을 섬멸하기에 여념이 없었다. 그 공으로 처음에는 직장(直長)이 되었고, 나중에는 현감으로 발탁되었다. 계사년(선조 26년, 1593) 7월에 이순신은 〈난중일기〉에다 원연의 벼슬을 직장이라고 적었다.

원연은 백부인 원수량의 양자가 되었다. 거듭 말하지만, 16세기 조선 사회에서는 입양을 통해 후사(後嗣)를 잇는 풍습은 제대로 정착하지 못하였다. 그러한 시절에 여동(현 경기도 평택시 도일동)의 원씨들 사이에서는 양자를 들이는 관행이 이미 정착되었다. 조선의 유교화(儒敎化) 과정에서 입양과 봉사(奉祀, 제사 봉행)는 하나의 중요한 지표였는데, 그런 점에서 보아도 원연이 속한 원주 원씨 집안은 유교

11) 《기년편고(紀年便攷)》, 16책, 84쪽. 이 책은 한국학중앙연구원의 장서각에 소장되어 있다.

화에 앞선 선진적인 가문이었다고 여겨진다.

우리는 원연, 그리고 그의 형 원균 및 아우 원전 등이 탁월한 무장(武將)이면서도 학식을 겸비한 선비였다는 점을 똑똑히 기억할 필요가 있다. 사람들은 유교적 학식을 갖춘 장수라면 가장 먼저 이순신을 떠올린다. 그러나 그의 동지이자 경쟁자였던 원균에 대해서는 함부로 지레짐작하는 경향이 있다. 즉 원균이라면 유교적 교양은 조금도 찾아볼 길이 없는, 무식한 장수라는 식으로 낮추어보는 경향이 있다. 그것은 매우 그릇된 편견이다. 원연과 그 아들 원사립의 예를 통해 알 수 있듯, 원씨 일문(一門)은 모두 유교적 교양을 갖춘 선비들이었다.

후손들은 원연을 "적성공"이라고 부른다. 경기도 적성(積城縣)의 현감을 역임하였기 때문이다. 그런데 알다시피 순조 29년(1829)에 조정에서는 그에게 "충신 정려"를 하사하였고, 벼슬도 껑충 높이어 "이조참의"에 추증하였다. 누구도 부정할 수 없는 명백한 사실이다. 사리를 따져 보면, 원연은 "참의공" 또는 "충신"으로 불러야 옳다.

예컨대 이순신도 사후에 충무공이란 시호를 받았으나, 사람들은 그를 "충무공"이라고 부른다. 많은 시민이 존경하는 정조도 승하한 직후에는 묘호가 "정종(正宗)"이었다. 나중에 고종 때가 되어서야 "정조(正祖)"로 높여 부르게 되었다. 그래서 오늘날에는 누구나 정조라고 부르고 있다. 그런 점을 깊이 헤아려, 원연의 관직이나 칭호도 격에 맞게 제대로 부르는 것이 도리일 것이다.

원사립의 양부 원전으로 말하면, 고성 현령을 지낸 선무원종 일등공신이었다. 그의 일생과 업적에 관하여는 필자가 쓴 글이 있고, 그것은 이 글의 바로 앞에 실려 있다. 그러므로 여기서 다시 부언(附言)하지 않는다.

## 생모와 양모

원사립의 생모는 숙부인 진주 소씨다. 부인은 사직(司直, 정5품)을 지낸 소수연(蘇壽延)의 따님이다.[12] 후세의 여러 기록에서는 원사립이 "친상"을 마치고는 곧 작고하였다고 했다. 그런데 송환기가 쓴 묘표를 자세히 살펴보면, 친상이란 곧 "어머님의 상"이었다. 여기서 말하는 어머니란 누구였을까? 이론적으로는, 양모(養母)가 되는 숙부인 덕수 이씨였을 수 있고, 생모였던 숙부인 진주 소씨일 수 있다. 그중 어느 편이 옳은가?

우리의 판단에 중요한 기준이 되는 것은, 두 모친의 기일이다. 생모의 기일은 6월 13일이요, 양모의 기일은 3월 21일이었다. 그런데 〈묘표〉에서는 원사립이 "상을 마치자 얼마 뒤에 돌아가셨다"라고 하였다. 원사립에게 효자 정려를 내려주자고 건의한 예조의 문서에도 그렇게 쓰여있다. 요컨대, 원사립은 모친의 소상(小喪)과 대상(大喪)을 모두 마치고 병이 깊어져 불과 수개월 뒤에 세상을 떠났다는 뜻이다.

---

12) 송환기, 〈원사립묘표〉.

그런데 원사립의 기일은 12월 14일이다. 필자가 이상의 단편적인 기록을 모두 종합해 보면 한 가지 명백한 결론이 내려진다. 원사립은 자신을 낳고 어린시절에 길러주신 어머니, 즉 생모의 상을 마치고 얼마 안 지나서 세상을 떠난 것이다. 유감스럽게도 숙부인 덕수 이씨(양모)가 어느 해에 작고하였는지는 정확히 알 수 없다. 〈가승〉에도 덕수 이씨의 아버지와 할아버지가 어떤 인물이었는지 기록되어 있지 않다. 어쩌면 현재의 아산과 온양 지방에 사는 덕수 이씨였을는지도 모른다. 그렇다면 원사립 등은 이순신과 가까운 친척이었을 가능성도 배제할 수 없다.

우리에게 중요한 한 가지 명백한 사실이 있다. 원사립은 청소년 시절에 숙부 원전에게 입양되었음에도 불구하고, 생부와 생모가 작고하였을 때 친아들로서 도리를 온전히 다하였다는 점이다. 그 시절에는 백부나 숙부에게 입양되더라도 친가와의 밀접한 관계가 그대로 유지되었다. 조선 후기와는 완전히 구별되는 사회적 관습이었다.

## 백부 원릉군

원사립의 큰아버지는 역사에 이름을 떨친 원릉군 원균이다. 명장 원균이 어떠한 인물인지는 한마디로 간단히 설명하기가 곤란하다. 다행히 앞에서도 인용한 《경기읍지》에 간단명료한 서술이 보인다.

"원균 – 무과에 합격하였고, 정유년(선조 30년, 1597)에 이순신을 대신하여 (삼도수군)통제사가 되었다. 여러 차례 큰 공을 세웠으나 가덕도(고성의 잘못임 –백승종)에서 전사하였다. 선무공신 일등에 책록되어 (의정부) 좌찬성에 추증되었고 원릉군에 봉해졌다. 그의 행적은 〈임진록〉에 실려 있다. 훗날 (지금은) 고인이 된 참판 이선(李選)이 전기를 지었다. 장군의 묘소는 (진위현) 남쪽 15리에 있다. (元均 登武科 丁酉代李舜臣為統制使 累立大功 戰死於嘉德島 錄宣武功臣一等 贈左贊成 封原陵君 事蹟載於 壬辰錄 其後 故參判李選為立其傳 墓在縣南十五里)"[13]

대체로 사실에 부합하는 설명인데, 가덕도에서 전사하였다는 서술만은 오류다. 원균은 고성에서 순국하였다고 기술했어야 옳다. 그런데 인용문에서 언급한 원균의 전기, 즉 참판 이선이 쓴 글은 현재 남아 있지 않다. 그 대신에 대사헌 김간(金榦)이 그 글까지도 참고하여 다시 쓴 〈원균 행장〉이 세상에 남아 있다. 그럼 위에서 언급한 〈임진록〉의 내용은 무엇일까? 필자가 찾아서 읽어본 결과, 사실과 어긋난 내용이 대부분이었다. 함부로 인용하면 안될 자료다.

어찌되었든 〈경기읍지〉에 기록되어 있듯, 원사립의 백부 원균은

13) 《경기읍지》, 《경기읍지(京畿邑誌)》, 6책, 184쪽.

이순신의 뒤를 이어 수군통제사가 되었고 많은 공을 세운 끝에 전사하였다. 원사립은 이처럼 이름난 장수의 친조카였다.

그런데 원사립은 아버지 원연과 원전이 원균의 휘하에서 길게든 짧게든 직접 임전(臨戰, 전투에 나감)한 것과는 달리, 왜란이 시작될 때부터 마지막까지 한번도 백부와 함께 전쟁터에 나갈 기회를 얻지 못했다.

정유년(1597년) 봄, 원균이 삼도수군통제사로 부임하기 전에 원사립은 전라우수영에 속한 고부군 군수였다. 그런데 생부 원연이 유명(幽明)을 달리하는 바람에 원사립은 벼슬을 내려놓고 고향으로 돌아갔다. 안타깝게도 백부와 함께 싸워 왜적을 물리칠 기회를 놓치고 말았다.

그의 백부인 원균에 관하여는 역사 기록이 참으로 많다. 그런데 아쉽게도 원균을 폄훼하거나 사실 관계를 왜곡한 것이 대부분이다. 여기서 그런 사실을 일일이 거론할 필요는 없을 것이다. 그러나 세평이 얼마나 잘못되었는지를 확인하기 위해 한 가지 예를 잠깐 들어보려고 한다.

앞에서 원전의 행적을 소개할 때 필자는 《기년편고(紀年便攷)》란 책을 인용하였다. 광무 1년(1897)에 완성된 44권(22책)의 방대한 역사책이다. 책의 저자 박의성(朴義成)은 기왕에 편찬된 도서를 두루 참작하여 이 책을 만들었는데, 현재는 규장각과 장서각 등에 소장되어 있다. 거기에는 조선을 건국한 태조 이성계부터 시작하여 고종 연간까지 역사가 일목요연하게 정리되어 있다. 한해 한해 마다 어떤 사건이 일어났는지를 기록하였고, 그해에 출생한 큰 인물의 약력을 덧붙여 놓은 흥미로운 책이다.

이 기회에 《기년편고》에 실린 원균의 약전을 소개하고, 무엇이 어떻게 잘못되었는지를 따져 볼까 한다. 결론적으로, 원균의 명예가 함부로 훼손된 것은 유감이다. 이것은 그 아우 원전과 조카 원사립에 관한 세평에도 모종의 영향을 주기 때문에 그냥 지나칠 수가 없다. 편의상 그 책에 실린 내용을 몇 개의 단락으로 나누어본다.

> (가) "원균 – 원주사람이다. 병사를 지낸 (원)준량(俊良)의 아들이다. 중종 경자년(중종 35년, 1540)에 태어났는데, 자(字)는 평중(平仲)으로 무과에 급제하였다. 사람됨이 속임수가 많았는데 지략이 없었다. 이기려고만 하여 의리를 잊을 때가 많았다. (元均原州人 兵使俊良子 中宗庚子生 字平仲 登武科 為人罔多而無謀 慾勝而忘義)"[14]

사실적인 기록이야 이의를 제기할 것이 없다. 그러나 원균에 관한 평가는 역사적 사실과는 거리가 멀었다. 속임수가 많다든가, 지략도 없으면서 의리를 저버렸다는 식의 평가는 사실과는 다른 것이다.

---

14) 박의성(朴義成), 《기년편고(紀年便攷)》, 16책, 82~84쪽.

(나) "선조 임진년(선조 25년, 1592) 왜적이 연달아 (우리의) 여러 진영을 무너뜨렸을 때 (원)균이 수군을 이끌고 가덕도로 향했다. (원)균은 경상좌수사(우수사 – 백승종)로 적의 세력이 크다는 사실을 확인하고는 전함과 무기 일체를 바다에 집어넣고, 수군 1만여 명을 해산하였다. 그는 육지에 올라 적을 피하려고 하였다. (宣祖壬辰 賊連陷諸陣 引舟師向加德 均以慶尙左水使 見賊勢大 悉沈戰艦戰具 散水軍萬餘人 欲登陸避賊)"[15]

이 대목은 원균의 행적과 다른 거짓된 이야기가 무성하다. 원균이 가덕도에 출항하였다가 수군 1만 명을 해산하고 전함을 모두 바닷물 속에 집어넣었다는 낭설이 여과없이 그대로 실려 있다. 이런 이야기는 모두 원균이 순국한 뒤에 반대파가 조작한 이야기다. 신빙성이 전혀 없는 흑색 선전이다.

(다) "그러자 옥포만호 이운룡이 항거하여 말하였다. 이곳은 곧 충청도와 전라도로 들어가는 입구입니다. 여기를 잃으면 충청전라 지방이 위기에 빠집니다. 군대를 해산하였으나, 아직도 (바다를) 지킬 수 있습니다. 부디 호남의 수군에게 와서 도와주기를 부탁하소서. 그러자 (원)균이 그 말을 따랐다. (드디어) 율

15) 박의성(朴義成), 《기년편고(紀年便攷)》, 16책, 82~84쪽.

포만호(소비포 권관이 맞다 – 백승종) 이영남을 보내 전라도 수사 이순신에게 구원을 요청하였다. (玉浦萬戶李雲龍抗言曰 此處乃两湖咽喉 失此則两湖危矣 吾兵雖散 猶可保聚 湖南水軍可請來援也 均從之 遣栗浦萬戶 李英男 請援於全羅水使李舜臣)"[16]

이 부분도 사실과 일치하는 부분은 원균이 이영남을 이순신에게 보냈다는 점 뿐이고, 나머지는 모두 악의적으로 조작된 이야기를 그대로 실었다.

(라) "(소식을 들은 이순신의 휘하에서는) 여러 장수가 반대를 많이 하였는데, (그 요지는) 우리로서는 우리의 (작전) 영역을 지키면 그만일 뿐인데 어느 겨를에 다른 지역까지 갈 수가 있느냐는 것이었다. 유독 녹도만호 정운과 언양현감(광양현감이었는데, 관직이 잘못 기록됨 – 백승종) 어영담 그리고 군관 송희립은 눈물을 흘리며 다음과 같이 말하였다. 영남은 어찌 우리나라 땅이 아니란 말인가. 우리로 말하면 지금 한 도의 군사가 온전히 남아 있는데도 (원균 등을) 구하지 않으려는가. 오늘 영남 바다가 적의 수중에 들어가면 내일의 일은 어찌 감당하겠는가.(諸将多言我守我疆何暇他赴 惟鹿島萬戶鄭運彦陽縣

---

16) 박의성(朴義成), 《기년편고(紀年便攷)》, 16책, 82~84쪽.

監魚泳潭 軍官宋希立 慷慨悌 泣曰 嶺南獨非王土乎 我以一道完師恝視不救 今日嶺海盡沒 明日之事 何以當之)"[17]

정운 등이 전함을 이끌고 경상도로 진출해 원균을 도와야한다고 주장한 것은 사실이다. 그러나 이순신은 차일피일 결정을 미루었다. 그러다 임진년 4월 말에 원균의 경상우수영이 왜적의 침략을 받아 무너지자 그제야 발등에 불이 떨어진 줄 알고 원균과 협력을 결심하였다. 그 당시 원균은 육지로 도망한 것이 아니라, 곤양 앞바다를 지키며 왜적이 바다를 통해 진주성으로 진출하지 못하게 막았다. 그가 곤양에서 작전을 벌이는 중에 경상우수영이 무너졌는데, 이순신은 군사를 보내 자신의 관할지역에 가까운 경상우수영의 여러 진을 불질러 버렸다. 이처럼 중요한 사실이 윗글에는 단 한 마디도 언급되지 않았다. 안타까운 일이다.

(마) "(이)순신이 이에 전선 80여 척을 거느리고(실지에 부합하지 않음 - 백승종) 한산도에서 (원)균과 회동하였다. 옥포에서 적을 만나 (이)순신이 여러 군사를 감독하여 적선 26척을 불살랐다. 바다의 파도 역시 거세게 몰아치자 적이 도망치다가 열 명 중 아홉이 죽었다. (원)균은 (이)순신이 구원해준 덕분에

17) 박의성(朴義成), 《기년편고(紀年便攷)》, 16책, 82~84쪽.

처음에는 서로 사이가 좋았다. 그러나 얼마 지나자 공을 다투기 시작하였다.(舜臣乃領戰船八十餘艘 會均於閑山島 遇賊於玉浦 舜臣督諸軍焚其船二十六 海波盡湯 賊敗運中九死 均德舜臣之來救 相得甚懽 既而争功)"[18]

이순신과 원균의 연합함대는 연거푸 승리를 거두었다. 하지만 시일이 흐르자 양측이 불화한 것은 어김없는 사실이다. 그 책임을 일방적으로 원균에게 떠넘긴 것은 잘못이다. 문제의 발단은 이순신이 초기에 원균을 속이고 자신의 공적을 과장한 데 있다.

(바) "정유년(선조 30년, 1597)에는 (원균이) 없는 죄를 만들어 (이)순신에게 뒤집어 씌웠다. 순신이 옥에 갇히자 (원)균이 대신하여 통제사가 되었다. (원)균은 한산도에 이르자 순신이 정한 규칙을 모두 바꾸고, 순신이 신임하던 편장과 사졸도 모두 물리쳤다. 순신이 통제영에 있을 때는 운주당을 지어놓고 날마다 여러 장수와 함께 그 안에서 적을 무찌를 계획을 세웠다. 비록 하찮은 군사라도 (작전에 관해) 아뢰는 것이 가능하였다. 그러나 (원)균은 그 집에 첩을 데려다 살림을 차리고 울타리를 둘러 내외를 갈랐다. 그는 날마다 술에 취해 군사를 벌주는 일이 무절제하였다. 장수와 군사들은 남몰래 그를 비웃고 원한이 가

18) 박의성(朴義成), 《기년편고(紀年便攷)》, 16책, 82~84쪽.

득찼다. (丁酉搆誣舜臣 舜臣逮獄 均代為統制使 均既至閑山 悉變舜臣約束 舜臣信任褊裨士卒皆斥去之 舜臣在營時作運籌堂 日與諸將謀猷其中 雖行伍下卒亦許稟事 均挈妾居其堂 籬隔內外 日事醉酗刑罪無度 將卒譏笑怨憤)"[19]

이 대목에서도 원균에 관한 흑색 선전만 가득하다. 원균이 모함하였다는 주장도 사실 무근이며, 그때 조정에서는 겹겹으로 통제사 원균을 감독하였다. 순천의 도원수 권율도 있고 도체찰사 이원익도 원균의 언행을 날카롭게 주시하였다. 도대체 무슨 수로 원균이 위에 적힌 것과 같이 무도하게 굴었겠는가. 이 글은 하나같이 원균을 헐뜯고 폄하하려고 꾸민 이야기를 모아둔 것에 지나지 않는다.

역사적 상황은 전혀 달랐다. 원균은 통제사로 부임한 이후 불철주야 80척이나 되는 판옥선을 제작하는 데 겨를이 없었다. 그는 직할부대를 키우며 조선 수군의 전력을 배가하는 일에 몰두하였다. 한가롭게 날마다 술주정이나 피우고 애첩을 희롱하며 지냈다는 식의 주장은 상상도 할 수 없는 거짓이다.

(사) "고니시가 (우리편에) 소식을 전하기를, 아무날 (왜적이) 반드시 올 것이라고 하였다. 이에 권율은 (원)균에게 군사를 이끌고 진격하라고 재촉하였다. (원)균은 과거에 (이)순신이 미루

19) 박의성(朴義成), 《기년편고(紀年便攷)》, 16책, 82~84쪽.

기만 하고 나가지 않는다고 모함하였다. 그러므로 자신이 이길 수 없는 형세인 줄 알았으나 핑계댈 수 없는 처지였다. (할 수 없이) 전선을 거느리고 절영도에 이르렀는데 풍랑이 심하게 일어나고 해도 저물었다. 시커먼 왜적이 (아군을) 지치게 하려고 꾀를 내어 나가기도 하고 물러서기도 하며 (아군과) 대적하기를 피하였다. 밤이 깊어지자 바람은 더욱 심해졌다. 이에 우리 전함이 모두 흩어졌다.(行長送言 某日當至 權慄促均進兵 均旣以遲疑不進陷舜臣 雖知勢難 無以為辭 率戰船至絕影島 風起浪作 日又昏 黑倭欲以計疲之 乍進乍退 不與交鋒 夜深風盛 我船皆散)"[20]

원균의 최후를 설명한 글귀는 아래의 설명에서 드러나듯이 세 가지 사실을 적당히 혼합한 것이다. 글의 목적은 조선 수군이 패망하게 된 원인을 원균 한 사람의 탓으로 돌리고 있다. 역사적 사실과는 거리가 멀다. 첫째, 절영도에서 배를 잃었다는 기술은 전라우수사 이억기 부대에 관한 일이다. 이것은 칠천량 사태보다 여러 날 앞서 벌어진 것이요, 그때 원균은 출항하지도 않았다. 이것이 첫번째 문제다.

(아) "(원)균은 남은 배를 수습하여 가덕도로 돌아갔다. 그러자 그 섬에 있던 왜적이 갑자기 나타나 공격하였다. (원)균은

20) 박의성(朴義成), 《기년편고(紀年便攷)》, 16책, 82~84쪽.

장수와 병사를 잃어버리고 칠천도에 이르렀다.(均收拾餘船 還加德島 倭自島中突出掩之 均失亡將士 又至漆川島)"[21]

둘째, 가덕도에서 적의 습격을 받았다는 것도 칠천량 사태와 전혀 관계가 없는 일이다. 이것은 정유년 봄에 왜적과 싸울 때 일어난 에피소드를 멋대로 변형한 것이다. 칠천량 사태와 무관한 내용을 마치 그 일부인 것처럼 함부로 붙여놓았다.

(자) "권율이 (원균을) 불러다가 다시 진격하라고 명령하였다. (원)균은 더욱 화가 나서 술에 취해 누워버렸다. 밤이 깊어오자 왜선이 습격하니 우리 군사가 크게 무너졌다. (원)균은 배를 버리고 해안에 올라 달아나려 하였다. 그러나 몸이 비대하여 달아나지 못하고 영등포의 나무 밑에 앉아서 쉬었다. 그러다가 마침내 적에게 죽임을 당하였다. 전라수사 이억기는 배위에서 바닷물에 뛰어들어 목숨을 끊었다. (조정에서는) (이)순신을 다시 통제사로 임명하였다.(權慄檄召救之督令更進 均益憤懣醉臥 夜半倭船來襲之 軍大潰 均捨舟登岸欲走 而體肥不能走 坐憩永登浦樹下 遂為賊所殺 全羅水使李億祺 從船上投水死 拜舜臣復為統制使)"[22]

---

21) 박의성(朴義成), 《기년편고(紀年便攷)》, 16책, 82~84쪽.

22) 박의성(朴義成), 《기년편고(紀年便攷)》, 16책, 82~84쪽.

셋째, 밤이 깊었을 때 왜선이 침략하였다고 말한 것도 실은 과거에 이순신이 부산포를 공격하고 돌아 올 때 왜적에게 공격을 당한 사건을 가리킨다. 이 마저도 원균의 실패로 돌린 것은 정말 지나친 일이다.

게다가 원균이 거제도 영등포에서 끔찍한 일을 당하였다고 기록하였는데, 그 장소도 사실과 부합하지 않는다. 원균은 고성 땅에서 순국하였고, 도망치려다가 몸이 무거워서 당했다는 것은 완전한 허구요, 지나친 비아냥이다.

이처럼 《기년편고》의 서술은 시종일관 사실에 어긋난 기술로 가득하다. 문제는 이 책만 그런 것이 아니라는 사실에 있다. 원균이 순국한 뒤에 등장한 허다한 기록이 모두 거짓으로 가득하다. 원균을 증오하는 이순신과 그 부하들이 이런 이야기를 지어낸 것으로 의심하는 것은 합리적인 추론이다. 제일 큰 문제는 이순신의 《난중일기》와 류성룡의 《징비록(懲毖錄)》이다. 그 영향으로 임진왜란의 역사는 심하게 왜곡되었다. 이 문제는 훗날 필자가 정밀하게 분석할 예정이다.

(차) "(원)균은 품계가 자헌대부에 이르렀고, 선무공신 일등에 추록하고, 원릉군과 (의정부) 좌찬성에 추증하였다. (均階至資憲 追錄 宣武功一等 贈原陵君 左贊成)"[23]

---

23) 박의성(朴義成), 《기년편고(紀年便攷)》, 16책, 82~84쪽.

원균이 임진왜란에 가장 공이 많은 선무일등공신에 뽑힌 사정을 간단히 기록한 것이다. 그런데 이마저도 사실과는 다르다. 공신에 "추록(追錄, 나중에 추가됨)"되었다고 하여, 마치 본래는 공신이 아니었는데 나중에 추가된 것처럼 기술한 것이 잘못이다.

처음부터 원균은 이순신 및 권율과 함께 일등공신에 책록(策錄)되었다. 《기년편고》의 왜곡이 지나치다는 점은 다시 말할 필요가 없을 정도다. 그러나 하필 이 책만 그런 것이 아니라, 조선 후기에 작성된 원균에 관한 거의 모든 기록이 비슷한 문제를 안고 있다.

왜 그런 끔찍한 일이 일어났을까? 17세기 초 조선에서는 군부(軍府)의 재편이 활발하였다. 임진왜란이 끝나기는 하였으나 언제든지 왜적의 재침이 일어날 수 있었다. 그런 경각심이 조야(朝野, 조정과 민간)에 널리 퍼져 있었다. 아울러 북방에서 여진족이 흥기(興起)하여 후금(後金, 청나라)을 창건하고는 명나라와 격돌하는 상황이었다. 그리하여 조선에서도 군비(軍備)를 강화하는 움직임이 일어났다. 그런데 그 시절의 조선 장수는 대개 두 계통이었다. 하나는 이순신의 막하에서 성장한 이들이었고, 다른 하나는 원균의 친족이거나 그 휘하에서 실력을 기른 장수들이었다. 그들이 양대 세력을 이루어 갈등하는 가운데 신군부가 편성되고 있었다.

이 글의 주인공 원사립은 당연히 원균 계열의 장수였다. 그밖에 원사립의 친척과 원균의 휘하 장수들도 그 계열에 속하였다. 그런데 시간이 흐를수록 저울의 추는 이순신 계열에게 기울었다. 그런 일련의 과정에서 군부 내에서 이순신은 더욱 미화되었고 원균은 아주 몹쓸 사람으로 낙인찍혔다. 결과적으로, 광해군 말기부터는 원균 계열의 장수들이 아예 자취를 감추었다. 과거에 원균의 휘하에서 부장을 지낸 사람들조차 공명을 위해 상관인 원균을 부정하는 사태까지 벌어졌다.

그와 같은 역사적 왜곡을 가장 슬퍼한 이는 누구였을까. 다름아닌 원균의 친자(親子)요, 원사립의 사촌 아우 원사웅(元士雄)이었다. 지금까지 필자가 비판한《기년편고》에는 원사웅의 일생이 다음과 같이 서술되어 있다.

> "원균의 아들 원사웅 - (원균의) 서자인 (원)사웅은 절차를 거쳐 적자(嫡子)가 되었다. 자는 대기(大器)요, 무과에 급제하였다. 관직은 동지중추부사(종2품)요, 아버지의 뒤를 이어 원릉군에 봉해졌다. 그는 아버지(원균)가 근거 없는 말로 비방을 받자 (조정에 아뢰어) 억울함을 풀어달라고 아뢰었다. (전쟁 때는 아버지의) 〈장계〉를 가지고 행재소를 찾아갔다. (그때 선조께서) 불러서 만나보고 음식을 하사하고 격려하셨으며 훈련원정(정3품)에 임명하셨다. (庶子 士雄 承嫡 字大器 登武科 官至同中樞 襲封原陵君 其父有浮謗以伸辨事 持狀啓詣行在 蒙引對賜饋面諭 除訓正)"[24]

---

24) 박의성(朴義成),《기년편고(紀年便攷)》, 16책, 84쪽.

원사웅은 임진왜란 때 아버지 원균을 도와 많은 공을 세웠다. 이순신은 원사웅의 나이와 공훈에 관해 거짓된 주장을 했다가 나중에 곤경에 빠지기도 하였다. 이따금 원사웅은 아버지의 승전보가 담긴 〈장계〉를 휴대하고 피난중인 선조를 찾아갔다. 임금은 그를 후하게 대접하고 위로의 말도 들려주었다. 그리고는 요직인 훈련원정(3품)에 임명하기도 하였다.

그러나 전쟁이 끝난 뒤에는 위에서 필자가 설명한 것처럼 많은 사람이 원균을 헐뜯는 말을 앞 다퉈 퍼뜨렸다. 원사웅으로서는 견딜 수 없는 모욕이었다. 그는 그런 사실을 조정에 고발하고, 사실대로 바로잡아주기를 간청하였다. 아들로서 의무를 다한 것이다.

원사웅은 아버지의 봉작을 승습(承襲, 이어받음)하여 원릉군이 되었고, 벼슬도 동지중추부사에 이르렀다. 만약에 그의 사촌 형 원사립이 오래 살았더라면 그와 함께 명장 원균에게 씌워진 불명예를 벗길 수 있었을 것이다. 하지만 원사립은 50대 초반에 세상을 뜨고 말았다. 그로 인하여 원사웅은 어렵고 힘든 역사적 과제를 사실상 혼자서 감당해야 하는 처지였다.

## 진주공의 빛나는 선조들

진주공 원사립의 집안은 고려 초기부터 손꼽히는 명문이었다. 조선후기의 대학자 송환기는 원사립의 선계(先系)를 다음과 같이 요령 있게 소개하였다.

"(원주)원씨는 고려 때 병부령(兵部令, 현 국방부장관)을 지낸 원성백(原城伯) 극유(克猷) 공을 비조(鼻祖, 시조)로 모신다. (그 후에) 시호가 문순(文純)인 부(傅) 공을 지나 첨의찬성사 관(瓘) 공 그리고 원천부원군에 책봉된 충(忠) 공도 또한 선조이시다. 판삼사좌윤 선(宣) 공에 이르렀는데, 공은 망국(고려)의 신하로서 지조를 지키셨다. 평간(平簡)이란 시호를 얻은 조견(趙狷) 공과 더불어 송산(현, 경기도 의정부)에 숨으셨다. 이 분이 공(원사립)에게는 7대조이시다. (元氏以高麗兵部令原城伯克猷爲鼻祖。歷文純公傅 僉議贊瓘 原川府院君忠。至判三司左尹宣 守志罔僕。與趙平簡狷隱于松山。寔公七世祖也)"[25]

원주 원씨의 시조는 고려 태조를 도와 한반도 재통일의 위업을 이룬 원성백 원극유다. 그 자손들은 고려 일대(一代)에 걸쳐 개경에 거주하며 명가의 전통을 꾸준히 이어나갔다. 특히 고려 후기에 이르러 성리학에 정통한 대학자가 대대로 배출되었다. 문순공 원부는 중찬(中贊, 정승)의 지위에 올랐고, 그 아들 원관도 재상의 지위를 누렸다. 이후에도 원씨 일문의 영광은 찬란하게 이어졌다.

그러나 14세기 말이 되자 고려가 망하고 조선이 일어섰다. 그때 원사립의 7대조 원선은 고려의 유신(遺臣, 충신)으로 끝까지 절개를 지

---

25) 송환기, 〈원사립 묘표〉.

켰다. 그는 조선왕조의 조정에 나아가기를 거부한 채 동료인 조견 등과 함께 송산 땅으로 숨었다. 원성백의 여러 자손 중에서도 고려왕조에 대한 충절을 끝끝내 지킨 이들은, 다름아닌 원사립의 직계 조상들이었다.

그럼 원사립의 가까운 조상은 누구였을까? 그 점에 대해서도 송환기는 〈원사립 묘표〉에서 주목할 만한 견해를 피력하였다.

> "(공의) 증조는 휘(諱, 이름)가 임(任)인데, 참판에 증직되셨다. 조부는 휘가 준량(俊良)인데 병사(兵使)를 지내셨다. 뒤에 영의정에 추증되시고 평원부원군에 책봉되셨다. (曾祖諱任贈參判。祖諱俊良兵使贈領議政平原府院君)"[26)]

원사립의 조상 중에서 관직에 나아가 활약이 가장 두드러졌던 이는 조부 평원부원군이었다. 평원부원군 원준량은 생전에 병마절도사를 역임하였다. 바로 그때부터 원사립의 집안에서는 훌륭한 무관(武官)이 쏟아져 나왔다. 원준량이 최고 관직인 영의정에 추증되고 부원군으로까지 불리게 된 배경에는, 원사립의 백부(伯父) 원균의 탁월한 공훈이 있었다.

원균과 그 형제인 원사립의 생부 원연 및 양부 원전의 활약상은 우

26) 송환기, 〈원사립 묘표〉.

리가 크게 주목할 점이다. 이미 앞에서 그들의 업적을 간단히 알아보았으므로, 여기서는 다시 언급하지 않는다. 다만 한 가지 강조할 점은, 그들 형제가 모두 임진왜란에 큰 공을 세운 조선의 당당한 공신이요, 효제(孝悌)의 가치를 몸소 실천한 선비였다는 사실이다. 충효야말로 여동의 원씨 집안이 대대로 지켜온 가풍(家風)이었다.

## 무과 급제(선조 24년, 1591)

원사립은 문무(文武)를 겸비한 부조(父祖, 아버지와 할아버지)의 전통을 고스란히 물려받았다. 23세의 젊은 나이에, 그는 무과에 당당히 급제하였다. 아래에서는 그때까지의 삶을 개략적으로 살펴볼 생각이다.

### 청소년기 - 칼을 찬 선비

원사립의 청소년기 모습은 어떠하였을까. 앞서 소개한 송환기의 〈원사립 묘표〉와 〈목사공 휘 사립 사적(牧使公 諱士立 事蹟)〉(이하 〈목사공 사적〉으로 약칭)이 참고할 만하다. 후자는 《원성원씨세보(原城元氏世譜)》(상)에 실려 있기도 하다.[27]

필자의 눈에 가장 먼저 띈 대목은 다음과 같은 서술인데, 〈원사립 묘표〉에서 발견한 것이다.

27) 정확히 말해, 《원성 원씨 족보》(상), 영조 16년(1740), 16쪽에 나온다.

"공은 선조 기사년(2년, 1569) 5월 초하루에 태어나셨다. 어릴 적부터 효성과 우애가 지극하셨고, 자라나서는 무업(武業)에 종사하셨다. 그런데 자신을 절제하고 마음의 지조를 세우심이 엄격하여 아름다운 선비와도 같았다. 그래서 도성과 지방의 뜻있는 선비들로부터 많은 칭찬을 받으셨다. (公以宣廟己巳五月初一日生。自在幼稺。孝友篤至。及長從事武業。而其持躬秉心。儼如雅士。甚見稱於洛下衿紳)"[28]

인용문에서 우리는 다음의 세 가지 사실을 확인하게 된다. 첫째, 원사립은 어린시절부터 효제(孝悌)의 덕목을 철저히 실천하였다는 점이다. 둘째, 조금 장성한 다음에 무술 연마에 힘을 쏟았다는 사실이다. 끝으로, 궁마(弓馬, 무기)를 가까이하는 무사이면서도 그는 경향 각지의 선비들이 탄복할 정도로 유풍(儒風, 선비다운 풍모)을 지녔다는 점이다.

14세기부터 시작된 조선사회의 유교 문명화는 16세기에 이르러 분수령에 도달한 느낌을 주었다. 그때는 무관이라도 원사립처럼 유서 깊은 유교 가문 출신이라면 그 언행(言行)이 일반 선비와 차이가 없었다. 원사립이 자신의 마음을 다스리고 예를 철저히 지키자 품위 있 선비들도 깜짝 놀랄 정도였다고 하였다.

28) 송환기, 〈원사립 묘표〉.

원사립에게 선비의 격조가 있었다는 점은, 〈목사공 사적〉에도 명시되어 있다.

> "공은 융경 3년 기사년(선조 2년, 1569)에 태어났다. 무예를 닦았으나 마음을 쓰는 것이 선비들과 조금도 다르지 않았다(公生於隆慶三年己巳 雖業武藝而其操心處 無異於士類)"[29]

원사립은 무예를 닦는 무사였으나, 선비와 다름없는 태도와 교양의 소유자였다. 그 점을 〈목사공 사적〉에서는 무척 강조하였는데, 다음과 같이 서술하였다.

> "학문과 실천으로 자신을 수양하는 선비들, 특히 서울의 유명한 선비 집안 자제들까지도 공의 아름다운 명성을 부러워하고 사모하였다. (中以學行自修者京華士子 皆艷慕名聲)"[30]

송환기가 편찬한 〈원사립 묘표〉와 하등 차이가 없는 진술이다. 다만 여기서는 서울의 명가 자제들 중에도 원사립의 선비다움을 부러워하고 사모하는 이가 많았다는 점을 도드라지게 강조하였다. 한마디로, 원사립은 칼을 찬 매서운 선비였다.

---

29) 〈목사공 사적〉.

30) 〈목사공 사적〉.

그런데 원사립의 숙부 원전에게는 대를 이을 아들이 없었다. 우애가 워낙 깊었던 데다 유교적 예법을 존숭하는 가풍을 가진 원씨 집안에서, 이것은 예사로운 일이 아니었다. 그러자 원사립을 나아 기른 아버지 원연은 자신의 둘째 아들 원사립을 아우 원전에게 양자(養子)로 보냈다.

조선 후기에는 입양 문제를 문중(門中)에서 결정하였다. 그들은 공동으로 서류를 작성하여 예조(禮曹)에 올렸다. 예조에서는 조정의 허락을 받아 사안을 확정하고 해당 집안에 통보하였다. 그것이 일반적인 관행이었다.

그러나 원사립의 시대에는 아직 문중이란 조직 자체가 존재하지 않았다. 입양 문제의 당사자들이 사안을 직접 논의하고, 그 결과를 직접 예조에 아뢰었다. 원사립의 입양에 관해 〈목사공 사적〉에 다음과 같은 서술이 보인다.

> "공의 휘(이름)는 사립이요, 자(字)는 현경이다. 현감공으로 휘가 연(埏)인 어르신의 아들이다. 그런데 작은 아버지 현령공 휘 전(㙉)의 양자가 되었다. (公諱士立 字顯卿 以縣監公 諱埏之子 出繼于季父縣令公 諱㙉)"[31]

---

31) 〈목사공 사적〉

원사립은 주야로 유교 경전을 읽고 그뜻을 깊이 새기면서도 틈틈이 무예를 닦았다. 그는 무기를 다루는 재주가 탁월하여 비교적 일찌감치 무과에 급제하였다.

## 원사립의 〈무과방목〉

무예를 익히는 데도 성취가 빨랐으므로, 원사립은 나이 23세에 벌써 무과에 급제하였다. 이후 그는 벼슬길에 나아가 선전관과 훈련원 주부, 도총부 도사, 군기시 부정 등 여러 관직을 역임하였다.[32]

여기서 한 가지 짚고 넘어갈 일이 있다. 선전관(宣傳官)이라는 직책에 관해서다. 이 자리는 무과 급제한 사람이면 누구나가 소망하는 것이었다. 선전관은 본래 선전관청(宣傳官廳)에 소속된 관리인데, 국왕의 시위(侍衛)를 비롯하여 왕명의 전달(傳令)과 주요한 기밀 문서(符信)의 출납 등을 맡았다. 최고위 선전관은 무직 승지(武職承旨), 즉 무관으로서 승지의 역할까지 하였다. 선전관은 아래로 9품부터 위로는 정3품 당상관(堂上官)까지 여러 명이 있었다. 조선 초기에는 그 정원이 총 8명이었는데, 차츰 늘어나서 나중에는 25명으로 증원되었다.

이처럼 요직인 선전관에 기용될 무관은 이른바 "선천(宣薦)"을 통해 미리 뽑았다. 무과 급제자 중에서도 가문이 훌륭하고 자질이 영리한 소수의 인재에게만 "선천"의 영광을 허락하였다. 그들은 장차 고

---

32) 송환기, 〈원사립 묘표〉. 그 가운데 다음과 같은 표현이 있다. "年二十三登科入仕。宣傳官, 訓鍊主簿, 都摠都事, 軍器副正。乃其所踐歷也" 본문에서 필자가 풀어쓴 것과 똑같은 내용이다.

급 지휘관으로 성장할 국가의 인재였다. 이야기의 주인공 원사립은 무과에 급제하자 곧 선전관이 될 기회를 얻었다. 그의 양부 원전도 임진왜란 중에 선전관을 역임하였다.

선전관이 되려면 우선 무과에 급제하는 것이 순서였다. 현재 남아 있는 무과 〈방목(榜目, 과거 합격자 명부)〉 가운데 임진왜란 이전에 편찬된 것은 매우 드물다. 그런데 다행히도 우리는 현존하는 방목에서 원사립의 이름을 발견할 수 있다. 임진왜란을 치르는 와중에 왜란 이전의 〈무과 방목〉은 대부분 사라져 버렸다. 원사립의 〈방목〉이 아직도 남아 있는 것은 상당한 행운이다.

그는 선조(宣祖) 24년(1591) 신묘(辛卯)년의 별시(別試)에 병과(丙科) 70위로 급제하였다. 그 무렵 선조는 외침에 대비하려고 무과를 자주 시행하였고, 이례적으로 많은 합격자를 뽑았다. 원사립이 치른 무과 시험에서도 총 300명을 합격시켰다. 원사립의 성적은 105등이었다. 합격자는 갑(甲)과가 1명, 을(乙)과가 34명 그리고 병(丙)과가 265명이었다. 원사립은 병과 70위로 비교적 상위권 합격자인 셈이다.

그럼 그의 〈방목〉에는 어떠한 정보가 실려 있을까. 순서대로 적어 보겠다.

> "전력 - 보인(保人), 이름 - 원사립, 자(字) - 현경(顯卿), 생년 - 기사(己巳, 선조 2년, 1569), 합격 당시 연령 - 23세, 본관 - 원주(原州), 거주지 - 한성(京) 부(父) - 원전(元㙉)"

이 〈방목〉에서 눈에 띄는 것은 세 가지다. 첫째, 무과에 응시할 당시 원사립의 신분은 "보(保)", 즉 "보인"이었다. 그 시절에는 양반도 반드시 군역을 치러야 하였다. "보인"이란, 의무적으로 군대에 나아간 사람을 경제적으로 보조하는 이를 가리켰다. 현재 남아 있는 이순신 장군의 〈방목〉을 보아도, 무과 시험에 응시할 때 그는 "보인"이었다. 이순신과 마찬가지로 원사립은 "보인"의 신분으로 무과에 합격하였다.

둘째, 무과 시험에 응시할 당시 원사립이 어디에 거주했는지도 정확히 알 수 있다. 그의 고향으로 알려진 "진위현"에서 시험을 본 것이 아니라, 그때 그는 "경(京)", 즉 한양에 살았다. 원씨는 한양의 건천동과 진위 여동 두 곳에 자택을 가지고 있었다. 적어도 원평부원군이 조정에서 벼슬하던 때부터는 계속 그러하였다.

셋째, 무과 합격 당시 원사립의 법적인 아버지는 이미 "원전"이었다. 이로써 판단할 때 원사립의 입양은 이미 청소년기에 완료되었다고 볼 수 있다. 하지만 그렇다고 해서 자신의 생부였던 진사 원연과의 가족 관계가 끝난 것은 아니었다. 원사립에게는 두 아버지와 두 어머니가 똑같이 소중한 부모였다.

## 임진년(1592) 4월 – 순찰사 김성일의 막하

원사립은 선조 24년(1591)년에 무과에 급제했는데, 그 이듬해가 되자 왜적이 쳐들어오고야 말았다. 조정에서 염려한 사건이 실제로 일어난 것이다. 난리가 일어나기 약 두 달 전에 그의 백부 원균은 경상우도 수군절도사가 되어 거제도로 내려갔다. 그와 함께 원사립의 아버지 원전도 거제도로 갔다. 그때 원사립은 어디서 무엇을 하고 있었을까?

원사립은 전쟁을 회피하지 않았다. 처음에는 그도 아버지 및 큰아버지와 함께 남해에 있었던 것으로 보인다. 그러다가 곧 어명(御命)을 받아 경상도 방어의 책임을 맡은 순찰사 학봉(鶴峯) 김성일(金誠一)의 휘하로 보내졌다고 추측된다. 김성일은 퇴계 이황의 고제(高弟, 으뜸가는 제자)로 서애 유성룡과 함께 동인(東人)의 중심인물이었다. 그는 서인(西人) 황윤길(黃允吉)과 함께 일본에 사신으로 다녀왔다. 황윤길은 왜적이 침략할 것이 틀림없다고 조정에 보고하였으나, 김성일은 무슨 이유에서인지 그런 비극은 일어나지 않을 것이라고 주장하였다. 잘못된 정세 판단이었다. 그런데 선조 25년(1592) 4월 13일에 황윤길이 예측한 대로 왜적이 물밀 듯 쳐들어왔다. 조정에서는 김성일의 오판을 나무라며 경상도를 지키라고 엄명하였다.

왜적은 바다를 건너자 마자 낙동강의 동쪽인 경상좌도를 수중에 넣었다. 그리고는 거기에서 대군을 한양 방면으로 보냈다. 결과적으로, 경상우도, 즉 낙동강 서편은 그나마 온전한 곳이 몇 군데 남아있었다. 하지만 경상우도 병마사 조대곤(曺大坤)은 왜적의 기세에 눌려 제대로 방어할 준비도 하지 못하고, 병영(兵營)이 있는 김해를 지레 포기하였다. 조정에서는 조대곤을 해임하고 그 자리에 김성일을 앉혔다. 김성일은 원균보다 훨씬 지위가 높은 인물이었는데, 순찰사로서 경상우병사까지 겸직하게 되었다. 하지만 그의 휘하에는 쓸만한 병사가 거의 없었다.

경상 우수사 원균은 장차 김성일과 긴밀하게 협력해서 처리할 일이 적지 않았다. 그래서 원균과 그 아우 원전은 서로 상의한 끝에, 언행도 바르고 용략(勇略)도 뛰어난 원사립을 김성일의 휘하로 들여보낸 것 같다. 원사립은 김성일과 원균의 소통과 협력을 위해 꼭 필요한 인재였다. 과연 그는 임진년 4월 중순부터도 김성일의 막하에서 두각을 나타내기 시작했다.

김성일이 얼마 안 되는 군사를 거느리고 왜적과 싸워 처음으로 값진 승리를 거두었을 때, 그 승전보를 조정에 알린 이가 바로 군관 원사립이었다. 전라도 남원의 선비 조경남(趙慶男)은《난중잡록(亂中雜錄)》에서 전란 초기 김성일 진중에서 어떠한 일이 있었는지를 소상하게 기록하였다. 그 글을 읽어가며 김성일과 원사립에 관한 이야기를 해보겠다.

전쟁이 일어난 지 7일 뒤, 즉 임진년 4월 20일에 경상우병사 김성일(金誠一)이 김해의 병영으로 내려간 일을 조경남은 다음과 같이 설명한다.

"애초 김성일은 어명을 받고 걸음을 재촉하여 의령(宜寧)에 당도하였다. 그는 거기서 정진(鼎津, 의령의 나루)을 건너 병영으로 직접 들어가려고 했다. 그러자 적병이 강의 우안(右岸, 동쪽 언덕)에 가득 모여들었다."[33]

김성일은 지름길을 이용해 곧장 김해의 경상우병영을 회복하려고 하였다. 그러나 그 정보를 수집한 왜적이 벌써 길목을 노리고 있었다.

"김성일의 휘하 장병들이 서로 말하였다. '이 길은 왜적의 소굴에 가장 가깝다. 그러므로 진주로 돌아서 함안(咸安)으로 가는 것만 못하다. 그렇게 되면 왜적과는 좀 멀리 떨어지게 된다. 그러나 만약 그렇게 하지 않으면 큰일이다. 우리 주장(김성일)이 군령을 엄하게 세워 곧장 전진하고 두려워하지 않으므로, 이 길은 (우리에게) 위험하다.' 그렇게 서로 상의하고 나서, '정진에 건널 배가 없습니다.'라고 김성일을 속였다. 그들은 그(김성일)의 아들 김혁(金渫)에게 이렇게 말하였다. '강물이 불었고 배도 없으니, 진주를 거쳐 가는 것이 편리합니다.' 그러면서 (아들 김혁이 아버지를 설득하도록) 애써 당부했다."[34]

---

33) 조경남, 《난중잡록(亂中雜錄一)》, 1, 임진년 상, 선조 25년(1592년).

34) 조경남, 《난중잡록》, 1, 임진년 상, 선조 25년(1592).

우리로서 전혀 이해 못할 일은 아니지만, 김성일 휘하의 장수들은 참으로 겁이 많은 사람들이었다. 교활하기도 하였다. 그러나 그 당시 조선 육군에는 이런 장수 밖에 없는 형편이었다.

> "김성일이 군관 김옥(金玉)을 시켜 가서 살피게 했다. 김옥이 돌아와서 또 이렇게 말했다. '배가 없어 (이 나루를) 건널 수 없습니다. 진주로 빨리 가야 하겠습니다.' 그 역시 허위 보고했다."[35]

군관과 장수들이 왜적과 싸우기가 두려워 거짓 보고를 하기로 작정을 한 것이다. 그런데 마침 한 가지 변수가 생겼다.

> "전직 목사(牧使) 오운(吳澐)이 마침 시골 집에 있었다. 그는 새 장수(김성일)가 내려왔다는 소식을 듣고 찾아가서 배례하였다. 그리고는 이렇게 말하였다. '영감이 오셔서 군사와 백성의 기운이 높아졌습니다. 그런데 왜, 정진으로 바로 건너지 않으시고, 진주로 돌아서 (김해로) 가시려고 합니까?'"[36]

오운은 바른 말하는 선비였다. 그는 자신의 심중에서 일어난 한가닥 실망감을 조금도 감추지 않고 바른대로 표현한 것이다.

---

35) 조경남, 《난중잡록》, 1, 임진년 상, 선조 25년(1592).

36) 조경남, 《난중잡록》, 1, 임진년 상, 선조 25년(1592).

"김성일이 깜짝 놀라며 말하였다. '나는 이 길을 전에 와 본 일이 없소. 휘하의 장병들이 왜적을 두려워하여 나를 속인 것이 분명하오.' 그리고는 자신이 직접 강가로 달려가서 살펴보았다. 그랬더니 큰 배가 강 언덕에 기대어 있었다. 김성일은 몹시 화내며 김옥과 김혁 등을 잡아다 형을 집행하게 했다."[37]

장수가 모든 일을 일일이 확인할 수는 없다. 아랫사람들이 속이기로 작정하면 어찌할 도리가 없다. 그런데 전 목사 오운의 직언으로, 김성일은 휘하 장수들의 얄팍한 흉계를 알아차린 것이다.

"김옥이 큰 소리로 말했다. '김옥 제 죄는 마땅히 참형당해야 합니다. 그러나 공(김성일)이 전쟁에 임하실 때 한 번은 목숨을 바쳐 속죄할 기회를 주시기 바랍니다.' 그러자 김성일이 대답하였다. '네가 속죄를 요구하였으니, 앞으로 왜적을 만나면 반드시 네가 먼저 나가서 싸워야 한다. 그렇지 않으면 이전의 죄까지 다스릴 것이다. 결코 용서하지 않겠다.' 그리고는 군사들을 재촉하여 (낙동)강을 건너 해망원(海望原, 함안의 지명인듯)에 이르렀다."[38]

37) 조경남, 《난중잡록》, 1, 임진년 상, 선조 25년(1592).

38) 조경남, 《난중잡록》, 1, 임진년 상, 선조 25년(1592).

정진나루 하나를 건너는 데도 이와 같은 어려움이 따랐다. 이런 군사들을 거느리고 왜적과 싸워 이기기란 참으로 난감한 일이었다.

> "전(前) 병사 조대곤(曹大坤)이 이미 이곳(해망원)으로 후퇴해 있었다. 그는 김성일을 만나자 깜짝 놀라 절하여 맞이하였다. 그러고는 그(김성일)에게 (병사의) 인장과 부절(符節, 신표)을 넘겨 주었다. 곧이어 하직하고 떠나가려 하였다."[39]

아마 두 사람의 만남이 우연한 일은 아니었을 것이다. 중간에 연락병을 보냈을 것이다. 전임 병마사 조대곤은 김성일과 임무교대를 마치고, 아무런 승산도 없는 전쟁터를 벗어나 서둘러 귀향하고자 했다.

> "그러자 김성일이 그(조대곤)를 준렬하게 꾸짖었다. '장군(조대곤)은 곤수(閫帥, 병사)로서 군사를 데리고 있으면서도 진격하여 싸우지 않고 우두커니 앉아있다가 김해(金海)를 함락당했소. 그 죄는 사형을 받아야 마땅하오. 더구나 (장군은) 세신(世臣, 대대로 벼슬한 집안)으로 나라의 후한 은혜를 받지 않았소. 이처럼 사나운 변란이 일어났는데 의리로 보더라도 도망치면 아니 되오.' 그러자 조대곤이 부끄러워하는 낯빛을 띠고 두 손으로 자신의 얼굴을 가렸다."[40]

---

39) 조경남, 《난중잡록》, 1, 임진년 상, 선조 25년(1592).

40) 조경남, 《난중잡록》, 1, 임진년 상, 선조 25년(1592).

신임 병마사 김성일의 책망은 정확한 지적이었다. 전임 병사 조대곤은 부끄러움을 깨달았다. 그는 이제 더이상 달아날 수 없게 되었다.

"얼마 지나지 않아 우리 척후병이 돌아와, 왜적의 선봉이 이미 부근에 이르렀다고 보고하였다. 조대곤은 겁에 질려 당황해하면서 김성일에게 말에 올라타자고 재촉하였다. 그러자 김성일이 그를 꾸짖어 말을 타지 못하게 막고, 군사들에게 함부로 움직이지 말라고 영을 내렸다. 그러고는 용맹한 군사를 뽑아서 좌우에 복병을 만들어 왜적이 다가오기를 기다렸다."[41]

조대곤이 정말 그렇게 비열하였는지는 알 수 없다. 그 역시 북쪽 지방에서 여진족을 상대로 많은 전투를 벌인 한 시대의 명장이었다. 필자는 위 인용문에서 조대곤이 함부로 폄하되었다고 본다. 어쨌든 한 가지 사실은 명백하다. 김성일과 조대곤은 군사를 합쳐 복병을 길 양편에 숨겨두고, 왜적을 기습할 전략을 세웠다는 점이다.

"두 명의 왜적이 흰 말을 타고 왔다. 그들은 새의 깃털로 만든 옷을 입었고, 금빛 갑옷을 걸쳤다. 가면도 썼는데, 사방에 귀와 눈이 그려져 있었다. 가면은 빙글빙글 돌며 움직였는데, 마

41) 조경남, 《난중잡록》, 1, 임진년 상, 선조 25년(1592).

치 답차(踏車)의 모양과도 같았다. 그들은 금가면(金假面)을 쓰고 칼을 휘두르며, 말을 달려 앞으로 다가왔다. 그러자 우리 장병들이 겁내며 부들부들 떨었다."[42]

눈앞에 나타난 왜적이라야 겨우 두 명이었다. 그런데도 그들의 방약무인한 기세에 눌려 아군은 당황해 어쩔 줄 몰랐다는 이야기다.

"그러나 김성일은 조대곤과 걸상을 사이에 두고 편안히 마주 앉아 있었다. 왜적은 그들이 꼼짝도 하지 않고 태연한 것을 이상스럽게 여겨 감히 가까이 다가오지 못했다. 그들 뒤에는 부채를 휘두르면서 따라오는 왜적이 수십 명이었다."[43]

왜적의 대부대는 이미 북진하였다. 경상도에 남아 있는 것은 소규모 부대였고, 그나마도 수십 명씩 조를 이루어 이곳저곳을 약탈하던 때의 풍경이 고스란히 드러나 있는 서술이다.

"김성일은 군관 20여 명을 보내 왜적의 정면으로 나아가 쏘게 하였다. 또, 용맹한 군사를 골라서 적진으로 돌격하게 했다. 그러나 다들 서로 뒤돌아보며 먼저 나가라고 미루었다."[44]

---

42) 조경남, 《난중잡록》, 1, 임진년 상, 선조 25년(1592).

43) 조경남, 《난중잡록》, 1, 임진년 상, 선조 25년(1592).

44) 조경남, 《난중잡록》, 1, 임진년 상, 선조 25년(1592).

적진을 공략하라고 김성일이 명령했으나 부하들은 주춤거리고 있었다. 이대로 가다가는 아군이 무너질 수 있었다.

> "김성일은 특별히 김옥을 불러 타일렀다. '네가 먼저 나서 공을 세우겠다고 말하지 않았던가. 지금에 와서 어찌 회피할 수 있느냐!' 그러자 김옥이 앞장서 말을 타고 몇 리 밖까지 적을 뒤쫓았다. 그는 금가면을 쓰고 말을 달리던 왜적을 쏘아 거꾸러뜨렸다. 그리고는 승세를 몰아 적을 추격하여, 금안장(金鞍)을 비롯하여 적의 준마(駿馬)와 보검(寶劍) 등을 빼앗아서 돌아왔다."[45]

그날 승리의 주역은 김옥이었다. 김성일의 격려에 힘입어, 김옥은 적진으로 돌진해 많은 전리품을 얻었다. 조경남은 이날의 전투를 다음과 같이 평가하였다.

> "이 전투는 우리 병졸이 기껏해야 1천 명도 못 되었고 무기도 제대로 갖추지 못하였건만, 적의 날카로운 기세를 꺾었다."[46]

---

45) 조경남, 《난중잡록》, 1, 임진년 상, 선조 25년(1592).

46) 조경남, 《난중잡록》, 1, 임진년 상, 선조 25년(1592).

아주 작은 승리였다. 그러나 이 전투로 말미암아 우리 군사들은 사기가 진작되었다. 서전(緒戰)을 승리로 장식한 김성일은 조정에 승전을 보고하였다. 이 보고서는 평범한 군관에게 올려보낼 일이 아니었다. 김성일은 휘하에서 가장 똑똑한 군관 두 명을 골랐다.

> "곧 (김성일은) 군관 원사립(元士立)과 이숭인(李崇仁)을 보내어 (조정에) 괵수(馘首, 적의 머리)를 바치고 아울러 장계(狀啓)를 올리게 했다."[47]

그날(임진년 4월 20일) 밤에 김성일은 함안으로 진을 옮겼다. 그리고는 김해에 있는 내상(內廂, 경상우병영)을 다시 수습하려고 하였다. 그런데 승전 보고서가 조정에 도착하기도 전에 그를 체포하라는 어명이 내려왔다. 지난날 일본에 사신으로 갔다가 돌아와서 허위 보고를 한 죄의 대가였다. 이 이야기는 《경상순영록(慶尙巡營錄)》에도 나온다고 한다.[48]

안타까운 일이었다. 초전의 승리로 우리 군사들 사이에는 충성스러운 분위기가 조성되었다. 장교와 병사들이 앞을 다퉈 서로 목숨을 내놓고 싸운다면 제아무리 강한 왜적이라도 꺾을 수가 있는 법이다. 그런데 그 당시의 장병들은 어쩌다 그렇게 하지 못하였을까. 그리고

47) 조경남, 《난중잡록》, 1, 임진년 상, 선조 25년(1592).

48) 조경남, 《난중잡록》, 1, 임진년 상, 선조 25년(1592).

조정에서는 왜, 김성일의 보고서가 도착하기도 전에 그를 따르는 군사들에게 찬물을 끼얹고 말았을까. 그러나 다행히 조정에는 옳은 판단을 하는 대신들이 없지 않았다. 김성일은 다시 경상도 초유사(招諭使)에 임명되어 진주성 방어에 힘을 쏟게 된다.

그때 원사립의 아버지(원전)와 큰아버지(원균)는 김성일과 함께 진주성 방어에 총력을 다했다. 필자가 쓴 고성공 원전의 전기에도 나와 있는 사실이다. 그 시절 초유사 김성일이 수사 원균과 협력하는 과정에서 양측을 오가며 사안을 조정할 군관이 필요하였다. 원사립은 그런 역할을 하기에 적합한 인물이었다.

하지만 그때 원균과 김성일의 진중을 알려주는 사료(史料)는 거의 남아 있지 않다. 원사립의 활약상을 구체적으로 서술하기에는 명백한 한계가 있다. 그러나 우리가 알고 있는 것처럼 왜란 초기에 원균은 곤양 방면에서 집중적으로 작전을 폈다. 진주성을 지키려는 노력이었다. 또, 김성일의 지시를 받아 원균은 고성현성을 회복하려 시도를 하기도 했다. 이러한 군사작전의 이면에는, 양측을 부지런히 오가며 조율에 힘쓴 원사립의 노고가 숨어 있었다.

## 원사립과 경상도 의병장 정경운

아버지 원전은 큰아버지 원균의 진중에서 오른팔 역할을 하였고, 생가(生家)의 아버지 원연도 고향 경기도 진위에서 의병을 일으켜 크게 활약하였다. 그들 형제는 계사년(선조 26년, 1593)이 되면 경상우수영에 함께 모여 왜적을 퇴치하는 데 힘을 모았다. 그런데 그 시절에도 원사립은 여전히 학봉 김성일의 막하에 있었다. 그만큼 학봉이 그를 깊이 신뢰하였다는 뜻으로 볼 수 있다.

원사립은 평범한 군관이 아니었다. 가문의 전통에 따라 문무(文武)를 겸비한 그였기에, 가는 곳마다 해당 지역의 뛰어난 선비들과 친밀하였다. 학식이 있었기 때문에, 그는 시대적 상황에 대해서도 누구보다 깊이 통찰하였다. 그런 사실은, 경상도 남부에서 의병장으로 활약한 정경운(鄭慶雲)이 쓴 글에서도 포착된다.

정경운은 임진년(1592) 12월 10일에 순찰사(巡察使, 김성일)의 비장(裨將)인 원사립(元士立)이 양주(楊州)에서 왔다고 하면서, 그 당시의 시세를 다음과 같이 서술하였다.

> "원사립이 말해준 사실이다. 지금 경성(京城)에 남아 있는 왜적은 모두 남산(南山) 아래 진을 치고 있다. 그리고 우리나라 사람들은 북산(北山, 북한산)에 의지하고 있다. 조정(朝廷)은 조정대로 왜(倭)는 또 그들대로 각지에서 꾀를 짜내며 내응(內應)할 세력을 키우고 있다는 것이다. 그런데 (우리 편의) 이런 책략은 양주 목사(楊州牧使) 고언백(高彦伯)이 꾸민 것이라고 한다."[49]

---

49) 정경운(鄭慶雲), 〈고대일록(孤臺日錄)〉, 제1권, 임진(壬辰, 1592), 겨울 12월.

여기서 세 가지 점을 강조하고 싶다. 첫째, 정경운처럼 한반도 남쪽에 터를 잡고 왜적과 싸우는 애국지사들에게는 북쪽의 전황(戰況), 특히 한양의 형편이 무척이나 궁금하였다. 하지만 그 실정을 요령있고 정확하게 전달해 줄 사람이 거의 없었다. 원사립은 식견이 있는 인물로, 전쟁의 판도를 일목요연하게 정리해서 알려주는 소중한 인사였다. 정경운 뿐만 아니라 경상도 일대의 선비들이 그의 정보와 판단에 의지하는 바가 컸을 것이다. 그것은 마치 조정의 대신들과 선조가 원전이 들려주는 왜적의 정세만큼이나 소중한 정보였다.

둘째, 순찰사 김성일도 한양 사정이 궁금하기는 마찬가지였다. 그는 이름난 선비라 다른 통로를 통해서도 전쟁의 판세를 파악할 수 있었지만, 휘하의 똑똑한 군관을 통해 신속정확한 고급 정보를 얻고자 했다. 김성일이 원사립을 자주 행재소(임금의 피난처)로 보낸 데는 그런 이유가 있었다.

셋째, 정경운과 김성일처럼 학식이 뛰어난 학자들은, 식견과 판단력이 출중한 군관을 신뢰하였다. 그런 점에서 원사립은 아버지 원전과 마찬가지로 선비들의 벗이 되기에 충분한 자격과 조건을 갖추었다.

요컨대 순찰사 김성일은 경상도 일대에서 활동하는 여러 의병장과 제대로 소통하고 연대하기 위해서도 원사립처럼 식견이 있는 군관이 필요하였다. 의병장과 초유사의 다리 노릇을 할 수 있는 중요한 연결 고리가 필수적이었다. 원사립은 바로 그런 역할을 가장 능숙하게 수행하였다. 《고대일록》에 남아 있는 몇 줄의 기록을 통해서, 우리는 원사립이 그 당시 선비사회에서 얼마나 소중한 인적 자원이었는지를 확인할 수 있다.

참고로, 위에서 언급한 정경운(鄭慶雲)이 어떠한 인물이었는가 소개한다. 그는 탁월한 성리학자로, 임진왜란 때는 의병장으로도 명성이 있었다. 원사립의 생부 원연과도 비슷한 인물이었는데, 정경운이 남긴 저술로는 《고대일록(孤臺日錄)》이 있다. 그 책에는 임진왜란 때 경상도 지역에서 의병들이 활약한 모습이 담겨 있다.

그는 본래 경상도 함양(咸陽) 사람이었다. 어린 시절에는 함양에 있는 탁영서실(濯纓書室)에서 학문에 몰두하였다. 그 주위에는 절승(絕勝, 아름다운 풍경)이라 불러마땅한 소고대(小孤臺)가 있었다. 그래서 정겨운은 자신의 호를 '고대'라고 하였다.

정경운은 명문가의 자제였다. 승문원(承文院) 부정(副正)을 역임한 정율(鄭栗)이 그의 부친이다. 그런데 함양을 포함한 진주권에서는 남명(南冥) 조식(曹植)의 학문적 영향이 컸다. 정경운도 26세 때에 조식의 제자 내암(萊庵) 정인홍(鄭仁弘)의 문하에 들어가 학문을 닦았다. 이후 내암은 북인(北人)의 중심인물로 떠올라 정쟁의 파란을 겪었다. 바로 그 정인홍의 문집 《내암집(來庵集)》에는 정경운의 한시가 12수나 실려 있다. 정경운은 내암이 사랑하는 제자로 그 위치가 상당한 선비였던 것이다. 내암의 문하에서 정경운은 특히 박여량(朴汝樑),

노사상(盧士尙) 및 오장(吳長) 등과 깊이 교유하였다.

임진왜란이 일어나자 정경운은 고향 함양에서 노사상 등과 함께 의병을 일으켰다. 약 1천 명의 의병을 모집하였으니, 당시로는 대단한 규모였다. 그는 초유사 김성일(金誠一)과 의병장 김면(金沔)의 휘하에서 활약하였다. 바로 그 시절에 정경운은 원사립을 만나 서로 친하게 지냈다.

정경운은 일선에서 직접 싸우기보다는 군량을 보급하고 군기를 마련하는 데 주력하였다. 그의 노력에 힘입어 아군이 경상도 일대를 점거한 왜적을 격퇴할 수 있었으니, 그 공이 컸다고 하겠다.

정경운은 《고대일록(孤臺日錄)》을 편찬하였는데, 그 책에는 임진왜란이 시작된 선조 25년(1592)부터 광해군 원년(1609)까지 자신이 직접 보았거나 남에게서 들은 이야기가 광범위하게 적혀 있다. 특히 자신이 김성일의 '소모유사(召募 有司)'로서 병력을 충원할 당시의 경험담이 눈길을 끈다. 그는 의병장 김면의 휘하에서도 '소모종사관(召募從事官)'으로 역시 병력 충원의 역할을 맡았다.

짐작하건대, 원사립과 그의 두 아버지(원전, 원연) 그리고 큰아버지 원균도 전란을 겪으며 적지 않은 기록을 생산하였을 것이다. 그런 기록이 오늘날까지 남아 있었더라면 우리는 왜란의 실상을 소상하게 알 수 있고, 그들의 활약상도 훨씬 더 정확하게 기술할 수 있을 것이다. 모든 기록은 그것을 자신의 생명처럼 소중히 여기는 후손이 있어야 빛을 발한다.

## 정유재란 때 큰 공 세워

정유년(선조 30년, 1597년)은 원사립에게 특별한 해였다. 그해 봄에는 자신을 낳아준 아버지 원연을 잃었고, 7월에는 항상 마음 깊이 의지하던 큰아버지 원균 장군과도 영결(永訣)하지 않을 수 없었다. 큰아버지는 조선 수군의 총사령관인 삼도수군통제사로서 왜적과 싸우다가 장렬히 순국하였다.

그해 8월에 왜적이 전라도와 충청도를 유린하여 나라의 운명이 몹시 위태로워졌다. 그러자 조정에서는 군사를 이끌고 적과 대적할 장수를 널리 구했다. 원사립은 상중(喪中)이었으나, 조정의 부름에 따라 충청도로 나아갔다. 마침내 그해 9월에 그는 서천과 한산에 진을 치고 있던 왜적을 소탕하여 백성들의 걱정을 덜었다. 이것은 엄청난 공적이었다. 조선 후기의 대학자 송환기는 이렇게 기술하였다.

> "공(원사립)은 분발하여 지혜와 용기를 발휘하였고, 마침내는 (왜)적을 몽땅 물리치고 소탕하셨다. 호서(충청도) 백성은 공에게 의지하여 평안함을 얻었다. 이런 공이 있었기 때문에, 조정에서는 공을 발탁하여 진주 목사에 임명하였다. (克奮智勇。終底廓掃。湖民賴而安堵。以其勞勩擢遷晉州牧使)"[50]

---

50) 송환기, 〈원사립 묘표〉.

이미 적의 수중에 들어간 충청도 남부 해안지방을 원사립이 탈환한 것이다. 웬만한 용기와 전략이 없이는 불가능한 과업이었다. 그가 이와 같은 공을 세웠기 때문에 선조는 그를 경상도 진주 목사(정3품)로 승진 발령하였다. 경상도 진주가 얼마나 중요한 지역인지는 여기서 다시 설명할 필요조차 없을 줄 안다. 진주가 무너지면 전라도와 충청도가 무사하지 못하다는 것은 누구나 다 아는 상식이요, 왜란 초기에 초유사 김성일과 경상 우수사 원균이 집중적으로 방어한 곳이 바로 진주였으며, 그때 김성일의 막하에서 원사립은 군관 생활을 하였었다.

시간을 조금 거슬러 정유재란 초기로 올라간다. 그때 전라도와 충청도로 쏟아져 들어온 적은 해안을 따라 펼쳐진 평야지방을 집중적으로 노략질하였다. 왜적의 일부는 그대로 눌러앉아 지내기도 하였다. 이런 사태가 장기화된다면 조선의 전쟁 수행 능력은 저하될 것이었다. 전라도와 충청도 연해 지방은 우리의 보고(寶庫)였다. 바로 그곳에서 아군은 인적 물적 자원을 조달해 적과의 긴 싸움을 버텨오고 있었다. 그 당시 충청도 해안 지방의 위급한 사정을 송환기는 이렇게 묘사했다.

> "정유재란 때 왜적이 호서(충청도)의 바닷가에 있는 여러 고을에 주둔하였다. 백성을 죽이고 재물을 약탈하는 정도가 매우 심하였다. 조정에서는 방어에 능한 인재를 골랐다. 그때 상중에 있던(생부 원연의 상) 공을 일으켜 (드디어는) 서천 군수로

삼았다. (丁酉倭賊留屯湖沿數郡之間。殺掠甚憯。朝家擇其捍禦之材。而特起公於憂服中。爲舒川郡守)"[51]

송환기는 그때가 정확히 언제인지 명기하지는 못하였다. 그런데 여러 자료를 종합해보면, 정유년(1597) 8월과 9월의 일이었다. 왜적이 서천과 한산 등지로 쏟아져 들어온 것은 정유년(1597년) 가을이었다. 그 문제가 어느 정도 해결된 것은 그해 12월이었다. 선조 30년 12월 12일자 〈실록〉에는 의금부의 보고서 한 통이 나와 있다. 그날 의금부에서는 선조에게 다음과 같이 아뢰었다.

"(임지를 버리고) 도망친 (충청도) 지방관들에 대해서 어제 본부(의금부)가 조사결과를 아뢰었습니다. (그에 대해 전하께서는) '전(前) 연산 현감(連山縣監) 이계남(李桂男), 전 공주 판관(公州判官) 이함휘(李含輝), 전 서천 군수(舒訓郡守) 한술(韓述) 등은 먼저 사실관계를 분간하는 것이 옳다.'라고 하셨습니다. 또, (전하의) 명령서(判付)에서는, '(연산 현감) 이계남 등은 가볍게 석방하기 어렵도다. 처음에 죄를 주자고 요청한 문서(書狀)도 살펴보라. 정윤우(丁允祐) 등의 서장도 모두 조사하고 다시 의논하여 거행하라.'고 분부하셨습니다."[52]

---

51) 송환기, 〈원사립 묘표〉.

52) 《선조실록》, 선조 30년 12월 12일.

선조 30년 12월에 아군에게 유리한 상황이 조성되었다. 왜적은 다시 경상도 울산 등지로 완전히 퇴각한 상태였다. 그러자 조정은 여유를 되찾고, 수개월 전에 왜적이 충청도에 쳐들어왔을 때 싸우지 않고 지레 놀라 도망친 관리들에 대해 책임을 물었다. 그때 서천 군수로서 방어할 생각도 하지 않고 달아난 이는 한술이었다. 그를 비롯해 여려 명의 지방관이 같은 죄로 조정의 조사를 받았다.

어쩌면 도망친 관리들도 저마다 합당한 이유가 있었을 지도 모른다. 전직 서천 군수 한술은 어떠한 사정이 있었을까.

> "당초에 수사(水使, 충청수사) 권준(權俊)은 한술이 본 고을(서천)에 없었다는 사실을 알고, 공무를 핑계대고 달아났다며 처벌하기를 요청하였습니다. 그런데 지난 9월 19일에 한효순(韓孝純)이 올린 보고서의 후록(後錄)에 보면, '서천 군수 한술은 마 제독(麻提督, 麻貴)의 지대 차사원(支待差使員)이다. 그래서 그는 항상 직산(稷山)에 있었다.'라고 하였습니다. 그렇다면 그(한술)가 자신의 고을에 머물지 않은 것은 공무 때문이었으며, 결코 핑계댄 것은 아니었습니다. 권준이 나중에는 그렇게 아뢰었습니다. ..."[53]

53) 《선조실록》, 선조 30년 12월 12일.

서천 군수 한술은 명나라 제독 마귀(麻貴)가 요구하는 각종 물품을 조달하기 위해 임지를 벗어나 충청도 직산에 파견되어 있었다. 왜적이 쳐들어왔을 때 서천이 무너진 것은 결코 한술의 책임으로 간주하기 어려운 일이었다. 처음에 충청수사 권준은 사실 관계를 잘 몰랐으므로, 한술에 대한 처벌을 요구했다. 이것이 의금부의 조사 결과였다.

보다 상세한 보고를 접한 선조는 다음과 같이 명령하였다.

> "(달아난 지방관들에 관하여는) 그들의 하인을 체포해 추열(推閱, 수사)하기도 하고, 본도의 관찰사에게 명령하여 재조사한 후 처리하라. 가볍게 석방하거나, 요행으로 죄를 벗어날 꾀를 쓰지 못하게 하라."[54]

그런데 다른 관리는 몰라도 서천 군수 한술은 아마 무죄가 확정되었을 듯하다. 어쨌든 그가 임지를 떠나 직산에 머물고 있었기 때문에 서천은 저절로 무너졌다. 하지만 조정에서 용략(勇略)이 뛰어난 원사립을 후임 서천 군수로 기용한 덕분에 곧 왜적이 소탕되었다.

앞에서도 언급했듯이 일반 시민을 대상으로 운영하는 인터넷 백과사전 〈나무위키〉에는 원사립의 두 아버지, 즉 이조참의 원연과 고성 현령 원전이 정유년에 모두 전사하였다고 기록되어 있다. 이것은

---

54) 《선조실록》, 선조 30년 12월 12일.

물론 명백한 오류다. 그해 봄에 원연이 작고하였으나, 그 원인은 "전사"가 아니라 병사(病死)였다. 원전이 7월에 별세한 것은 아마 사실로 보이는데, 그 역시 정유년의 일은 아니었다. 원전은 정유년 8월 이후에 진위로 귀향하였다. 그가 고성 현감에서 정식으로 해임된 것은 그해 10월이었다. 그러므로 원전 역시 정유재란 때 "전사"한 것은 아니다. 원전이 세상을 떠난 것은 임진왜란이 끝난 뒤였고, 필자가 판단하기로는 선조 32년(1599) 7월이었다.

### 서천의 승리

원사립은 위험한 전쟁터로 나가기를 거부할 수 있었다. 생가(生家)의 아버지가 돌아가셨는데 뉘라서 그를 전쟁터로 끌고 갈 수 있겠는가. 임금의 명령보다 더 중한 부자(父子)의 도리가 있지 않은가. 조선은 예악(禮樂)의 나라요, 그 중심에 효도(孝道)가 자리하였다.

그러나 원사립은 나라의 부름에 따라나섰다. 왜적의 침략을 받아 도탄에 빠진 백성의 고통을 차마 외면할 수 없다는 일념 때문이었다. 마침 백부 원균까지 순국한 터라 그에게는 왜적과의 일전을 고대하는 마음이 있었을 것도 같다. 그때의 사정을 후세는 다음과 같이 기록하였다.

"사람들은 위험한 일이라고 하였으나, 공은 태연하였다. (공이) 적을 모두 무찌르자 온 고을 사람이 모두 공을 믿고 평안해졌다. 그는 힘껏 노력하여 나라를 지키고 끝내는 자신의 목숨까지 바칠 지극한 충성심을 가졌다. 이것은 공이 평생 동안 온축한 바였다. (人皆危之 而公視之晏然 剿滅無遺 一境賴安 其勤勞殉國之忠 乃公之平生所畜也)"[55]

혹자는 지방관에 임명되어 호의호식(好衣好食)하다가도 적이 쳐들어온다는 소문이 들리기가 무섭게 줄행랑을 놓았다. 그러나 원사립은 사지(死地)인 줄 알면서도 왜적이 가득한 서천 땅으로 서둘러 부임하였다. 그리고 그곳에서 얼마 안 되는 장정을 모아 왜적을 공격하였다. 그런데 옛날의 사적을 기록한 역사책에 보면 명장에게는 으레 충직한 하인이 있어 그림자처럼 주인을 따라 다녔다. 원사립에게도 바로 그러한 하인이 있었다.

"그때 한 사나이가 있어 이름을 '돌이'라고 하였다. 그는 공(원사립)이 적과 싸울 때마다 항상 맨몸으로 공이 탄 말의 고삐와 재갈을 붙들고 창과 칼이 번득이는 전쟁터를 이리저리 뛰어다니며 온 마음을 쏟아 공을 보호하였다. 오죽하면 왜적들까지도 그이를 '홍(紅) 장군'이라고 부르기에 이르렀을까. 공이 나라를 위해 충성하는 지극한 마음을 가졌기 때문에, 하인까지도

---

55) 〈목사공 사적〉.

그 영향을 받은 것이 틀림없는 일이었다. (其時有一蒼頭 名石者 每於公與賊接戰之時 輒赤身而執公羈靮(고삐와 재갈) 充突於劍戟之中 一心護公 故倭至以紅將軍稱之 此公爲國之忠 推及於僕隷而然也)"[56]

원사립은 나라에 충성하는 마음이 지극하였으므로, 화살과 돌맹이가 난무하는 전쟁터를 누비고 다녔다. 하인 돌이도 자신의 몸을 돌보지 않고 자나깨나 주인의 말고삐를 붙들고 동분서주하였다. 돌이의 몸에 얼마나 많은 핏물이 튀었기에 왜적마저도 그를 "홍장군", 달리 말해 핏물을 뒤집어 쓴 장수라 부르며 감탄하였을까. 평생에 돌이처럼 충직한 하인을 한 사람이라도 만나기란 어려운 일이었으리라. 그러나 돌이를 감동시킨 것은 또한 그의 상전 원사립이었다는 점도 놓쳐서는 안 되겠다.

원사립과 하인 돌이의 이야기를 분석해 보면, 그들은 신분의 장벽을 뛰어넘어 사실상 혼연일체가 되어 있었음을 알 수 있다. 그들은 충성스럽고 믿음직한 조선의 창이요 또한 방패였다. 이런 상전과 하인이 일체가 되어 혈전을 벌이는 곳이라면 왜적에게 무슨 승산이 있었겠는가. 그들은 그저 패퇴(敗退)할 뿐이었다. 원사립은 서천과 한산에 웅크린 왜적을 모조리 쫓아내고, 백성이 안도할 수 있게 하였다. 조정에서도 그의 뛰어난 업적을 잊지 않았다.

56) 〈목사공 사적〉.

## 왜란이 끝나고 선조 34년(1601)에 진주 목사로 임용

정유년(1597) 가을에 서천에서 왜적을 무찌른 공으로, 원사립은 경상도 진주 목사(정3품)에 발탁되었다. 양부인 고성공 원전의 상을 마치자 선조 34년(1601) 10월의 일이었다. 일개 군수(종4품)에서 목사로 벼슬이 높여졌으니 큰 경사였다. 실록에 다음과 같은 기록이 있다.

"원사립(元士立)을 진주 목사로... 삼았다."[57]

서울대 규장각에서 보관중인 《경상도 읍지(慶尙道邑誌)》에도 역대에 진주 목사를 지낸 인물의 명단이 보인다. 그 가운데는 당연히 원사립이 포함되어 있다.

"... 이현(李玹), 윤열(尹悅), 김명윤(金明胤), 원사립(元士立), 구사직(具思稷), 이수일(李守一), 오정방(吳定邦) ..."[58]

그들 가운데 김명윤은 평안도 관찰사와 의정부 우참찬까지 지낸 유명 인사였다. 이수일도 한 시대의 명장으로 남한산성 수어사를 지냈다. 오정방 역시 각도의 병사를 역임하고 포도대장까지 맡았다. 이

---

57) 《선조실록》, 선조 34년(1601) 10월 27일.

58) 《경상도 읍지》, 4책, 53쪽(진주 목사).

처럼 진주 목사를 거친 이들 가운데는 나중에 크게 출세한 인물이 많았다. 원사립도 운이 조금 더 따라주었더라면 명성이 온 나라에 진동할 만한 자격 조건은 충분히 구비한 인재였다.

그런데 한 가지 궁금증이 일어난다. 그가 공적을 세운 것은 정유년(1597)인데 공훈에 따른 포상이 내린 것은 4년이 지난 뒤였다. 왜 이렇게 지체되었을까. 이유는 한 가지 - 아버지 원전이 작고하였기 때문이다. 원사립이 부친상을 벗어난 것은 신축년(1601) 7월이었던 것이다. 역순으로 계산하면 부친상을 입은 것은 기해년(선조 32년, 1599)년 7월이었다는 이야기가 된다.

다시 정리하면, 원사립은 정유년(1597) 8월 또는 9월에 서천 군수로 부임해서 왜적을 물리치고 그 자리에 머물며 서천 고을을 다스렸다. 그러나 2년도 채 안되어 부친 상을 당해 고향으로 돌아갔던 것이다. 그리고는 상기가 끝나자 진주 목사로 승진된 것이다.

물론 그 사이에 왜적은 우리나라에서 완전히 쫓겨났다. 처음에 침략을 시작하였을 때는 사기가 하늘을 찔렀으나, 막상 일본으로 다시 돌아갈 때는 빈손이었다. 왜적은 전후하여 약 30만 명의 군사를 동원하여 조선을 공략하였다. 그러나 단 한뼘의 땅도 새로 얻지 못하였으나, 부수적으로 얻은 소득은 적지 않았다. 그들은 조선에서 새로운 문물을 경험하였고, 인적-물적 자원을 약탈해 장차 자국의 역량을 배가(倍加)할 기회를 얻었다. 그렇다고는 해도, 왜적의 군사적 침략 행위 자체는 완전히 실패한 셈이었다.

왜적을 일단 몰아낸 뒤에도 우리 조정에서는 적의 재침(再侵) 가능성을 염두에 두고 경각심을 늦추지 않았다. 그래서 원사립처럼 패기만만한 장수를 경상도의 요충인 진주 목사로 내려 보낸 것이다. 목사로 부임할 당시 그의 나이는 37세였다. 실로 고속 승진이었다. 선조를 최측근에서 보좌한 문신(文臣)이라도 그 나이에 진주 목사처럼 중요한 직책에 등용되기는 어려운 일이었다.

한 가지 예를 들어보자. 조선후기 최고의 실학자로 손꼽히는 다산 정약용의  부친 정재원도 진주 목사였다. 그는 60대 고령에 목사 자리를 얻었고, 임지인 진주에서 결국 사망하였다. 진주 목사는 아무나 쉽게 얻을 수 있는 벼슬이 아니었다.

원사립이 일찌감치 진주 목사로 등용된 데는, 일차적으로 그의 능력과 공적이 크게 작용하였다. 왜란이 처음 일어났을 때부터 끝날 때까지 그는 거듭해서 공을 세웠다. 또, 무술년(1598) 겨울에 왜적이 물러간 뒤에도 전쟁이 다시 일어날 가능성이 적지 않았다는 사실도 원사립의 출세를 앞당겼다. 그 당시 조정에서는 임진왜란 때 큰 공을 세운 젊은 장수들을 대거 기용하였다. 그 중심에는 원균과 이순신의 부하들이 있었다. 원사립은 원균의 친조카로 더욱더 세인의 주목을 받았다고 볼 수 있다.

하지만 유감스럽게도 원균과 이순신의 갈등은 두 명장이 순국한 뒤에도 좀체 사라지지 않았다. 그러기는커녕 도리어 크게 증폭되어,

양편의 대립을 격화시켰다. 이 과정에서 원사립은 억울하게도 피해를 입었다. 선조 35년(1602) 3월 18일자 〈실록〉 기사에는 사헌부가 원사립을 다음과 같이 비판하였다.

> "진주 목사(晉州牧師) 원사립(元士立)은 연소한 무변(武弁, 무관)인데도 (귀하게) 선발되어 등용되었습니다. 그로 말하면 매우 근신하여야 마땅합니다. 그러나 그는 미천한 창기(娼妓)에게 현혹되어 그(기생)가 원하는 방자한 짓을 따랐습니다. 이로써 아문(진주목)을 시장바닥으로 만들었습니다. 폐단을 민간에 끼친 데다가 관청의 곡식을 함부로 사용하였습니다. 그는 오로지 자신을 살찌우기만 일삼았습니다. 파직을 명령하소서."[59]

사헌부가 아뢴 바에 따르면 원사립은 무능하고, 건방지며, 사려 깊지 못한 행동으로 진주목을 완전히 망가뜨린 죄인이었다. 게다가 기생에게 현혹되어 사람들의 웃음거리가 되었다는 것이다. 진주는 예로부터 기생이 유명하여 색향(色鄕, 미인의 고장)이라고도 불렸다. 그러나 전쟁 재발이 염려되던 시점에서 명장 원사립이 아름다운 기생에 홀려 나랏일을 망치기로 작정하기야 했을까. 사헌부의 원색적인 비난은, 우리가 이미 아는 원사립의 신중함과 사려 깊은 태도 그리고

59) 《선조실록》, 선조 35년 3월 18일.

선비다운 모습과는 정면으로 배치된다. 사헌부의 공격은 아마 반대파의 사실 무근한 정치공세였을 것이다. 원사립의 생애를 처음부터 차례로 검토해온 우리가 보기에, 그는 그렇게 허술한 사람이 결코 아니었다.

사헌부가 여러 가지 이유를 들어 원사립을 배척하자, 선조는 그를 벼슬에서 쫓아냈다. 앞에서도 인용한 적이 있는 조응록의 《죽계일기》에도 똑 같은 내용이 서술되어 있다.[60] 그리하여 출세가도를 달리던 원사립은 38살의 나이에 허망하게도 온갖 불명예를 안고 일단 초야(草野)로 되돌아갔다.

## 군기시 부정(副正, 종3품)으로 다시 등용되다

한바탕 비난의 회오리가 지나간 뒤에 원사립에게 들씌워진 오명은 봄바람에 눈 녹듯 깨끗이 사라졌다. 사실 그에게는 이렇다 할 잘못이 없었던 것이다. 원사립에게 쏟아진 사헌부의 모든 비난은 조작된 것이었다. 그것을 우리가 어떻게 알 수 있느냐고, 반문할 이도 있을 것이다.

〈실록〉을 조사해 보면, 선조 37년(1604) 3월 말에 원사립은 중앙의 내직(內職)에 다시 등용되었다. 그것도 종3품의 높은 벼슬이었다.

"원사립(元士立)을 군기시(軍器寺) 부정(副正)으로 ... 삼았다."[61]

60) 조응록, 《죽계일기》, 한국사료총서 제35집, 제5권, 임인년(선조 35년, 1602), 상, 삼월.

61) 《선조실록》, 선조 37년 3월 27일.

원사립은 평생 처음으로 중앙관서의 고위 관리가 되었다. 군기시는 무기를 제작하여 공급하는 역할을 맡았으니, 때는 아직 전운(戰雲)이 감돌고 있었던 시절이라. 실로 중요한 관청이요, 부정(副正)이라면 군기시의 둘째 가는 고위직이었다.

혹자는 이렇게 물을 지도 모르겠다. '아니, 진주 목사는 정3품인데 이제 종3품이라면 그래도 무언가 잘못을 저질렀기 때문이 아니냐?' 이런 의심은 일리가 있어보이지만 내막을 알고 보면 의문이 풀린다. 외직(지방관)에서 내직(중앙관)으로 옮길 때는 한 단계를 낮추어 임용하는 관례가 적지 않았다. 북쪽 변방에서 남쪽의 편안한 직책으로 옮길 때도 품계를 두어 단계 낮추는 경우가 흔하였다. 조선시대의 관직 체계는 오늘날과는 거리가 있었다.

원사립은 중앙 관서(官署)에 근무하게 되자 나라의 기무(機務)를 담당하는 여러 대신과도 안면을 익혔다. 그들은 원사립의 청렴함과 선비다운 기절(氣節, 기개와 절조)을 알게 되어 감탄을 금하지 못하였다.

## 경상도 요충지 김해 부사로 보내

조정에서는 원사립을 한양에 오래 붙잡아 두지 않았다. 명장(名將)을 중앙 관청에서 썩히는 것은 나라를 위해 도움이 되지 않는 일이었다. 군기시 부정에 임명된지 얼마 안 되어 마침 경상도에는 그에게 잘 어울리는 자리가 공석이 되었다. 우병사의 병영(兵營)이 있는 김해 도호부사(金海都護府使, 종3품)였다. 선조 37년(1604) 4월 2일에 선조는 원사립을 바로 그 자리에 앉혔다.[62]

위에서도 간단히 서술한 것처럼 왜란이 끝나고 나서 조선에는 신군부가 태동하였다. 그 가운데 원균과 이순신의 부하들이 양대산맥을 이루었다. 원사립은 원균의 친조카로, 원균의 아들 원사웅(元士雄), 동생 원지(元墀) 등과 함께 신군부의 형성 과정에서 한 축을 담당하였다. 그들은 원균의 여러 부하와 함께 신군부의 주요한 인적 자원이었다.

원사립이 선조 37년(1604) 5월에 김해 부사가 되어 선조 39년(1606)까지 만 2년 가량 재임하였다. 그 사이에 그의 벼슬은 통정대부(정3품)로 올라갔다. 어사 박건(朴建)이 원사립의 치적을 조정에 아뢰어 포상을 받은 것이다. 족보에 따르면, 선조는 그에게 철릭 한 벌을 하사하였다고 한다.

그 후 원사립은 만포진(滿浦鎭, 평안도 강계) 첨사(僉使, 첨절제사)로 나갔다. 그때는 남쪽보다는 북쪽 변경이 위태로웠기 때문이다. 북방의

---

62) 《선조실록》, 선조 37년 4월 2일. 《경상도 읍지(慶尙道邑誌)》에는 김해도호부사를 지낸 관리의 명단도 수록되어 있다. 그 일부를 소개하면 다음과 같다. "신응기(辛應基), 이인조(李仁祚), 이경원(李敬元), 임백영(任伯英), 김찬(金瓚), 이경록(李慶祿), 양사준(梁思俊), 신상절(申尙節), 이여원(李麗源), 조수흥(趙守興), 서예원(徐禮元), 김준민(金俊民), 이종인(李宗仁), 백사림(白士霖), 이여념(李汝恬), 정기남(鄭奇男), 홍견(洪堅), 신충일(申忠一), 김성헌(金聲憲), 정기룡(鄭起龍), 이정표(李廷彪), 원사립(元士立), 박봉수(朴鳳壽), 이경호(李景湖), 김진선(金振先), 박상(朴瑺), 현극홍(玄極洪) ..."(《경상도 읍지》, 10책, 68쪽. (김해 부사))

여진족이 일으킨 후금(後金)의 동향이 아무래도 심상치 않았다. 그래서 조정은 양장(良將)을 함경도와 평안도 방면으로 다수 배치하였다.

## 북쪽이 어지럽자 평안도 만포첨사로

"원사립(元士立)을 만포첨사(滿浦僉使)로 삼았다."[63]

선조 39년(1606) 5월 25일의 일이다. 〈실록〉에도 나오고, 조응록의 《죽계일기》에도 똑같은 내용이 그대로 적혀 있다.[64] 만포진은 평안도 강계에 있는 요새인데, 그야말로 국경선에 놓여 있었다. 압록강을 사이에 두고 명나라의 집안(集安)과 마주하고 있었다.

조정에서는 만약의 사태를 염려하여, 무용(武勇)이 뛰어나고 실전 경험이 풍부한 원사립을 만포진 병마첨절제사(兵馬僉節制使)로 삼아 비상사태에 대비하였다. 첨사의 휘하에는 1천 200여 명(조선 후기)의 군사가 있었다. 강을 건너기만 하면 여진족이 살고 있었으므로, 여진어통역관도 첨사 아래 배치되었다. 우리로서는 가장 중요한 북방 요새였다.

그래서 만포진은 석성(石城)으로 진(鎭)을 한바퀴 감쌌다. 그 둘레가 3,172자(尺, 대략 1킬로미터)요, 성의 높이는 5자(尺, 1.5미터)였다.

---

63) 《선조실록》, 선조 39년 5월 25일.

64) 조응록, 《죽계일기》, 한국사료총서 제35집, 권 8, 병오(선조 39년) 상, 오월.

유사시에는 봉수(烽燧)를 통해 북방의 변고를 중앙에 알렸다. 알다시피 조선시대에는 모두 5개의 봉수로가 설치되었는데, 그중 하나가 조선의 서북쪽 경계인 만포진에서 시작되었다. 이른바 제3봉수로가 그것이었다. 만포진의 여둔대(餘屯臺)에서 출발한 봉화는 평안도 의주、안주、평양을 거쳐 개성으로 이어졌고, 마지막에는 한양 목멱산(木覓山, 서울 남산) 봉수대로 귀착되었다.

원사립은 그야말로 서북쪽 최전방에서 시시각각으로 변하는 여진족의 동태를 살폈다. 만약에 그들이 강을 넘어 침범해 오면 조정에 즉각적으로 그 사실을 알리는 한편, 초전에 적의 선봉대를 궤멸하는 것이 그의 막중한 임무였다.

## 만포진 성을 다시 쌓은 원사립

만포진 첨절제사 원사립은 후금의 침략에 대비해 성(城)을 다시 쌓았다. 그는 군사를 철저히 조련하는 한편, 적의 사소한 움직임까지도 세밀하게 관측하는 데 최선을 다했다.

그와 동시대를 살았던 최현(崔晛, 1563~1640)이란 선비가 있었다. 원사립과는 임진왜란 때부터 알고 지내던 사이였다. 최현은 학봉(鶴峰) 김성일(金誠一)의 문하에서 배웠으며, 문과를 거쳐 나중에는 홍문관 부제학(副提學)을 거쳐 강원도 관찰사까지 지냈다. 최현의 《인재선생별집(訒齋先生別集)》에 실린 〈관서록(關西錄)〉에는 만포진에 관한 설명이 자세히 나와 있다.

맨 먼저는 만포진의 전략적 위상에 대한 설명이 있다. "만포진 – 의첨군 500명이 있다. 이 진은 지위를 높여 군부(郡府, 고을 관청)를 두었다.(滿浦鎭 宜添軍五百名。陞設郡府)"[65] 여기에서 "군부"로 부른 것은 군청이 아니라, 실은 만포진 첨절제사 원사립 등이 사용한 관청이었다. 또, 다른 기록에서는 첨사가 거느린 군사의 수가 1천 200명쯤으로 나오는데, 17세기 초에는 아직 500명이었다는 점도 알 수 있다.

만포진의 지형은 어떠하였을까. 그 형세를 최현은 금방 손에 잡힐 듯이 구체적으로 서술하였다.

> "만포진은 고산리 북쪽 50리 지점에 있다. 두 개의 진보(鎭堡, 만포와 고산) 사이에는 새들이나 날아갈 좁은 길이 나 있는데, 압록강을 따라 수십여 리에 뻗어 있다. 강변에 있는 여러 진보의 옆에는 언덕이 있고, 이것이 바로 성의 구실을 한다. 이(만포진)보다 상류로 올라가면 진보를 내륙에 설치하였다. 강변에 있는 옛날의 고을인 자성, 우예, 여연 및 무창 등은 이미 오래전에 내버려둔 채 이용하지 않기 때문이다. 만포진은 상류에 의지하고 있으며 형세가 웅장하다. 진의 서쪽은 강가에 닿아 있어 지세가 매우 험하다. 북쪽에는 깊은 참호가 있고, 그 깊이

65) 최현(崔晛), 《인재선생 별집(訒齋先生別集)》, 1권, 관서록(關西錄), 〈연강열보(沿江列堡)〉.

가 무려 10여 장이나 된다. 그 지세가 험하여 성으로 삼고 있다. (在高山里北五十里。兩鎭之間鳥道沿江數十餘里。邊列鎭之傍岸爲城者止此。自此以上。皆設鎭于內地。以江邊古郡慈城, 虞芮, 閭延, 茂昌等地。棄而不守故也。地據上流。形勢雄壯。西邊臨江絕險。北有坑塹十餘丈。因險爲城)"[66]

최현의 설명을 통해 우리는 만포진의 위치와 진을 둘러싸고 있는 사방 풍경이 어떠하였는지를 대강이나마 짐작할 수 있다. 한마디로 험고(險固, 높고 단단함)한 성이었다.

그럼 만포진 성(城)은 규모가 어떠하였을까. 거기에도 혹시 어떤 취약점은 없었을까. 최현의 설명이 이어진다.

"성의 둘레는 640여 파(파는 10척, 약 3미터)다. 다만 동남쪽은 산으로 연결되는데 평평한 편이다. 또, 사석(沙石)으로 성을 쌓았고 높이라야 1장(약 3미터)에 지나지 않는다. 겉보기에는 돼지나 양을 가두어 기르는 담장처럼 생겼다. 그런데 비가 오면 무너지지 않는 날이 하루도 없다. 그래서 성을 보수하는 작업이 해마다 이어진다. 수강정(受降亭, 어느 때인가 여진족의 항복을 받은 정자) 동쪽으로는 성이 육지로 연결되는데 길이

66) 최현(崔晛), 《인재선생 별집(訒齋先生別集)》, 1권, 관서록(關西錄), 〈연강열보(沿江列堡)〉.

는 50여 파다.(周回六百四十餘把。但東南連山平夷。且以沙石築城。高不過一丈。狀若猪羔畜養之墻。雨水則無日不頹。修築之擧。無歲無之。自受降亭以東。連陸五十餘把)"[67]

17세기 초반, 만포진 성의 둘레는 640여 파, 즉 약 1.9킬로미터였다. 아쉬운 점은 이 성을 사석(沙石, 모래와 돌)으로 쌓았으므로 물에 약했다. 해마다 보수하지 않으면 안될 정도였다. 성의 보수 작업이 만포진 첨사에게는 성가신 일이었다. 그러나 피할 수 없는 과제였다. 명장 원사립은 이 성을 대대적으로 개축하는 일에 힘을 쏟았다.

과연 최현의 기록에서 우리는 원사립이란 이름을 다시 발견한다. 그의 서술은 단순 명료하였다.

"전직 첨사 원사립은 성을 다시 쌓았다. 남문에서 동문에 이르기까지 350파 나 쌓았다. (前僉使元士立。改築自南門至東門三百五十把)"

만포진 성의 총 길이가 640여 파인데 그 절반이 넘는 350파를 원사립이 새로 쌓았다고 했다. 약 1킬로미터를 그가 개축(改築)한 것이다. 그는 남쪽이든 북쪽이든 가는 곳마다 나라를 위해 헌신하였고, 업적

67) 최현(崔晛), 《인재선생 별집(訒齋先生別集)》, 1권, 관서록(關西錄), 〈연강열보(沿江列堡)〉.

도 눈에 띄게 많았다.

원사립의 후임자 김응서(金應瑞)도 쓸만한 장수였다. 임진왜란 때 그가 나쁜 역할을 한 것은 사실이지만 여기서 일일이 거론하기는 어렵다. 다만 그에게도 장점은 있었는데, 최현의 말을 들어보자.

"현재 첨사 김응서는 지난 가을부터 성을 다시 쌓고 있다. 높이는 4장(12미터)으로 한정하고 성가퀴(堞, 성위의 낮은 담)는 1장(3미터)으로 제한하였다. (지금의) 성이 가장 견고하다. 다만 (성을 지킬) 입방군(방어를 위해 투입된 군사)이 많지 않다. 그래서 작업이 쉽게 끝나지 못한다. 아직 140여 파가 (미완성으로) 남아있다.(今僉使金應瑞。自去秋改築。高限四丈。堞限一丈。最爲堅固。但以入防之軍不多。故役未就畢。未築之處。尙有一百四十餘把。...)"[68]

김응서는 원사립이 개축한 데 이어서 290파(870미터)를 완전히 개축하려고 하였다. 그러나 인력이 부족하여 최현이 현지에 갔을 때 150파(450미터)를 마친 상태였다. 140(420미터)여 파는 아직 손도 대지 못한 상태였다. 최현이 평안도에 다녀온 것은 인조 2년(1624) 2월이었다.[69]

---

68) 최현(崔晛), 《인재선생 별집(訒齋先生別集)》, 1권, 관서록(關西錄), 〈연강열보(沿江列堡)〉.

69) 《인조실록》, 인조 2년 2월 21일. 최현은 독전어사(督戰御史)로 평안도에 다녀왔다는 기록이 보인다.

그럼 원사립 때인들 병력이 충분했겠는가. 그 역시 얼마 안되는 군사를 거느리고 약 1킬로미터의 성을 새로 쌓았다. 이와 같은 역사적 사실을 우리는 정확히 알아야 한다.

만포진 첨사의 임기는 900일이었다. 그 임기를 마친 뒤에 원사립은 평안도에 남아서 병마절도사를 보좌하는 우후(虞候, 정3품)로 재직하였다.[70] 그런데 그것으로 그의 관력(官歷)은 종지부를 찍었다. 그 이유를 정확히 알 수는 없으나, 아마 위에서 필자가 말한 적이 있는 신군부의 재편과정에서 이순신 계열에게 밀려나고 만 것 같다. 원사립 등 고급 지휘관일수록 정치적 변화에 가장 직접적으로 영향을 받게 되는 것은 어쩔 수 없는 일이었다.

## 고향에 있던 원사립을 다시 기용하자는 조정의 의견

원사립은 오랜 관직 생활을 떠나 고향으로 되돌아왔다. 그에게는 연로한 생모 숙부인(淑夫人) 진주 소씨(晉州蘇氏)가 아직 살아계셨다. 생가의 아우며, 사촌 형제들도 있었다. 그리고 사랑하는 자녀도 이미 장성하였다. 나라를 위해 많은 공을 세워 벼슬도 높았고 이름도 원근에 널리 알려져, 무엇 하나 부족할 것이 없는 넉넉하고 태평한 삶이었다.

그러나 원사립의 흉중(胸中)에는 늘 한 가지 큰 걱정이 있었다. 북

---

70) 송환기, 〈원사립 묘표〉. 묘표에서는 김해 부사 이후의 관직을 다음과 같이 정리하였다. "(공은) 다시 김해 부사를 지내셨으며 품계를 높여 통정대부로 삼았다. 그런 다음에 만포 방어사와 평안도 병마사의 우후를 지내셨다. (又歷金海府使。陞資通政。除滿浦防禦使平安兵虞候)"

쪽 변경이 위태롭다는 점이었다. 언제 후금(청, 여진족/만주족)이 조선으로 쳐들어올지 모르는 상황이었다. 평안한 가운데서도 백전노장(百戰老將)은 나라를 위한 한가닥 근심만은 내려놓지 못하였다.

그런 와중에 원사립의 가정에 마침내 올 것이 오고야 만다. 생모의 병세가 위중해졌다. 그는 생가의 형제들과 함께 아들과 조카들을 인솔하여 날마다 효성을 다하였다. 탕약의 노고를 마다하지 않았으나 어찌할 수 없는 것이 천명(天命)이라, 모부인이 별세하고 말았다.

노년의 원사립이 상중에 있을 때 조정에서는 새로운 바람이 잠깐 일어났다. 이미 퇴직하였거나 상중에 인는 여러 장수를 다시 기용하자는 논의가 일어난 것이다. 그만큼 북쪽 변방의 사정이 위급해지고 있었다. 비변사의 대신들은 왕에게 다음과 같이 아뢰었다.

> "서변(西邊, 북서쪽 변경)의 근심이 큽니다. 상국(上國, 명나라)의 징병(徵兵, 병력 동원)도 문제일 뿐만 아니라, 노적(奴賊, 후금)이 준동할 기미가 이미 나타났습니다. 그러므로 연강(沿江, 압록강 연안)의 수비를 위해 대책을 서둘러야 하겠습니다. 강가의 근심이 지금보다 급한 적이 없었습니다. 사기(事機, 사태의 기미)의 변화와 속도(遲速, 빠르고 늦음)을 예측하기 어렵습니다."[71]

---

71) 《(국역) 비변사등록(備邊司謄錄)》, 2책, 광해군 10년 윤4월 19일.

광해군 10년(1618) 윤4월 대륙의 정세가 나날이 험악해졌다. 명나라와 후금이 일대 격돌을 눈앞에 두고 있었다. 그때 광해군은 여러 가지 방법으로 정세를 파악하였고, 그 결과 자칫하면 우리나라 형편이 고래싸움에 새우 등 터지는 상황으로 바뀔 수 있다는 점을 잘 알고 있었다. 그래서 대신들은 다음과 같이 건의하였다.

> "장령(將領, 지휘관)으로 적합한 뛰어난 무사(武士)들, 즉 김준계(金遵階) · 이인경(李寅卿) · 원사립(元士立) · 최진립(崔震立) 등은 훌륭한 무사인데 향곡(鄕曲, 시골)에 물러나 있습니다. 병조에 명령하여 그들에게 일일이 통지(知會)하시고, 한양에 모이게 하여 등용(調用)하시는 것이 마땅합니다. 이에 감히 아뢰는 바입니다."[72]

대신들이 주목한 김준계 등은 모두 한때 이름을 떨친 명장이었다. 김준계로 말하면, 원사립의 아버지 원전과 함께 원균의 휘하에서 큰 공을 세웠다. 그는 한산도대첩 당시에 눈부시게 활약한 장수였다. 이인경은 선조 말년에 함경도에서 두각을 보인 장수요, 원사립이야 우리가 이미 살펴본 것처럼 임진왜란 초기부터 여러 가지로 공훈을 쌓은 명장이었다. 끝으로 최진립 역시 몸가짐이 청렴하고 백성을 사랑

72) 《(국역) 비변사등록(備邊司謄錄)》, 2책, 광해군 10년 윤4월 19일.

하는 장수였다. 광해군은 여러 장수의 이러한 면모를 알고 있었던지라, 대신들의 건의를 한마디로 쾌히 승낙하였다.

> "아뢴 대로 시행하라. 파직된 이나 현재 보직이 없는 자(罷散) 그리고 상중(喪中)에 있는 사람들이라도 모두 선발하여 위급한 상황에 대비할 수 있도록 임용(調用, 직책에 임명)하라!"[73]

유감스럽게도, 〈실록〉에는 똑같은 내용의 기사가 하루 뒤인 광해 10년 윤4월 20일에 나와 있다.[74] 이것은 아마 실록을 편찬하는 과정에서 빚어진 작은 실수가 아닐까 한다. 이치로 보아 비변사(備邊司)의 공식 일지인 《비변사등록》이 원(原) 사료요 〈실록〉은 2차 사료에 해당하기 때문에, 우리는 《비변사등록》을 기준으로 삼는다.

원사립은 광해군이 즉위할 무렵에 이미 퇴직하였다. 그러므로 퇴직한 장수였다고 볼 수 있는데 때마침 모친이 위중하였다. 그는 조정의 부름에 따라 조정에 나아갈지를 신중하게 고려하였다. 그러나 과거에 생부 참의공(원연)의 상을 당했을 때에 비하면 변방의 사정은 아직 괜찮은 편이었다. 그래서 그는 고향에 남아 모친의 병을 치료하는 데 전념하기로 하였다.

---

73) 《(국역) 비변사등록(備邊司謄錄)》, 2책, 광해군 10년 윤4월 19일.

74) 《광해군일기(중초본)》, 광해 10년 윤4월 20일. 그 날짜 기록 가운데 비변사가 오랑캐를 방어하기 위한 대책으로 장수를 차출하자고 건의한 사실이 포함되어 있다.

## 별세 – 효자의 일생

어려서부터 원사립은 유달리 효심이 깊었다. 가정에서 배운 것이 나라에 대한 충성과 부모형제를 사랑하는 효제였다. 더욱이 어린나이에 숙부에게 입양되어 생가의 부모님을 떠나야 하였으므로, 생가 부모님을 위하는 애틋한 정이 다른 사람에 비해 도리어 깊었다. 노환 끝에 숙부인(진주 소씨)이 작고하자 그가 얼마나 애통해하였는지를, 송환기는 다음과 같이 기록하였다.

> "어머님(숙부인 소씨)께서 돌아가시자 공은 매우 애통해하였다. (시묘살이를 하시면서) 날마다 묘소에서 세 차례 통곡하셨다. 설사 눈비가 오더라도 절대로 그만두지 않으셨다. 3년을 이렇게 지나다 보니 (튼튼하기만 하던 공의) 몸이 상하여 깊은 병이 찾아왔다. (遭內艱哀戚甚。日三哭墓。不以雨雪而或廢。三霜之中。毁瘠沈痼)"[75]

그로 말하면 젊은 시절부터 남해 바다와 북쪽의 압록강가에서 나라를 지키느라 노심초사하던 명장이었다. 무쇠같이 튼튼한 몸도 돌아가신 모친을 위해 일심 정성으로 묘소를 돌보며 애통해 하는 사이에 축이 나고 말았더라는 것이다.

---

75) 송환기, 〈원사립 묘표〉.

"그리하여 삼년 상을 마치자마자 (공은) 경술년(광해 2년, 1610) 12월 14일에 타계하시고야 말았다.(纔闋制而歿於庚戌十二月十四日)"[76]

참으로 애석한 일이었다. 철석간장(鐵石肝腸)을 지닌 대장부가 이렇게 무너질 줄 뉘라서 알았을까. 참으로 하늘이 낸 효자의 일생이었다고 하겠다. 그런데 위에서 인용한 송환기의 글에는 한 가지 오류가 있다. 원사립의 졸년(卒年, 돌아가신 해)은 "경술년", 즉 광해 2년이 아니었다. 〈실록〉과 《비변사등록》에서 확인한 것처럼 그는 광해 10년(1618) 4월까지도 건재하였다. 그럼 경술년이 아니면 언제일까. 광해 12년(1620) 경신년이라야 이치에 맞다. 숙부인은 광해 10년 6월 13일에 눈을 감으셨다. 그때부터 모친상이 끝나는 광해 12년 6월까지 원사립은 모친의 묘소에 여막(廬幕, 임시 거주공간)을 지어놓고 하루도 빠짐없이 정성을 다해 추모의 정을 다했던 것이다. 그러고는 병이 깊어져 6개월쯤 지나자 별세하고 말았다.

명장이 있으면 으레 명검(名劍)이나 명마(名馬)가 있기 마련이다. 원사립의 백부(伯父) 원릉군(原陵君, 원균)만 하여도 선조 임금이 하사한 명마가 있지 않았던가. 그 말이 주인을 여의고 쓸쓸히 귀향하여 슬피 울다가 얼마 후에는 쓰러져 죽고 말았다는 이야기가 아직도 평

---

76) 송환기, 〈원사립 묘표〉.

택에 전한다. 또, 그 말 무덤 애마총(愛馬塚)이 원릉군의 묘소 아래 아직도 자리를 지키고 있다.

그럼 명장 원사립에게는 이러한 말이 없었을까. 앞에서 말하였듯 그에게는 "돌이"라고 하는 충노(忠奴)가 있었다. 돌이는 상전의 말고삐를 손에 쥔채 전쟁터를 누볐다고 하지 않았던가. 돌이가 돌보던 그 말이야말로 실은 천하의 명마였다. 〈목사공 사적〉을 자세히 살펴보면 명마의 최후에 관한 신기한 전설이 다음과 같이 서술되어 있다.

> "공(원사립)이 평소에 타시던 말은 참으로 명마였다. 공의 병이 심해지자 그 말은 구슬피 울며 여물도 먹지 않았다. (집안사람들이 이따금) 마구간에서 말을 꺼내 공이 누워계시는 건물 아래 묶어두었다. 그러면 항상 (기뻐하며) 공중으로 뛰어올랐다. 그러고는 돌을 힘차게 깨물어 돌에서 불꽃이 일어났다. 그처럼 (정을 표시)하더니 공이 돌아가시기 사흘 전에 먼저 세상을 떴다. 이 역시 기이한 일이었다.(公之平日所騎馬 馬之駿者也 自公病篤後 悲嘶不食 出繫于堂下 則必跳蹬囓石 石輒生火 先公易簀 前三日而死 此亦異事也)"[77]

명마는 주인을 아는 법이고, 반드시 주인과 뜻이 통한다는 이야기

---

77) 〈목사공 사적〉.

다. 원릉군이 아끼던 명마는 주인을 잃고 슬피 울다가 명을 다하였고, 원사립을 따르던 명마는 주인보다 사흘 먼저 눈을 감았다는 것이다. 세상에는 참으로 이렇게 신기한 이야기가 곳곳에 남아 있다.

앞에서는 단편적으로나마 아직 남아 있는 몇 가지 사료(史料)를 바탕으로 원사립의 행적을 약술(略述, 간단히 서술)하였다. 그러나 이것이야말로 '구우일모(九牛一毛)'일 따름이다. 아홉 마리의 소가 있는데 겨우 그 터럭 하나를 얻은 셈이다. 〈원사립 묘표〉를 쓴 송환기 역시 자료가 미흡함을 한탄한 적이 있는데, 필자도 그와 똑같은 심정이다. 그는 이렇게 표현하였다.

> "슬프다! 세월이 이미 오래 지난 옛일이라 공의 사적을 제대로 알기가 어렵도다. 공의 아름다운 덕과 행실이 열 가지가 있었더라도, 내가 기록할 수 있는 것은 겨우 한두 가지뿐이다. 이 어찌 후세의 한스러운 일이 아닐까. (惜乎 年代旣遠 事蹟無徵 令德懿行十 不能記其一二 豈非後承之恨耶)"[78]

한 시대를 사로잡은 훌륭한 장수요 효제와 충성의 도리를 실천한 명인(名人)이었는데도, 원사립의 전기가 이렇게 짤막한 것은 정말 안타까운 노릇이다. 한 가지 다행스러운 일은, 지금도 그의 묘소가 후손

---

78) 〈목사공 사적〉.

들의 정성스러운 돌봄에 힘입어 제 모습을 잃지 않은 것이다. 또, 순조 30년(1830) 나라에서 이 효자에게 정려를 하사한 일이다. 그의 정려와 생부 참의공의 충신 정려를 하나로 일컬어 후세는 "양세충효정문(兩世忠孝旌門)"이라고 부르며 기린다. 이것은 실로 아름다운 가풍(家風)이다.

원사립의 안식처는 어디일까. 조선 후기에 편찬한 《경기읍지》에서는, "원사립의 묘소는 (진위)현의 남쪽 16리에 있다(元士立墓 在縣南十六里)"[79]고 하였다. 조금 더 부연하여 말하기를, "진위현의 여좌동 침흠원에 묻히셨다.(葬于振威之余佐洞枕坎原)"[80]라고도 하였다. 이 기술처럼 원사립은 고향 마을의 야트막한 언덕에 영원한 안식처를 얻은 것이 과연 어김없는 사실이다.

## 배우자와 자손

원사립의 천정 배필(天定配匹, 하늘이 주신 배우자)은 숙부인 고성 이씨(固城李氏)다. 일찍이 사과(司果, 정6품)를 지낸 이애(李磑)의 따님인데, 부인은 조선 초기에 좌의정을 지낸 이원(李原)의 자손이므로 명문가 출신이었다.[81] 양가(良家)의 정훈(庭訓, 가정에서의 가르

79) 《경기읍지》 6책, 184쪽.

80) 《경기읍지》 6책, 184쪽.

81) 송환기, 〈원사립 묘표〉. 거기에 "配淑夫人固城李氏。司果磑之女。左議政原之後"라고 쓰여 있다.

침)에 힘입어 부인은 가정의 규범에 밝았고 자애로운 인품을 가진 훌륭한 아내이기도 하였다.

이씨 부인과의 사이에서 원사립은 아들 한 명을 두었다. 그 이름은 원빈(元玭)인데, 평생 아버지를 뒷바라지 하느라 자신이 벼슬에 나아갈 생각을 미처 하지 못하였다. 그래도 음덕이 많이 쌓인 덕분이었는지 후손이 크게 현달하여, 원빈은 승지(承旨, 정3품)에 추증되었다.

승지 원빈에게는 4명의 아들이 있었다. 장남 원순상(元舜相)은 통덕랑(通德郎, 정5품)이요, 차남 원순빈(元舜賓)은 후세에 참판(參判, 종2품)에 추증되었다. 그 다음은 원순석(元舜錫)과 원순규(元舜揆)다. 그들도 인품과 학식을 겸비한 아름다운 선비였다.

승지는 또, 4녀를 두었는데, 장녀는 감사(監司, 종2품)를 지낸 어진익(魚震翼)의 배필이 되었다. 차녀는 선비 이기(李楮)의 배우자가 되었으며, 3녀는 부사(府使, 3품) 신석일(辛錫一)에게 시집갔다. 그리고 막내 딸은 선비 이문익(李文翊)의 배필이 되었다.[82]

그밖에도 측실에서 낳은 아들이 세 명이 있었다. 차례로 소개하면 선비 원순미(元舜徵)와 첨지중추(僉知中樞, 정3품) 원순승(元舜昇) 그리고 선비 원순화(元舜華)가 그들이다. 딸도 두 명이 더 있었으니, 선

82) 송환기, 〈원사립 묘표〉를 참조할 것. 그거에 다음과 같이 기록되었다. “有一男玭贈承旨。承旨生四男。長舜相通德郎。次舜賓贈參判。次舜錫 次舜揆。四女長適監司魚震翼。次適李楮。次適府使辛錫一。次適李文翊”

비 권확(權擴)이 큰사위요, 선비 이유한(李有漢)은 둘째 사위였다.[83]

이상은 원사립의 자녀와 손자 및 손녀에 관해 간단히 기록한 것이다. 그의 증손과 현손(玄孫, 고손)은 수가 무척 많아서 여기에 일일이 다 기록하지 못한다.

한 가지 특기할 점은 원사립의 가문이 날로 융성하여 친손(親孫)과 외손을 막론하고 훌륭한 선비와 무사가 쏟아져나왔다는 사실이다. 특히 그의 외예(外裔) 중에는 경종의 정비(正妃)인 선의왕후(宣懿王后) 함종어씨(咸從魚氏, 1705~1730)도 나왔다. 경종과 선의왕후의 능묘는 이른바 의릉(懿陵)이라고 부르는데, 현재의 서울특별시 성북구 석관동에 자리하고 있다.

## 역사적 평가

원사립의 생애를 한마디로 평하면 "충효쌍전(忠孝雙全)", 즉 충성과 효제의 도리를 모두 온전히 지켰다고 하겠다. 이것은 비단 우리만의 생각이 아니다. 18세기의 대학자로 노론의 이론가였던 성담(性潭) 송환기(宋煥箕)의 평가도 그러했다. 그는 우암(尤庵) 송시열(宋時烈)의 5대 손이기도 하였는데, 그의 평가를 들어보면 다음과 같았다.

83) 송환기, 〈원사립 묘표〉에 다음과 같이 서술하였다. "側出三男舜徵, 舜昇僉樞, 舜華。二女適權擴, 李有漢"

"오호라. 공은 집에 계실 때든 벼슬을 하실 때든 업적이 크셨으니 이 모두가 충성스럽고 효성스러운 마음에서 비롯된 것이라. 슬프다, 여러 행동에 빛나고 현저함이 많았으나 전쟁을 지나는 동안에 불에 타버려 남은 문헌이 거의 없도다. 만일에 공께서 충성스럽고 효성스러운 마음으로 오래 장수하셨더라면, 재주와 기량을 더욱 펼치시고 후세에 빛남이 더욱 눈여겨 볼만하지 않았을까. (嗚呼。公之居家立朝。始終徽蹟。皆從忠孝中出來。惜乎。其羣行之焯焯可著者。無以盡徵於兵燹之餘也。若使公忠孝之心。克享壽位。則其得展才器而垂耀後世者尤當如何哉)"[84)]

원사립이 모친상을 마치고서도 건재(健在)하였더라면, 정묘호란이나 병자호란 때는 후금의 침략에 맞서 나라를 철저히 방비할 수 있었을 것이다. 그러나 아쉽게도 52세를 일기로 세상을 등지고 말았으니, 애석한 일이었다.

그는 타고난 명장으로 지략이 출중하였다. 나이 23세에 무과에 급제하였고, 그 이듬해에 왜란이 일어나자 학봉 김성일의 군관으로 전쟁터에 나아갔다. 이후 선전관을 거쳐 잠깐 사이에 고부 군수로 승진하였다. 생부의 상을 당해 잠시 귀향하였다가 정유재란이 일어나자 충청도 서천 군수로 기용되어 왜적을 격퇴하였다.

---

84) 송환기, 〈원사립 묘표〉.

그후 부친 고성공(원전)의 상을 마치고 요직인 진주 목사에 특별히 임용되었다. 한때 남의 시기를 입어 비운을 겪기도 하였으나, 곧 군기시 부정(軍器寺 副正)을 거쳐 김해 부사가 되었다. 이후 북쪽 변방이 점차 시끄러워지자 압록강변의 만포진 첨사가 되어 성곽을 수축하여 전선의 면모를 일신하였다.

그러나 광해군이 즉위할 무렵에 신군부 사이에서 알력이 생겨 벼슬에서 물러난 것으로 보인다. 고향으로 물러난 원사립은 연로한 노모(숙부인 소씨)를 봉양하며 여러 해를 지냈다. 마침내 조정에서 그를 다시 불렀으나, 그는 모친의 노환을 돌보기에 힘쓰느라 다른 일에 마음이 미칠 겨를이 없었다.

원사립의 업적을 평가할 때 필자는 다음의 세가지를 최우선적으로 손꼽게 된다. 첫째, 그는 무관이었으나 문학(文學)에도 조예가 깊었다. 이러한 그의 자질을 평하여 〈목사공 사적〉에서는, "무관 중에 진주 목사가 된 사람은 그 앞에도 뒤에도 오직 공 한 사람뿐이었다.(武弁中除晉牧者 前後唯公一人云)"[85]라고 하였다. 그 평가는 조금 과장된 것이기는 하였다. 역사를 자세히 살펴보면 진주 목사 중에도 무관이 몇 명쯤 더 있었기 때문이다. 그러나 진주 목사 자리는 본래 재간이 뛰어난 문관이 임용되는 것이 상례(常例)였으므로, 아주 틀린 주장은 아니었다. 젊은 시절에도 원사립의 선비다운 풍모를 높이 평

85) 〈목사공 사적〉.

가하는 이들이 경향(京鄕)에 적지 않았다는 사실을 우리는 뚜렷이 기억하고 있다.

둘째, 그는 나라를 위해 충심을 다한 영웅이었다. 정유재란 때 왜적이 서천과 한산 사이를 점거하여 크게 진을 치고, 백성의 재산을 약탈하고, 여러 지방관을 죽이는 일도 많아 모두가 두려워하였다. "조정에서는 사태를 매우 우려한 나머지 문신이든 무신이든 적을 제압하고 백성을 안정시킬 능력이 있는 사람을 뽑고자 하였다. (朝廷以是憂之 方擇文武中 鎭靖之才)"[86] 바로 그처럼 위급한 때에 사태를 해결할 인재로 선발된 이가 바로 원사립이었다.

누구라도 선뜻 나서기 어려운 상황이었으나, 원사립은 분연히 떨쳐 일어났다. 〈목사공 사적〉에서는 그때의 과감한 결단을 이렇게 표현하였다.

> "그때 공은 (생부 현감 공의) 상복을 입고 있었으나, 특별히 기용하였다. 공은 차마 나랏일을 외면할 수 없어 부득이 왕명을 받들고, 홀로 부임하였다. (而公時在憂服中 特命起復 公以王事靡臨 不得已膺命 單車赴任)"[87]

---

86) 〈목사공 사적〉.

87) 〈목사공 사적〉.

단기필마(單騎匹馬)라는 표현 그대로였다. 오직 그 혼자서 한 필의 말을 타고 적진이 코앞인 충청도 서천으로 부임하였다. 그 곁에는 충직한 마부 "돌이"가 있었을 따름이다. 그런데도 얼마 안 되는 군사를 모아, 몇 십 배나 숫자가 많은 왜적을 공격해 그들을 몰아냈다. 지략 있는 충신이 아니면 감히 할 수 없는 일이다. 그 뒤에도 김해와 만포진에서 나라를 위해 큰 공을 세운 사실은, 이미 위에서 서술한 바와 같다.

셋째, 원사립은 출천지효(出天之孝), 즉 하늘이 낸 효자였다. 효성이 지극하여 아무리 날씨가 춥거나 더워도 어머니의 묘소를 돌보는 데 소홀함이 전혀 없었다. 그래서였겠지만 〈목사공 사적〉에는 신기한 이야기를 후세에 전하고 있다.

> "공(원사립)이 어머님의 산소에서 통곡하며 울 때는 슬픔과 그리움이 지극하였다. 그래 서였는지 무덤 속에서도 그 울음소리에 응답하는 듯하였다. 하늘이 낸 효자가 아니라면 어찌 이런 일이 있었겠는가. 마침내 공은 몸이 상하여 고질병을 얻었으니, 상기를 마치기가 무섭게 세상을 뜨고야 말았다. (公天性至孝 晩年丁內艱 日三上墓 雖隆寒盛暑者不廢 哭泣之際 哀慕彌篤 自壙中有相應之聲 非誠孝之出天 寧如是耶 漸毁成疾 纔制畢卒)"[88]

---

88) 〈목사공 사적〉.

세상에 살아 있는 아들이 통곡한다고 하여 어찌 돌아가신 어머님이 지하에서 응답할 수 있을까. 상식적으로는 납득하기 어려운 일이다. 그러나 원사립의 효성이 참으로 지극하였으므로, 사람들은 원사립에게 많은 이적(異蹟, 기이한 일)이 일어났다고 믿었다. 가까운 친족은 물론이고 온 마을 사람들 가운데 원사립의 효성에 탄복하지 않는 사람이 없었다. 또, 그의 효제(孝悌, 효성과 우애)를 본받은 후손들 중에서도 효자와 열녀가 대대로 이어졌다. 과연 뿌리가 깊은 나무는 여간한 바람에 쓰러지지 않는 법이요, 그 꽃이 아름답고 열매도 풍성하기 마련이다.

## 정문(旌門) 효자(孝子)
## 선무원종공신(宣武原從功臣)
## 진주 목사(晉州牧使) 원공(元公) 묘비(墓碑)

옛 진위현(振威縣, 현 평택시) 남쪽 16리에 명산 송장산(松莊山, 현 덕암산)의 내곡(內谷)이 있고, 그 자좌(子坐) 언덕에 통정대부 진주 목사 원공의 묘소가 있다. 옛날식으로는 이곳을 여좌동(余佐洞) 침감원(枕坎原)이라 부른다. 숙부인(淑夫人) 덕수 이씨(德水李氏) 부인도 공과 함께 잠들어 계신다.

공은 선조 2년(1569) 기사년 5월 초하루에 초하루에 태어나 만으로 51년을 사시다가 경신년(광해 12, 1620) 12월 14일에 작고하였다. 경술년에 별세하셨다는 기록도 있으나, 경신년을 잘못 기록한 것이다.

숙부인은 공과 동갑이셨는데 먼저 세상을 뜨셨고, 기일(忌日, 제삿날)은 11월 초나흘이다.

공의 휘는 사립(士立)이요 자는 현경(顯卿)이다. 타고난 성품이 침착하고 신중하였는데, 어릴 적부터 가정에서 훌륭한 교육을 받아 효성이 남달리 뛰어났고 형제간에 우애도 깊으셨다. 자라면서는 힘껏 글을 배워 시율(詩律)과 필한(筆翰)에도 모두 통달하셨다. 공이 마음을 쓰는 것은 아름다운 선비와 조금도 다르지 않아, 한양에서든 고향에서든 선비 집안의 자제들이 모두 공의 빛나는 명성을 부러워하고 깊이 사모하였다.

그래도 공은 부조(父祖)의 사업을 이어받아 무관(武官)의 길로 나아갔다. 공의 조부와 부친은 물론이고 백부와 숙부에 이르기까지 모두 명장으로 이름이 높았다. 형제와 사촌 중에도 충성스럽고 용맹한 무신(武臣)이 여럿이었는데, 그중에서 가장 우뚝하신 이가 다름 아닌 공이셨다.

선조 24년(1591) 신묘년에 별시(別試) 무과(武科)에 당당히 급제하셨는데 그때 연령이 23세요, 벼슬하는 부친을 따라 한양의 건천동에 사셨다.

그 이듬해 임진왜란이 일어나자 공은 바로 경상우병사 학봉(鶴峯) 김성일(金誠一)의 병영으로 달려가 군관(軍官)이 되었다. 학봉은 괵수(馘首, 적의 머리)를 조정에 바치고 장계(狀啓)를 올릴 때 공을 선조께서 계신 행재소(行在所)로 보냈다. 조경남의 〈난중잡록(亂中雜錄一)〉에 나오는 바 그만큼 공을 깊이 신뢰하였다.

왜란 때 여러 차례 공을 세워 선전관(宣傳官)이 되셨다가 드디어 6품으로 승진하였다. 선조 29년(1596) 5월에는 전라도 고부(古阜) 군수에 임명되셨는데, 〈죽계일기(竹溪日記)〉에 그 사실이 적혀 있다.

그 이듬해 정유년(선조 30년, 1597)에는 왜적이 다시 쳐들어와 큰 피해가 발생하였다. 적이 충청도 서천에 진을 치고 관리를 살해하고 백성을 괴롭히자 아우성이 심하였다. 조정에서는 문신이든 무신이든 적을 제압하고 민생을 안정시킬 만한 인재를 뽑고자 하였다. 그때 마침 공은 생부(生父)의 상중(喪中)이었으나, 급히 서천 군수로 가라는 조정의 명령이 내리자 차마 나랏일을 외면할 수 없어 엄한 분부를 받들어 임지로 달려갔다.

세상 사람들은 공의 자리를 위태롭게 여겨 많은 걱정을 하였으나, 공은 태연하고 늠름하기만 하셨다. 얼마 후에는 왜적을 소탕하여 서천 고을이 모두 공을 믿고 평안해졌다. 자신의 안위마저 잊고 나라를 위해 지극한 충성을 바치셨으니, 이야말로 공이 평생 온축(蘊蓄)한 충심이 있어서 가능한 일이라.

그때 공의 하인 중에는 '돌이'라는 이름을 가진 이가 있었다. 공이 왜적과 싸울 때마다 그가 맨몸으로 공이 탄 말의 고삐와 재갈을 붙들고는 창과 칼이 번득이는 전쟁터를 이리저리 뛰어다니며 정성껏 공을 보좌하였다. 왜적도 그런 사실을 알게 되어 돌이를 '홍장군'이라 불렀다. 공이 나라에 지극한 충성을 바쳤기에 하인 돌이도 이처럼 충직하다고 모두가 칭찬하였다.

이에 공은 더욱더 분발하여 지혜와 용기를 몽땅 쏟아 왜적을 물리치기에 이르렀다. 서천은 물론이고 충청도 여러 고을이 공의 승리 덕분에 저절로 평안해졌다. 조정에서는 이런 사실을 기록해 두었다가 난리가 끝나고, 공이 지극한 정성으로 양부 고성공의 상기(喪期)

를 마치자 벼슬을 더해 경상도 진주 목사(정3품)로 삼았다. 선조 34년(1601) 10월 27일의 일이었으니, 〈선조실록〉에 적혀 있다. 역대에 무관으로 진주 목사가 된 이는 오직 공 한 사람뿐이었다는 말도 있다. 공이 문무에 모두 정통했기 때문에 이런 일이 가능하였다.

하지만 그 이듬해 선조 35년(1602) 3월 18일에 사헌부의 고발로, 공은 갑자기 진주 목사의 직(職, 자리)을 잃었다. 미천한 창기(娼妓)에게 현혹되어 관청을 어지럽히고 관청의 곡식을 가져다 자신의 배를 불렸다고 하였다. 선조 35년 3월 18일의 〈실록〉에 그 기사가 나오는데, 누군가 근거 없이 공을 무함(誣陷)한 것이다.

다시 이태가 지난 선조 37년(1604) 3월 27일에 조정에서는 공의 억울한 사정을 알아채고 군기시 부정(副正)으로 등용하였고, 며칠 뒤에는 다시 경상도 김해 부사(종3품)로 나가게 하였다. 선조 37년(1604) 4월 2일의 〈실록〉에 기록된 일이다. 이제 공에게 씌워진 억울한 누명은 완전히 벗겨졌다.

그로부터 2년 뒤에는 다시 정3품으로 높여 공을 함경도의 만포 첨사(滿浦僉使)로 나가게 했다. 선조 39년 5월 25일이었다. 만포진에서도 공이 세운 공적이 많았으니, 가령 남문에서 동문까지 350파(把, 단위)를 개축한 것이다. 〈인재선생별집(訒齋先生別集)〉에 그 업적이 실려 있다. 만포첨사를 지낸 다음에 공은 평안도로 옮겨 병마사 우후(虞候)에 임명되셨다.

그 뒤 곧 조정에서 물러나 여러 해 동안 고향 진위에서 지내셨는데 모부인 숙부인을 받들기에 정성을 쏟았다. 그후 광해군 10년(1618) 4월에 조정은 다시 공을 불러들였다. 비변사에서 광해군에게 아뢰기를, 탁월한 지휘관 원사립(元士立)이 고향에서 지내고 있으니 조정으로 불러들여 마땅한 임무를 주어야 한다고 하였다. 광해 10년(1618) 윤4월 20일의 〈실록〉에 보인다.

생모이신 숙부인 소씨 부인께서는 공의 효성으로 즐거운 나날을 보내시다 광해 10년 6월에 별세하셨다. 이에 공은 하루에 세 번씩 묘소를 찾아 송장산(松莊山) 임좌(壬坐)에 올라가셨다. 날씨가 아무리 춥거나 더워도 그만두지 않으셨다. 산소에 갈 때마다 공은 큰소리로 통곡하며 우셨는데, 울음소리가 참으로 슬퍼 모친을 그리워하심이 지극하다는 것을 온 마을이 다 알았다. 전하는 말로, 무덤 안에서도 공이 통곡하면 응답하는 기운이 보였다고 한다. 하늘이 낸 효자가 아니고서야 어찌 이렇게 기이한 일이 있었겠는가.

날마다 효성을 극진히 다하여 공의 몸이 쇠하고 상하여 마침내 고질이 되었다. 삼년상을 마치자 공은 곧 세상을 버리고야 마셨으니, 경신년(1620년) 12월 14일이었다. 공으로 말하면 한 시대의 영웅이요 이름난 명장이시다. 평소 공이 아끼던 말도 최고의 명마(名馬)였다.

모친을 여의고 큰 슬픔에 젖어 공이 병을 얻으시자, 말도 구슬피 울며 감히 여물을 먹지 못하였다. 하인이 마구간에서 말을 데려다가 공이 앉아 계시는 사랑채 근처에 묶어놓고 말의 병세가 나아지기를 바랐다. 그러나 말은 발굽을 차며 높이 뛰어올랐다가는 돌을 깨물기도 하였는데, 그때마다 돌에서 불꽃이 튀었다. 공이 타계하기 사흘 전에 명마가 먼저 죽고 말았다. 세상 사람들이 기이한 일이라고 말하며 공의 효성을 칭찬하였다.

후세는 도일동에 〈양세충효정문(兩世忠孝旌門)〉을 세워 효자인 진주공과 생부이신 충신 이조참의공의 충성을 기린다. 애당초 나라에서 공에게 효자 정려를 내려주실 때 예조(禮曹)에서 관련 사실을 정리한 문서가 있는데, 그에 따르면 공은 정유년(1597년)에 아버지(생부)의 상중에 있었으나, 조정의 명으로 서천 군수로 나아가 왜적을 모두 소탕하셨다. 뒤에는 어머니(생모 숙부인)의 삼년상을 극진한 효성으로 모시느라 몸이 상하이 별세하였다고 기록하였다. 그런데 조선 후기에 편찬한 〈경기도 읍지〉 등에는 공이 "친상(親喪)"을 입고 효성을 다하다가 돌아가셨다고 기록하는 바람에 사람들이 부친의 상으로 오독(誤讀)하였다. 공의 가문은 원주 원씨(原州元氏)로 고려가 일어날 때부터 현달(顯達)하였다. 고려 태조를 도와 후삼국을 통일한 공으로 삼한벽상공신이자 원성백(原城伯)에 책봉된 정의대부 병부령(兵部令) 휘(諱) 극유(克猷, 시호는 忠簡)에서 그 명성이 빛났다. 그 후 대대로 충신과 현사(賢士)가 배출되었는데, 문순공(文純公) 휘 부(傅)가 우뚝하셨다. 그 뒤를 이어 첨의찬성사(僉議贊成事) 휘 관(瓘)

과 원천부원군(原川府院君) 충(忠)까지 모두 당대의 명인이셨으니, 이분들은 한결같이 진주공의 직조(直祖)시다.

그런데 판삼사좌윤(判三司左尹) 휘 선(宣)에 이르렀을 때 고려가 망하고 조선이 일어났다. 좌윤은 고려를 위해 절조(節操)를 지키려고 평간공(平簡公) 조견(趙狷)과 함께 송산(松山, 현 경기도 의정부시)에 은거하셨으니, 공에게는 7대조시다.

공의 증조는 휘(諱)가 임(任)으로 호조참판에 증직되셨다. 조부는 경상도 병마절도사를 지내신 휘(諱) 준량(俊良)인데, 원평부원군(原平府院君)에 책봉되고, 공신호(功臣號)를 받으셨으며, 의정부(議政府) 영의정(領議政)에 추증되셨다. 장남인 원릉군 삼도수군통제사(三道水軍統制使) 균(均)의 탁월한 공적 덕분이었다. 원릉군은 임진왜란 때 수군을 지휘해 가장 큰 공을 세우신 명장으로, 선무공신 제일등에 책록(策錄)되고 벼슬이 의정부 좌찬성으로 높여졌다.

원평부원군에게는 다섯 명의 아들이 있었던바, 모두 혁혁한 충신이었다. 원평부원군의 둘째 아들 휘 연(埏)은 공의 선고(先考, 아버님)고, 공의 생모는 숙부인 진주 소씨(晉州蘇氏)인데, 사직을 지낸 수연(壽延)의 따님이다. 소씨 또한 진위의 명문가로 공의 집안과는 연혼(聯婚, 사돈끼리 결혼함)이 많았다.

임진년에 왜적이 처음 쳐들어 왔을 때 생부께서는 포의(布衣, 벼슬 없는 선비)로 고향에서 의병을 일으켜 용인의 금량(金良, 김량장리)

또는 햇골에서 왜적을 크게 무찌르셨다. 조정에서 그 공적을 높이 평가해 연기와 적성 고을을 차례로 맡기었다. 다시 순조 29년(1829, 기축)에는 충신(忠臣) 정려(旌閭)가 내려지고, 벼슬도 이조 참의(吏曹參議)로 높여졌다. 훗날 충청도의 큰선비 송환기(宋煥箕)가 쓴 공의 〈묘표〉에는 참의 공이 정유재란 때 의병을 일으켰다고 기록하였는데, 임진왜란을 잘못 적은 것이다.

이미 어린 시절에 공은 계부(季父) 고성 현령 휘(諱) 전(塡)에게 출계(出系, 입양됨)하였다. 양부는 선조께서 일찍부터 탁월한 공적과 능력을 인정한 당대의 명장이셨다. 나중에 선무원종공신 제일등에 책봉되셨다. 공의 생부와 양부는 조정에서 인정하는 충신이요, 형제의 우애로 말하더라도 한 시대의 으뜸이었다.

공의 양모(養母)인 숙부인은 덕수 이씨로 역시 이름난 선비 가문 출신이셨다. 그리하여 공은 생부모와 양부모로부터 어릴 때부터 충성과 효우를 제대로 배우고 익히셨다.

아직 젊어서 공은 숙부인 고성 이씨를 배필로 맞이하셨다. 부인은 사과(司果) 애(磑)의 따님이요, 충의위 세분(世芬)의 손녀시다. 부인의 증조는 대사헌(大司憲) 육(陸)이고, 멀리 올라가면 좌의정을 지낸 원(原) 또한 직계 조상이시니, 참으로 명가의 규수라 하겠다. 공과 숙부인은 슬하에 오직 한 아드님을 길렀으니, 휘가 빈(玭)으로 나중에 통정대부 승정원 좌승지 겸(兼) 경연 참찬관에 추증되었다.

좌승지는 일곱 아들을 두었는데, 첫째는 통덕랑 순상(舜相)이요, 둘째는 증 호조참판 순빈(舜賓)이라. 셋째는 순석(舜錫)이고, 넷째는 순규(舜揆), 다섯째는 순징(舜徵), 여섯째는 순승(舜昇), 일곱째는 순화(舜華)였다. 슬하에 딸도 여섯으로, 맏사위는 관찰사 어진익(魚震翼)이요, 둘째 이하는 차례로 덕수인 이계(李稽), 영산인 부사 신석일(辛錫一), 전주인 이문익(李文翊), 안동인 첨지중추부사 권확(權擴) 그리고 이유한(李有漢)이었다.

공의 증손 이하는 내외로 자손이 매우 번성하여 모두 기록할 수가 없다. 특기할 점은, 진주공의 손녀사위인 관찰사 어진익의 증손녀가 곧 경종(景宗)의 중궁전(中宮殿, 왕후) 곧 선의왕후(宣懿王后)라는 사실이다. 요컨대 공의 5대 외손녀가 조선의 왕비로 뽑히셨으니, 참으로 큰 경사였다.

아, 진주공은 집에 계실 때든 벼슬을 하실 때든 업적이 유난히도 크셨도다. 앞뒤로 벼슬을 하실 적에 모두 공적이 많아서 간간이 품계와 벼슬이 한층더 높아졌고 상도 후하게 받으셨다. 모든 일이 충성스럽고 효성스러운 공의 마음에서 비롯되었다고 한다. 만일 공께서 천수(天壽)를 누리셨더라면, 타고난 재주와 기량을 더욱더 펼쳐 후세에 길이 빛날 공적을 얼마나 더 많이 세우셨을까 한다.

2023년 계묘년 가을에 전 서강대학교 교수

철학박사 백승종 삼가 지음.

# 3장

# 가문을 빛낸 선조들

3장

# 가문을 빛낸 선조들

후세가 "고성공"이라 부르는 고성 현령 원전과 "진주공"이라고 일컫는 진주 목사 원사립은 부자(父子)간이다. 그들은 한양 사람이기도 했고, 경기도 사람이기도 했다. 한양 한복판에 건천동(乾川洞)이라는 사대부들의 주택지가 있었는데, 다름 아닌 그곳에 그들의 자택이 있었다. 그러나 그와 동시에 경기도 진위현 여좌동(余佐洞, 현 경기도 평택시 도일동) 또는 여동(余洞)에는 집안 소유의 드넓은 전토(田土)가 펼쳐져 있었고, 정든 일가친척이 오순도순 모여서 살았다. 그런 점에서 원전-원사립 부자에게 여좌동은 건천동보다 훨씬 더 다정하고 아름다운 추억이 깃든 공간이었다.

그들 부자가 태어나기 오래전부터 원주 원씨 일가는 여좌동에 터를 잡고 유족하게 살았다. 또, 그보다 200년쯤 시간을 거슬러 올라가면, 그들의 조상은 고려의 중심인 개경에서 삼한갑족(三韓甲族), 즉 온 나라에서 가장 문벌이 높은 집안으로 손꼽혔다. 아래에서는 원전과 원사립의 선대(先代) 역사를 간단히 살펴보려고 한다. 그 자체가 대단히 유장(悠長)하기도 하고, 역사의 격랑에 여러 차례 휩쓸리기도 한 명가(名家)의 역사를 매우 간단히 쓰게 되어 송구한 마음이 들기도 한다. 그런데 이 글의 목적은, 왜란 때 충신이 쏟아져 나온 한 집안의 역사적 배경을 개괄(槪括)하는 것이다. 상세한 설명을 붙이지 못한 점에 관해 여러분이 양해하기를 부탁드린다

## 진위현 여좌동이라는 터전

여좌동은 흔히 여동이라 불렀는데 진위현 남쪽에 있다. 이곳이 바로 원주 원씨(原州元氏)의 세거지였다. 조금 더 구체적으로 말해, 원성백(原城伯) 원극유(元克猷)의 자손 가운데 한 줄기가 이 마을에 뿌리를 내린 곳이다. 조선 후기에 이 마을 출신으로 뛰어난 선비였던 원각(元慤)은 다음과 같이 말했다.

> "여동은 우리 12대조이신 (증) 군자감정 공 원몽(元蒙)께서 전거(奠居, 卜居)하신 동리이다."[1)]

원전은 군자감정의 현손이요, 원사립은 그 5대손이다. 〈여동지〉를 쓴 원각은 원사립보다 7대를 더 내려가 18세기부터 19세기 초반에 생

1) 원각(元慤), 〈여동지(余洞誌) 겸(兼) 보(譜, 족보) 후서(後序)〉, 《원주 원씨(原州元氏) 삼사공파(三司公派) 첨절제사(僉節制使) 종보(宗譜)》, 2021, 803쪽.

존한 인물이다. 원각은 여동과 그곳에 사는 원씨들의 밀접한 관계를 다음과 같이 문학적으로 묘사하였다.

> "이 동리(여동)의 일수(一水)와 일석(一石)이며 일록(一麓) 일강(一崗)이 모두 우리 종중과 종원의 소유다. 속담에 이르기를, 이 동리 99곡이 모두 원씨 것이라 하였다. 또, 임천(林川, 자연)이 아름다우며 촌장(村莊, 마을과 집터)이 깊숙하고 그윽한 곳에 자리를 잡아 문밖으로 나가 벼슬길에 오른다면 낙교(洛橋)의 푸른 숲이 이에 가깝다. 그리고 문을 닫고 돌아와 은거하더라도 상암(商巖)의 지초(芝草)가 또한 바야흐로 봄을 이룬다."[2]

인용문에서 우리는 다음의 세 가지 사실에 주목하게 된다. 첫째, 마을과 그에 딸린 모든 땅이 원씨의 소유라는 점이 인상적이다. 여동 일대는 명실상부한 원씨들의 터전이었다. 둘째, 마을의 산천은 풍경이 무척 아름답고 토양도 비옥하였다는 점이다. 셋째, 이 마을 원씨들은 벼슬길에 오르면 한양에 진출하여 뜻을 폈으나, 벼슬살이를 그만두면 곧 여동으로 귀향하여 여생을 평안하게 보냈다는 점이다. 여동은 원씨들에게 무엇과도 바꿀 수 없는 천혜의 보금자리였다.

그럼 여동 원씨의 자랑은 무엇이었을까. 그들은 어떠한 역사적 유

---

2) 원각, 〈여동지 겸 보후서〉, 804쪽.

산을 가슴 깊이 간직하고 있었을지, 궁금해진다. 원각은 다음과 같이 서술했다.

> "우리 8대조이신 증(贈) 이조참의(吏曹參議, 원연) 공이 창의(倡義, 의병을 일으킴)하신 장하신 일과 방조(傍祖) 원릉군(원균)께서 초왜(剿倭, 왜적을 소탕함)하신 훈업(勳業), 고성공(원전)께서 종군(從軍)하신 충의(忠義), 진주공(원사립)게서 기복(起復, 상중에 조정에 등용됨)하신 일, 그리고 선전공(元士震, 김응하와 함께 전쟁터에 나감)께서 순절하신 훈업, 이것으로 말하면 하늘과 땅 사이에 의기와 영풍(英風, 영걸스러운 풍모)이 한 가문에 모여들어 죽백(竹帛, 역사)에 이름을 기록한 것이리라. 그 이름이 찬란하게 빛났으며, 은포(恩布, 조정의 포상)가 특별하여 100년이 지나도 오히려 더욱더 빛을 발하도다."[3]

요컨대 여동에 사는 후손들로서는 원릉군 원균의 형제 세 분(원균, 원연, 원전)이 나라에 충성을 바친 일과 원연의 아들이자 원전의 아들이기도 한 원사립의 공훈이 특별한 일이었다. 그밖에 "선전공" 원사진(元士震) 역시 나라를 위해 순국하였다고 기록하였다. 광해군 11년(1619)에 선전관 원사진은 명나라를 돕기 위해 만주지방에 파견

---

3) 원각, 〈여동지 겸 보후서〉, 804쪽.

되었는데, 청나라 군대와 싸우다가 충무공 김응하(金應河)와 함께 전사하였다.[4] 이 다섯 명의 충신이야말로 여동의 큰 자랑이었다. 이것은 비단 원각 한 사람의 주장이 아니었을 것이다. 이 글이 족보에도 그대로 실린 것으로 보아, 그들 5명의 인물은 18-19세기 여동 원씨의 영광스러운 조상이었다고 단언해도 좋겠다.

다섯 명의 충신이 여동 마을에서 나온 사실을 우리는 어떻게 보아야 할까. 원각은 다음과 같이 설명하였다.

> "그 근본으로 말하면, 나의 13대조이신 판삼사좌윤(判三司左尹, 元宣) 공께서 특별히 높은 절개와 의리를 지키셨기 때문에 가능한 일이었다. 또, (여동의) 지령(地靈)에 힘입은 바도 있을 것이다. 이렇게 보면, 여동의 산천은 아름답기만 한 것이 아니라 또한 승지(勝地)라 아니하겠는가."[5]

여동의 원씨 가운데서 많은 충신이 배출된 것은 두 가지 힘에서 나왔다고 했다. 고려 충신 원선의 높은 절개와 여동의 풍수지리가 작용한 것이라는 것이 글쓴이 원각의 해석이다.

---

4) 원사진은 경기도 수원부 사(水原府使)를 지낸 류영건(柳永健, 전주 류씨)의 손녀 사위(孫壻)이기도 하였다. 이경석(李景奭)의 《백헌선생 문집(白軒先生文集)》 제5권에 실린 〈수원 부사 류공 묘표(水原府使柳公墓表)〉를 살펴보기 바란다.

5) 원각, 〈여동지 겸 보후서〉, 804쪽.

위 글에서 등장하는 삼사좌윤 원선은 여동과는 직접 관련이 없었다. 그는 고려의 최고급 귀족으로, 왕조에 대한 충절을 꺾을 수 없어 양주 송산(松山, 현 경기도 의정부)으로 은거한 큰선비였다. 여동으로 거처를 옮긴 이는 군자감정 원몽이었는데, 다름아닌 원선의 손자였다.

결과적으로, 원몽이 거처를 여동으로 옮긴 것은 최선의 선택이었다. 후손들은 모두 그렇게 확신하였다. 원사립의 먼 후손 원홍식(元洪植)은 그 점을 다음과 같이 기술하기도 하였다.

> "... 군자감정 몽(蒙)의 시절에 양주에서 이 동리로 이거(移居)하셨다. 이곳 산천이 명미(明媚)하고 토양이 풍요(豐饒)하여, 영(靈)을 기르고 기를 북돋워 (우리 집안에는) 충효와 정절(열녀)이 대대로 끊이지 않았다."[6]

군자감정 원몽의 선견지명으로 그 자손은 여동에 안착하였다. 그때부터 약 100년 사이에 원씨들은 여동에서 명가(名家)의 전통을 다시금 확고히 다졌다. 원홍식은 그 점을 다음과 같이 서술하였다.

> "(군자감정공의) 아드님은 (증) 참의 숙정(淑貞)이시다. 손자는 (증) 참판(參判) 임(任)이신데, 그분이 두 아드님을 낳으셨다.

---

6) 원홍식, 〈조봉대부 동몽교관 부군 휘 길상(吉常) 묘지명〉, 《원주 원씨 삼사공파 첨절제사 종보》, 2021, 623쪽.

(그런데 장자) 수량(遂良)은 무사(無嗣, 아들이 없음)하였다. (차자) 준량(俊良)은 증(贈) 영의정(領議政) 평원부원군(平原府院君)이신데, 평원(원준량)에게서 다시 (훌륭한) 두 아드님이 태어나셨다. 장남은 균(均)으로 임진왜란 때 통제사였는데 충의를 다하여 순국하시고 선무일등공신에 책록되고 원릉군(原陵君)에 봉해지셨다.

차남 연은 출계(出系)하여 백부 봉사공(원수량)의 뒤를 이으셨다. 이 분이 임진왜란 때 또 상사(上舍, 진사)로 의병을 일으켜 용인의 금령(金嶺)에서 왜적을 무찌르셨다. 그 공으로 (원연은) 연기와 적성 현감에 제수되셨는데, (본디) 정사(政事, 행정)에 뜻이 맞지 않아 인수(印綬)를 던지고 벼슬을 그만두셨다. 나중에는 참의(參議, 이조참의)에 증직되셨다."[7]

요컨대 양주에서 진위로 옮긴 지 3대가 지나자 원준량이라는 훌륭한 무관이 이 마을에서 탄생하였고, 다시 그 아들 원균과 원연 등이 임진왜란 때 나라를 위해 충의(忠義)를 다함으로써 이름난 집안이 되었다는 설명이다. 그 자손이 대대로 여동에 살며, 어떤 이는 선비로 다른 이는 무관으로 이름을 떨쳤다. 여동은 그 모든 자손을 아늑하게 감싸주고 보호하는 터전이었다.

---

7) 원홍식, 〈조봉대부 동몽교관 부군 휘 길상(吉常) 묘지명〉, 623쪽.

## 여러 충신과 명장을 키운 원평부원군 원준량

사람이 저절로 위대한 포부를 갖게 되는 일은 거의 없을 것이다. 부모와 스승의 훈도(薰陶)가 있어 사람이 썩 달라지는 법이겠지만, 대체로는 부모가 곧 가장 훌륭한 스승이다. 18세기에 영의정을 지낸 김재찬(金載瓚)이 쓴 글을 읽어보면 과연 그러하다는 생각이 든다. 그는 〈영의정 평원부원군 원주 원공 부군 휘 준량 신도비명〉에서 이렇게 말했다.

> "(원준량 공은) 아들과 손자에게 가정 교육을 돈독히 하여 충(忠)을 따르고 효(孝)에 탁월하게 되었다. 이것은 이미 역사에 실려 있는 바다. 그의 후손은 종지(宗支, 종파와 지파)가 (공의) 묘 아래 거주한다. 자손이 대대로 문무과에 합격하고 해동(조선)의 거족(巨族, 명족)이 되었다. 이것은 공이 덕을 쌓고 가르친 덕분에 (후손이) 복을 받은 것이다."[8)]

여동이 충신의 보금자리가 된 것은 아무래도 원평부원군 원준량의 훈도가 가장 크게 작용하였다는 평가다. 〈실록〉에는 원준량에 관한 단편적인 기사가 적지 않다. 그 가운데는 그를 은근히 나무라고 헐뜯는 글도 많다. 그러나 우리는 그런 사소한 몇 개의 글귀에 얽매여 원준량

---

8) 김재찬(金載瓚), 〈영의정 평원부원군 원주 원공 부군 휘 준량 신도비명〉, 《원주 원씨 삼사공파 첨절제사 종보》, 2021, 671-672쪽.

의 능력과 인품을 함부로 평가해서는 안 될 것이다. 원준량은 훈구와 사림의 알력이 심한 시기에 생존하였다. 그러므로 〈실록〉에 실린 관련 기사도 대개는 침소봉대(針小棒大)하는 습관에 젖은 사관들의 자의적인 평가가 대부분이다. 그런 글귀에 후세가 마음을 빼앗길 필요는 없다고 본다.

원준량의 인품과 덕성이며 그가 조정에 나아가 이룬 성취를, 김재찬은 다음과 같이 기술하였다.

> "(공은) 장성함에 따라 효도와 우애가 깊어졌다. 자연을 찾아 독서를 하는 여가에 기사(騎射)를 배워 익혔는데, 말을 달리고 덕을 베풂이 모두 법도에 맞았다. 이로 말미암아 (공은) 일찍이 추천을 받아 무과에 응시했고, 급제하였다. 그러나 진급을 서두르는 마음이 없었다. 공은 조용히 지내면서 불경(不競, 권세가에 빌붙지 않음)하였다. 그런데도 이름이 저절로 나서 여러 벼슬을 거친 다음에 결국은 경상좌도 병마절도사에 이르렀다. 이런 벼슬은 모두 공이 스스로 구한 것이 아니니라, 중망이 있어 저절로 된 것이다."[9]

요컨대 원준량은 거칠고 무례한 무사가 아니었다. 그는 책을 가까

9) 김재찬(金載瓚), 〈영의정 평원부원군 원주 원공 부군 휘 준량 신도비명〉, 673쪽.

이하고 선비와 같이 단정한 마음가짐으로 매사를 신중하게 판단하였다. 출세를 위해 경박하게 구는 법이 없는 인물이었다. 그야말로 유장(儒將)의 풍모를 갖춘, 그 시대에 보기 드문 장수였다는 뜻이다.

> "자질(子姪)을 가르칠 때는 반드시 충성과 효우로 권하였고, 농사에도 힘써 (일상생활이) 근검하였다. 시서(詩書)와 예의를 돈독히 하였고, 역리(易理)에도 통달하였다. (공은) 늘 자녀를 훈계하기를, 타고난 품성을 거스르는 사람은 난리가 일어나면 결코 벗어나기 어렵도다. 또, 자신이 모르는 것을 아랫사람에게 묻기를 부끄럽게 여기지 않기란 참으로 어려운 일이라고 하였다. 그러면서 이런 점을 깊이 경계하라고 가르쳤다."[10)]

원준량은 독서를 좋아하였고, 문학(詩經)과 역사(書經)에 식견이 있었던 데다 주역 역리(易理)를 이해하는 선비였다. 그는 사람의 본성이 본래 착함을 확신하였고, 지식을 탐구하는 데 신분이나 처지에 구애를 받지 말아야 한다는 뚜렷한 신념을 가지고 있었다. 농사에도 힘썼고, 성리학의 규범을 준수하는 원준량이었기에, 그의 아우는 물론이고 자녀와 조카들에게도 깊은 영향을 주었다.

원준량의 아우 원국량도 훌륭한 선비였다. 형은 항상 아우를 격려

---

10) 김재찬(金載瓚), 〈영의정 평원부원군 원주 원공 부군 휘 준량 신도비명〉, 673쪽.

하고 사랑으로 응대하였다. 그 점은 김재찬이 쓴 글에서도 확인할 수 있다.

> "공의 아우는 국량(國良)인데, 사마시(생원진사 시험)에 합격하였다. 그는 고을의 추천으로 직장(直長)이 되었다. 원국량은 《춘추(春秋)》와 《사기(史記)》에 능통하였고, 성리학을 힘써 연구하였다. 그러자 공(원준량)이 항상 기뻐하며 말하기를, 백형(수량)이 돌아가신 뒤로 내가 마음 붙일 곳이 없었는데 다행히 어진 동생이 있어 의리가 밝아지고 참으로 의미심장하다고 하였다. 아우로 말미암아 이 노인의 삶이 즐겁고 보람있게 되었다고도 말하였다."[11]

아우 원국량은 개결(介潔)한 성리학자였는데 특히 역사에 밝았다. 원준량은 아우의 노력으로, 선비 가문의 전통이 잘 이어지게 되었다며 기뻐하였다. 여기서도 알 수 있듯, 여동의 원주 원씨는 문무(文武) 가운데 어느 한쪽에 치우치지 않으려고 애썼다. 각자 타고난 바에 따라 문과 무의 길을 나누어 갈망정 그 무엇을 선택하든 간에 근본적으로는 성리학의 가르침을 힘껏 실천하였다.

주역에도 밝았던지라, 원준량은 시세(時勢)가 날로 위급해짐을 내다보고 자제들에게 비상사태에 대비하라며 경종을 울렸다. 그 점을

11) 김재찬(金載瓚), 〈영의정 평원부원군 원주 원공 부군 휘 준량 신도비명〉, 673-674쪽.

김재찬은 다음과 같이 기술하였다.

"어느 봄날 ... (공은) 산보를 나가셨다. 부산성(釜山城, 진위에 있는 성터)이 있는 양루산(陽樓山)에 올라 개연히 탄식하기를, 이 산은 삼남으로 가는 요충지에 있도다. 이어서 말씀하기를, 만약에 불우한 변란이 일어나기라도 하는 날이면 이곳이야말로 반드시 일우보장(一隅保障, 한 고장을 지키는 요새)이 될 곳이라고 하셨다. 과연 그 후에 (전쟁이 일어나서) 선조 정유년(1597)에 맏아들 균이 수군통제사로서 영등포(고성 춘원포의 잘못된 표기 - 백승종)에서 순절하였다. 둘째 아들 연은 진사인데 임진왜란 때 의병을 일으켜 (공이 말씀하신) 누산(樓山, 양루산)에 웅거하였다. 그는 홀연히 경기도 장성(금령)에서 적과 싸웠으니, 이것은 공이 먼 앞날을 예측한 바가 10수년 후에 현실로 입증된 것이다."[12]

원준량은 나랏일을 깊이 걱정하는 가운데, 앞으로 다가올 난리를 대비하며 자제들에게 신하의 도리를 일깨웠다. 이런 아버지가 계셨기 때문에, 그 슬하에서 통제사 원균, 이조참의 원연 그리고 고성 현령 원전과 같이 충량(忠良)한 장수가 여럿 배출되었다고 보아야 한다.

12) 김재찬(金載瓚), 〈영의정 평원부원군 원주 원공 부군 휘 준량 신도비명〉, 674쪽.

원준량의 배위(配位)는 증 정경부인 남원 양씨였다. 정경부인은 문양공(文襄公) 양성지(梁誠之)의 현손녀였다. "안살림에 지극히 부지런하여 집안의 모범으로 추앙을 받았다."[13]라는 후세의 평가가 있었다.

정경부인과의 사이에서 원준량은 5남 1녀를 두었다. 그들은 하나같이 한 시대의 모범이 되기에 부족함이 없었는데, 김재찬은 원준량의 자녀들에 관해 다음과 같이 말했다.

> "(맞아들) 균은 자헌대부 삼도수구통제사로 정유년(1597)에 영등포(고성 춘원포가 맞다 – 백승종)에서 순절하였다. 숭록대부에 추증되고 원릉군에 봉해졌으며, (선무)일등공신 제3인에 책훈되어 단서(丹書, 공신교서)가 하사되었다.
>
> (둘째 아들) 연은 임진왜란 때 진사로서 의병을 일으켜 적을 물리치고 사로잡았다. 그 공로로 현감에 제수되고 나중에 이조참의로 증직되었다. 그는 출계하여 백부 봉사공(원수량)의 뒤를 이었다.
>
> (셋째 아들) 용(墉)은 참판에 증직되었다.
>
> (넷째 아들) 전(埧)은 선전관으로 임진왜란 때 통제영(경상우수영과 통제영이 맞다 – 백승종)에 종군(從軍)하고 공훈을 세

13) 김재찬(金載瓚), 〈영의정 평원부원군 원주 원공 부군 휘 준량 신도비명〉, 674쪽.

워 통정대부로 품계가 올랐고 (고성) 현령에 제수되었다.

(다섯째 아들) 지(墀)는 (삭주) 도호부사가 되었다. 그리고 외동딸은 진사 성대충에게 출가하였다."[14]

6남매 가운데 세인의 기대에 미치지 못하는 이가 한 명도 없었다. 위에서 미처 설명할 겨를을 얻지 못하였으나, 원준량의 가장 나이어린 아들 원지도 무과에 급제한 무관이었다. 임진왜란 때 그는 고부군수로 승진하여 전라우수영의 장수가 되었다. 그 역시 수군을 이끌고 왜적을 무찔러 많은 공을 세웠다.

후세는 유감스럽게도 원평부원군 원준량에 관하여 제대로 알지 못하였다. 〈나무위키〉에는 세상의 미움을 받는 원균의 아버지라는 이유로, 원준량의 일생에 관해 온갖 혹평을 쏟아냈다. 그러나 18세기 조선의 석학이요 영의정까지 역임한 김재찬이, 이상에서 우리가 살핀 장문의 〈신도비명〉을 통해 역사의 진실을 알려주고 있다. 이와같이 귀중한 역사적 기록이 엄연히 존재하는 데도 불구하고, 원평부원군을 욕되게 하는 글을 함부로 쓰는 사람이 있다는 것은 매우 안타까운 일이다.

원준량의 〈신도비명〉은 정조 24년(1800)에 완성되었다. 그 당시 찬자(撰者, 서술자) 김재찬은 자신의 관직을 "숭정대부 원임 이조판서

14) 김재찬(金載瓚), 〈영의정 평원부원군 원주 원공 부군 휘 준량 신도비명〉, 674쪽.

홍문관제학 지경연 춘추관사 규장각 검교 직제학"이라고 기록하였다. 김재찬은 정조가 총애한 문신으로 규장각의 최고위 관료이기도 하였으며, 훗날 영의정까지 역임하였다.

다시 본론으로 돌아간다. 조선후기의 세평에 따르면, 원평부원군 원준량에 이르러 여동의 원씨는 세상에 이름을 날렸다. 그리고 그의 아들과 손자대에 여동 원씨는 명문으로 우뚝섰다. 18세기 조야의 명망가인 승정원 승지 어유봉(魚有鳳)은 원준량의 후손들에 관해 다음과 같이 평가하였다.

"아조(즉, 조선)에 들어와서 통제사 균(均)이 있다. 그는 임진왜란 때 이름을 떨쳤는데, 웅장한 전략이 모든 장수 가운데서 으뜸이었다. 비록 그가 (마지막에) 불행하고도 억울하게 패하였으나, 선조께서는 그의 공훈을 밝히고 충절을 가상하게 여기셔서 표창함이 두드러졌다.

그의 동생 현감 연(埏)은 서생이었는데도 분연히 일어나 의병을 일으켜 (용인의) 금령에서 왜적을 격파하고 대승을 거두었다. 이로써 그 위엄이 경기도 전역에 떨쳐 군자들의 귀중한 모범이 되었다.

또, 목사공 사립(士立, 생부는 원연, 계부는 원전)은 왕명을 받들어 부모의 상중인데도 적진으로 나아가 오랑캐를 소탕하였다. 또, 상중에 슬픔을 다하여 그 정성이 신명을 감동시켰으니, 유능한 사람이라 하지 않을 수 없다.

그리고 증 승지공 빈(玭, 사립의 아들)은 비록 벼슬에 나가지 않은 선비였으나 노년에 이를 때까지 어진 마음으로 사람들을 도와주었다. 자신의 재산을 풀어 어려운 사람들에게 나누어 주었으니, 세상 사람들은 그를 가리켜 '장덕군자(長德君子)'라 불렀다. 그분은 나(魚有鳳)의 조모이신 정경부인 원씨의 친정아버지시다."[15]

요컨대 다섯 명의 위인(偉人)을 손꼽았다. 그 가운데 넷은 우리에게 이미 그 이름도 익숙한 원평부원군의 아들과 손자였다. 원균, 원연, 원전은 부원군의 친자(親子)요, 원사립은 친손(親孫)이었다. 어유봉이 인용문의 끝부분에서 거론한 "장덕군자" 원빈은 이웃과 친족에게 자선을 많이 베푼 인물로, 원사립의 아들이요, 원전과 원연의 손자이자 원준량의 증손이었다. 이처럼 원준량 때부터 융성한 여동의 원씨는 그 증손에 이르러서는 국중(國中)에서도 저명한 충효의 가문으로 성장하였다.

여동 원씨의 가장 큰 장점은 바로 충효쌍전(忠孝雙全)이었다. 나라에 충성을 다하고 가정에서는 효도와 우애를 실천하는 집안이었다. 그 점을 어유봉은 다음과 같이 좀 더 상세히 설명하였다.

---

15) 어유봉(魚有鳳), 〈경신전보(庚申前譜) 서문(序文)〉, 《원주 원씨 삼사공파 첨절제사 종보》, 2021, 95쪽.

"대저 원씨의 덕(德, 덕성)은 충성스럽고 신의가 있다는 점이다. 그들은 꾸밈없이 순수하고 정직하여 착한 것을 즐기고 의리를 귀하게 여긴다. 조정에 나아가서는 강개하여 나라에 충성을 다하고, 집안에 있을 때는 성실하고 신중히 행동하기를 좋아하는 가풍이 있다. 이렇듯 명문거족으로서 아름다운 특징이 있어, 밝은 세상이 되거나 어두운 세상이 되어도 항상 빛났도다."[16]

여동 원씨는 한낱 공리공담을 일삼거나 명예와 이익을 위해 남을 속이고 교묘한 거짓으로 세상을 뒤흔드는 사람들이 아니었다. 질박하고 순수하며 충성스럽고 신의가 있는 아름다운 가풍을 세워, 세상 풍조에 부평초처럼 함부로 흔들리지 않는 선비들이 바로 여동의 원씨였다. 그럼 이와 같은 가문의 전통은 여동에서 비로소 만들어진 것일까. 아니면 그 역시 유구한 전통에서 유래한 것일까. 궁금한 생각이 들어, 원씨의 선계를 잠시 살펴보기로 한다.

## 여동 원주 원씨의 선계(先系)

현재 남아 있는 자료를 살펴보면 원주 원씨 족보가 처음으로 편찬된 것은 조선 초기였다. 15세기에 군자감정 원몽의 친형인 원구(元龜, 司醞主簿)는 원씨 가문의 역사를 다음과 같은 요약하였다.

16) 〈경신전보 서문〉, 어유봉, 95쪽.

"진한(辰韓) 시절에 원씨가 (우리나라에서) 시작되어, 대대로 신라에 벼슬하였다. (그 가운데서도) 원훈(元訓)과 원선(元宣)은 대를 이어 재상이 되어 빛나는 업적을 남겼다. 이로 보건대 그 근원이 무척 깊고 흐름이 멀다는 사실을 미루어 짐작할 수 있다."[17]

원구의 역사 인식은 후대에도 그대로 계승되었는데, 특히 두 가지 점에서 크게 주목을 끈다. 첫째, 원주 원씨의 역사가 삼한(三韓)의 하나인 진한(辰韓)에서 시작되었다고 본 점이다. 둘째, 삼국시대에 진한이 신라로 바뀌게 되자 원씨 역시 자연스럽게 신라의 지배층이 되었다는 믿음이다.

그런데 조선 시대만 하여도 원주 원씨를 일컫는 선비 가문이 복수(複數)로 존재하였다. 그들은 서로 계파(系派)가 어떻게 연결되는지 그 고리를 찾지 못하였다. 지금은 모든 원주원씨가 단일한 집안으로 통합되었으나, 가령 18세기 초반에는 원주 원씨 내부에 4개의 독립적인 문중이 존재하였다. 원씨의 외손으로 승정원 승지를 지낸 어유봉(魚有鳳)은 다음과 같이 기술하였다.

---

17) 원구(元龜), 〈구보(舊譜) 서문(序文)〉. 이 서문은 후대에 간행된 《원주 원씨 족보》에 거의 빠짐없이 실려 있다.

"후대에 (원주 원씨는) 4파로 나뉘었다. 고려 병부령 원성백 극유(元克猷)를 시조로 하는 파가 있고, 다음으로는 원극부(元克富)를 시조로 받드는 파도 있다. 또, 원유염(元惟琰)을 시조로 모시는 파가 있는가 하면, 원윤창(元允昌)을 시조라고 말하는 파도 있다. 이런 서술은 《만성보(萬姓譜)》에 나온다."[18]

어유봉이 언급한 4개의 문중 가운데 여동의 원씨들은 첫 번째 언급된 파였다. 그들로 말하면, 고려 태조를 도와 재통일의 역사를 이룬 원성백의 직계 자손이다.

## 시조 원성백 원극유

원극유(元克猷)는 이름난 인물로, 《고려사》에도 기록된 명신(名臣)으로 시호는 충간(忠簡)이다. 그는 태조 왕건을 보좌해 후삼국의 혼란을 극복하였다. 태조는 그를 삼한공신(三韓功臣)으로 책봉하였다고 한다. 말하자면 고려의 개국공신이었다. 역사는 그가 병부령(兵部令, 조선의 병조판서에 해당)까지 지냈다고 기록하였다.

조선 후기 원주 원씨들의 역사 인식에 따르면, 원극유야말로 진정한 의미에서 자신들의 시조였다. 다음의 기록을 읽어보면 누구나 알게 될 것이다.

---

18) 어유봉, 〈경신전보 서문〉.

"시조 휘 극유는 고려 태조가 하늘의 뜻에 따라 나라를 세울 때 (함께 하여) 삼한을 통일하는 데 크게 보필하셨다. (태조는 극유 공에게) 일등공신에 병부령을 하사하고 원성백에 봉하셨다. 이것은 (원씨가) 성(姓)을 얻게 된 시초를 입증하는 명백한 증거가 된다. (이후 원씨는) 진정한 의미에서 우리 동방의 화려한 거족(鉅族, 명족)이 되었다."[19]

이 글을 쓴 이는 김용진(金容鎭)인데, 조선 말기에 가선대부(종2품) 동지돈녕원사(동지돈령부사)를 지낸 유명 인사다. 위 글에서 그가 주장하는 바는, 아마도 그 한 사람의 독특한 주장이라기보다는 원씨 일가의 역사적 의식을 반영하는 것으로 보아도 좋을 것이다. 19세기 후반에 그들은 삼한시대와 신라시대에 축적된 가문의 전통에 대해서는 관심이 별로 없었다. 그 대신에 원성백 원극유가 고려 태조로부터 사성(賜姓, 성을 하사받음)을 받아 비로소 "원주 원씨"가 되었다는 확신이 지배적이었다.

요컨대 원씨의 역사는 원극유로부터 시작해 고려 일대에 화려한 꽃을 피웠다는 인식이 등장한 것이다. 이 점은 여러 기록에서 확인된다. 가령 홍문관(弘文館) 학사(學士)를 지낸 이우면(李愚冕)은 아래와 같이 서술하였다.

---

19) 김용진, 〈무술보 서문〉, 《원주 원씨 삼사공파 첨절제사 종보》, 2021, 80~81쪽.

"원성백 극유를 시조로 하고, 그 후대에는 훈업(勳業, 공훈)과 덕망으로 왕업을 보필한 (후손들의) 혁혁한 업적이 역사책에 실려 있다."[20]

여기서 한 걸음 더 나아가, 앞에서도 언급한 김용진은 고려 시대에 이름을 날린 원주 원씨의 이름과 직책을 다음과 같이 열거하였다.

"고려 시대에는 좌복야 휘 (원)징연(元徵衍)과 이부상서 휘 (원)영(元永)과 평장사 휘 (원)진(元瑨)과 중찬 문순공 휘 (원)부(元傅)와 찬성사 휘 (원)관(元瓘)과 정당문학 문정공 휘 (원)송수(元松壽) 등이 모두 당대에 이름을 크게 떨쳤다."[21]

인용문에 등장하는 인물은 하나같이 병부령 원극유의 자손들이었다. 그 가운데 원송수만 여동 원씨의 방계 조상이요, 나머지 네 명은 모두 여동 원씨의 직계 조상들이다. 여기서 알 수 있듯, 여동에 세거한 원씨의 선계는 고려 제일의 중앙귀족이었다.

## 고려 후기에 빛난 재상(宰相) 가문

여동 원씨의 조상들이 전성기를 구가(謳歌, 노래함)한 것은 고려

20) 이우면(李愚冕), 〈신유보서(辛酉譜序)〉, 《원주 원씨 삼사공파 첨절제사 종보》, 2021년, 84쪽.

21) 김용진, 〈무술보 서문〉, 80쪽.

후기였다. 조선 말까지도 여동 원씨는 그러한 전통을 가슴 깊이 인식하였고, 그런 점에서 참으로 유서 깊은 사대부 가문이었다. 일찍이 예조판서로서 홍문관 제학(提學)까지 겸직한 신석우(申錫愚)는 다음과 같이 평가하였다.

> "(원씨의) 근원도 깊고 흐름 또한 깊다. 그들은 대대로 시례(詩禮)와 충효로 가문을 이어왔다. 성실하고 신중하며 올바르고 친절하게 고을(진위 – 백승종)에 살며 처세하였다. 이러한 전통을 이어받은 흔적도 화려하게 억지로 꾸민 것이 아니다. 삼가 (원씨의) 족보를 살펴 그 자취를 헤아려 볼 때 (후손들이) 힘쓰고 노력한 사실이 역력히 드러나 있다."[22]

신석우는《원주 원씨 족보》를 자세히 읽어보고, 조상이 훌륭한 것도 사실이나 후손들이 선조들의 빛나는 전통을 잇기 위해 대대로 구슬 땀을 흘린 사실을 도처에서 확인하였다. 필자는 신석우의 판단이 옳았다고 본다.

그럼 이제 한 가지 질문이 떠오른다. 여동의 원씨들은 선조가 남긴 어떠한 전통에 특히 주목하였을까? 필자가 여러 자료를 분석해본 결과, 원씨 후손의 가슴속에 항상 살아 있었던 조상은 세 분이었다. 문

---

22) 신석우(申錫愚), 〈계해보(癸亥譜) 서문(序文)〉, 《원주 원씨 삼사공파 첨절제사 종보》, 2021년, 86쪽.

순공 원부(元傅)와 그 아들 찬성공 원관(元瓘) 그리고 고려말에 무너져 가는 왕조에 마지막까지 충성을 바친 삼사좌윤 원선(元宣)이었다. 그들은 언제까지나 후손의 앞길을 인도하는 밝은 등불과도 같은 존재였다. 그러므로, 아래에서 우리는 그들 세 분의 삶에서 몇 가지 특징을 찾아보려고 한다.

## 선비의 영원한 표상, 고려 정승 원부(元傅)

원부는 《고려고종실록(高麗高宗實錄)》의 편찬을 주도한 탁월한 역사가요, 문장가였다. 그는 한때 정치적 위기에 빠진 적도 있었으나, 이름난 문신이요 재상인 염승익(廉承益)의 도움으로 다시 조정에 섰다. 원부는 바로 염씨 집안의 사위이기도 했다. 노년에 이르러, 원부는 조정의 최고직인 "중찬(中贊, 정승)"에 임명되었는데, 《고려사》 열전 제 20권에는 원부의 전기가 실려 있다. 한 시대를 대표하는 인물이었기 때문이다. 전기가 비교적 긴편이지만 아래에 실어, 후세가 참고할 수 있게 하였다.

> "원부(元傅)는 원주(原州) 사람이다. 9대조 원극유(元克猷)는 태조(太祖)를 도운 공이 있어 삼한공신(三韓功臣)의 칭호를 받았고 관직은 병부령(兵部令)에 이르렀다. 원부는 과거에 급제하여 직사관(直史館)이 되었다가 원종(元宗) 때는 추밀원부사

(樞密院副使)에 제수되었다. 이후 여러 차례 승진해 중서시랑평장사(中書侍郎平章事)를 지냈다.

충렬왕(忠烈王) 초에 찬성사 판군부 수국사(贊成事 判軍簿修國史)로 벼슬이 바뀌었다. 이때 그는 유경(柳璥), 김구(金坵) 등과 함께 『고종실록(高宗實錄)』을 편찬하였다. (그런데) 전 추밀부사(樞密副使) 임목(任睦)이 제출한 사고(史藁, 사초)를 열어보았더니 (상자 안에) 백지밖에 없었다. 수찬관(修撰官) 주열(朱悅)이 그(임목)를 탄핵하자고 요청하였다. 하지만 원부와 유경은 그 의견을 꺾고 (사건을) 들추어내지 못하게 말렸다. (이는) 원부 또한 직사관(直史館)으로 있었을 때, 사초(史草)를 제출하지 않았기 때문이다.

함평부 선위사(咸平府宣慰使)가 지사(知事) 이위(李爲)를 보내, 쌍성(雙城)의 백성과 여러 물자를 정비하고 나서 말을 바쳤다. (이위가 조정에) 돌아와서 왕에게 아뢰기를, '선위사가 말을 바쳤는데 지금 답을 주지 않으면, 예법에 어긋날까 두렵습니다.' 라고 하였다. 왕이 대답하기를, '일찍이 상부(相府, 재상의 회의처)에 명을 내렸으니, 이것은 상부의 잘못이다.' 라고 하였다.

얼마 후 왕이 크게 노하여 원부와 허공(許珙), 홍자번(洪子藩) 등을 해도(海島)로 유배하였다. 그러나 원부 등은 사실 (이 문제에 대해) 들은 바가 없었다. 그래서 부지밀직(副知密直) 염승익(廉承益)이 그들(재상)을 구하려고 힘쓴 끝에 (유배 형을) 면제받았다. 그후 얼마 지나지 않아 (원부는) 중찬(中贊)에 임명되었다.

하루는 원부가 일찌감치 퇴근하여 식사를 하고 있었다. 때마침 문생(門生, 원부가 과거 시험에서 뽑은 선비들) 4-5명이 찾아왔다. 원부는 그들에게 자리를 권하고, 다음과 같이 물었다. '내가 외람되게 재상(鈞衡)의 우두머리가 되었으나 재능이 마음에 미치지 못하노라. 세상의 평판은 과연 어떠한가?'

(여러 문생이) 감히 대답하지 못하고 있었다. 그때 방우선(方于宣)이 말석에 있다가 이렇게 대답하였다.

'사람들이 공께서 정치하는 것이 그 성(姓)과 같다고 합니다.'

그러자 원부가 크게 웃으며 말하는 것이었다.

'나는 나의 성(元, 여기서는 圓으로 해석 -백승종)을 본받아 지금까지 (둥글게) 지내왔다. 너는 너의 성(方, 모가 남 -백승종)을 본받으면 장차 어느 곳에 이르겠는가(아부하지 말라는 뜻 -백승종)?'

(원부가 타계하자)시호를 문순(文純)이라 하였다. 아들은 원

관(元瓘)과 원경(元卿)이다. 원관은 관직이 찬성사(贊成事)에 이르렀고 그 아들은 원충(元忠)이다. 원경은 (고려사에) 따로 전기가 있으며, 그 아들은 원선지(元善之)다."[23]

이상의 전기를 읽어보아도 알 수 있듯, 원부는 누구보다 학식이 풍부하고 솔직 담백한 인물이었다. 오랜 세월동안 조정에 머물렀으나 단 한 번도 큰 문제를 일으키지 않고 평탄하게 살았다. 우리는 고려 재상 원부의 일생을 어떻게 평가해야 할까. 원부의 성품과 업적에 관한 여러 자료를 검토한 결과, 필자는 다음의 세 가지를 확신하게 되었다.

첫째, 원부는 탁월한 학자였다는 점이다. 그는 고려에 성리학을 도입한 안향(安珦)과 서로 동서(同壻) 간이기도 하였다. 두 사람 모두 고려 후기의 선비사회를 이끈 대학자였다. 시호만 보아도 원부는 문순(文純)이었다. 조선 최고의 성리학자 퇴계 이황도 그와 똑같이 문순이란 시호를 받았다. 그의 동서 안향의 시호는 문성(文成)인데, 조선의 대학자 율곡 이이와 시호가 동일하다. 학자의 시호로는 문순과 문성만큼 영예로운 것이 없었다.

위에서 함께 읽은 《고려사》의 전기를 보아도 알 수 있듯, 원부는 많은 "문생(門生)"을 거느렸다. 여러 차례 과거 시험을 주관하는 지공거(知貢擧)였기 때문이다. 원부는 문장이 가장 뛰어났고 역사가로서

---

23) 《고려사(高麗史)》, 열전(列傳), 20권, 〈원부(元傅)〉

자질도 탁월해, 《고려실록》의 편찬 사업에도 크게 이바지하였다.

원부의 선비다움은 그 당시에도 많은 칭송을 받았다. 현존하는 〈원부공(元傅公) 묘지명(墓誌銘)〉에서도 확인할 수 있는 점이다. 묘지명의 찬자(撰者)는 원부의 가장 가까운 친구이자 당대 제일의 문장가였던 것으로 보이는데, 안타깝게도 그 이름은 정확히 알 수 없다. 그는 〈묘지명〉에서 원부의 특징을 다음과 같이 평하였다.

> "예로부터 사대부는 처음에 그 지위가 낮았을 때는 뜻을 고상하게 가져 남에게 굽히지 아니한다. 그리고는 (역사 인물인) 두 사람, 즉 소광(疏廣, 벼슬로 유명해진 것을 후회하여 벼슬을 그만 두었다고 함)과 소수(疏受, 선정을 베푼 것으로 유명함)를 모범으로 삼는다고 말한다.
>
> 그러다가도 부귀해지면 (태도가 바뀌어) 세월이 흘러가는 것만 안타까워한다. (대신이 되면) 자리에 연연하여, 고개를 숙이고 편히 지내기에 급급한 채 (관직에서) 물러날 줄 모른다. 이런 사람들이 세상에 많으나, 우리 시중 원공(원부)만은 다르셨다. 공은 66세가 되자 만류하는 손길을 떨치고 용퇴를 단행하셨다. 《주역》에 보면, 진퇴와 존망의 정도(正道)를 잃지 않는다는 말이 있다. 이야말로 공을 두고 한 말일 것이다."[24]

24) 저자 미상의 〈원부공 묘지명〉. 공의 묘지명은 여러 곳에서 읽을 수 있는데, 대표적인 것은 김용선의 《고려 묘지명 집성(高麗墓誌銘集成)(제3판)》(한림대학교 아시아문화연구소, 2001)이다. 위의 번역문은 필자가 다듬은 것이다.

예사로운 사람은 젊은 시절의 언행과 노년의 행실이 서로 위배된다. 그러나 원부는 시종일관 언행이 일치하였다. 본래 권세와 명예란 누구나 끝까지 추구하기에 급급한 것이지만 원부는 달랐다. 66세가 되자 원부는 모든 관직을 내려놓고 전원(田園)으로 돌아갔다. 참으로 탈속한 선비였던 것이다.

둘째, 원부는 성품에 여유가 있었고 농담도 좋아하였다. 앞에서 본 것처럼 문생 방우선을 나무라는 그의 질책에는 유머가 깃들어 있었다. 원부는 벼슬이 "중찬", 즉 정승까지 올랐으나 성품이 질실(質實, 꾸밈없고 성실함)하고 너그러웠다. 그는 행정 실무에 능통하였으나, 그렇다고 해서 자질구레한 관청 일에 얽매이는 법도 없었다.

셋째, 원부는 가정적으로도 매우 다복한 편이었다. 두 아들, 즉 원관과 원경은 모두 고관(高官)이 되었고, 손자 원충과 원선지도 당대의 명인으로 손꼽혔다. 특히 원경과 원선지는 《고려사》의 열전에 전기가 실릴 만큼 걸출한 인물이었다.

요컨대 고려 정승 원부로부터 3대를 내려가는 동안에 원주 원씨는 우리나라를 대표하는 명문으로 부상하여 세상 사람들의 부러움을 샀다. 여동의 원씨는 바로 이런 조상을 깊이 존경하며, 세상의 등불이 되고자 노력하였다.

## 문무에 능통한 국제적 인재 – 고려 재상 원관

다음으로 주목할 선조는 재상을 지낸 원관(元瓘, 1247-1316)이다. 그의 삶은 민지(閔漬)가 지은 〈원관 공 묘지명〉에 자세히 서술되어 있다.[25] 아래에서 우리는 묘지명을 읽어가며 약간의 해설을 붙이고, 몇 가지 참고자료를 살펴볼까 한다. 원관의 생애를 이해하는 데 도움이 되기 바라는 마음이다.

> "공의 이름은 관(瓘)이요, 자는 퇴옹(退翁)이다. 원주(原州) 사람으로, 원래는 이름이 정(貞)이었다. 그러나 성과 이름이 상국(上國, 元나라)의 연호(年號)와 같으므로 고쳤다."

본래 이름은 원정이었다는 것이다. 그런데 그가 49세 때인 충렬왕 21년(1295)에 원(元)나라 성종(成宗)이 연호를 원정(元貞, 1295~1297)으로 삼았다. 그 당시의 관습으로는, 중국의 황제 이름이나 고려 왕의 이름과 글자가 같아도 아니 되고, 중국의 연호와 이름이 같아서도 아

---

25) 〈원관공 묘지명〉은 김용선(金龍善)이 편찬한 《고려 묘지명 집성(高麗墓誌銘集成) 제3판》(한림대학교 아시아문화연구소, 2002)에 수록되어 있다. 김용선은 그 글을 번역해, 《역주 고려 묘지명 집성 (하)》(한림대학교 아시아문화연구소, 2001)에도 실었다. 이 묘지명을 학술적으로 검토한 논문도 있는데, 김성환(金成煥)의 〈고려시대 묘지명 신례 – 원관 묘지명(高麗時代墓誌銘新例-元瓘墓誌銘)〉, 《한국문화(韓國文化)》, 25, 서울대, 2000)이 그것이다. 아래의 서술은 이 세 자료를 참고하여 필자의 소견을 정리한 것이다.

니 되었다. 그래서 원정은 개명을 하였다. 원관은 70세에 작고하였으므로, 그가 관이란 이름을 사용한 것은 말년의 21년 동안이다.

> "원종 7년 병인년(1266, 20세), 약관(弱冠, 20세)의 나이에 병과(丙科)에 급제하였다."

과거에 급제한 원관은 "국학(국자감)"의 교수에 해당하는 학록(學錄, 정9품)으로 벼슬이 바뀌었다. 이후 그는 중앙 관서의 직책을 역임하였다. 그러다가 나이 23세가 된 그 해 겨울에 원관의 인생에 전환점이 찾아왔다.

> "이해(원종 10년) 겨울 12월에 원의 조정에 (사신이) 조회하러 갔다. 그때 본국(고려)에서는 문순공(文純公, 원부)이 부추(副樞, 추밀원 부사 樞密院副使, 정3품)로 임금의 행차를 수행하였다. 공(원관)은 엄군(嚴君, 원부)을 곁에서 모시고 행궁반록(行宮班祿)의 벼슬을 겸하였다. 임금이 (원나라에서) 돌아오자 (공에게) 벼슬을 높여 첨사부승(詹事府 丞, 동궁의 벼슬, 정6품)을 삼았다. 얼마 되지 않아 다시 감찰어사(監察御史, 종6품)가 되었다."

원종 10년(1269) 겨울에 고려의 국왕은 대신을 거느리고 원나라의 수도에 가서 이른바 조공을 바쳤다. 원관의 부친 원부는 추밀원부사로 사신 일행 가운데 중요한 역할을 하였다. 원관은 부친을 모시고 사행 길에 올랐고, "행궁(임금의 행차가 머무는 별궁)"의 여러 가지 사무를 맡았다. 그때 사무를 원만하게 완수하였으므로, 귀국한 뒤에는 벼슬이 올라 잠깐 사이에 요직인 감찰어사(종6품)에 임명되었다.

그 뒤 원관은 중앙과 지방의 요직을 잠깐씩 거치며 경력을 차근차근 쌓았다. 그런데 원종 11년(1270)이 되자 원관의 삶에 또다시 변화가 찾아왔다. 고려에 대한 원나라의 지배권이 강화되는 과정에서 일어난 역사적 사건이었다. 『고려사』에서는 그 일을 다음과 같이 기록하였다.

> "대방공(帶方公) (왕) 징(澂)을 보내 독로화(禿魯花)를 거느리고 원(元)나라로 가게 하였다. 김방경(金方慶)의 아들 흔(忻), 원부(元傅)의 아들 정(貞, 즉 원관), 박항(朴恒)의 아들 원굉(元浤)과, 허공(許珙)의 아들 평(評), 홍자번(洪子藩)의 아들 순(順), 한강(韓康)의 아들 사기(射奇), 설공검(薛公儉)의 아들 지충(之冲), 이존비(李尊庇)의 아들 우(瑀), 김주정(金周鼎)의 아들 심(深) 등 의관자제(衣冠子弟) 25명에게 모두 (자신의 현직보다) 3등급을 올린 새 직책을 주어 보냈다."[26]

---

26) 《고려사》, 제 29권 〈세가〉, 즉 충렬왕 3년 5월 정사일

원관이 다시 원나라로 가게 되었다는 기록이다. 재상 김방경의 아들 김흔이 일행의 대표요, 재상 원부의 아들 원관(원정)은 일행 가운데 차석이었다. 고려 굴지의 귀족 가문 자제를 뽑아서 이른바 '궁전배'로 파견한 것이다. 그 숫자가 《고려사》에는 25명으로 기록되어 있다. 원관 공의 〈묘지명〉에 적힌 숫자는 그 절반 밖에 되지 않았다. 아마도 《고려사》에 나오는 '궁전배' 가운데는 예비자도 포함되었기 때문에, 원수(元數)보다 두배가 된 것으로 보인다.

《고려사》에서는 원관의 벼슬을 원나라로 출국하기에 앞서 조의대부(朝議大夫, 정5품) 비서윤 세자중윤으로 올린 사실이 확인된다. '궁전배'는 고국을 떠나 어려운 직책을 담당하게 되었기 때문에 일괄적으로 3등급씩을 올려 마음을 위로한 것이다. 고국을 떠날 당시 원관의 나이는 24세였다.

이후 17년 동안 원관은 고려의 최상급 귀족 자제들과 함께 원나라의 수도인 대도(大都)에 머물렀다. 그 사이에 벼슬이 높아진 것은 당연한 일이었다. 충렬왕 4년(1278) 11월에 그는 지밀직사사(知密直司事, 종2품)에 임명되었다. 《고려사절요》에 관련된 기록이 보인다. 원관의 나이는 32세였다.

이미 8년 넘게 원나라 황궁에 머물고 있었다. 그때 원관은 원나라의 실정에도 익숙하였을 것이다. 세계대제국을 건설한 원나라의 정치, 경제 및 문화에도 통달한 선비, 높은 식견을 가진 인물로 성장하였으리라는 점은 의심할 나위도 없다.

그로부터 다시 9년의 세월이 흐른 다음에야, 원관은 마침내 귀국길에 올랐다. 20대 초반에 고국을 떠났는데, 40대 중년에 접어든 다음에야 비로소 개경으로 돌아왔다.

> "정해년(충렬왕 13, 1287, 41세)에 (원관공은) 부친상을 당하여 (개경으로) 돌아오게 되었다. 상기(喪期)를 마치자 공은 다시 기용되어, 정헌대부 전법판서 문한학사 지첨사부사(正獻大夫 典法判書 文翰學士 知詹事府事, 종3품)가 되었다."

원관은 이미 장년의 중후한 인물이었다. 국제정세에도 능통하고, 원나라 황궁에도 친밀한 인사가 많았다. 고려 조정에서는 원관을 조용히 쉬도록 할 수 없었다. 그래서 그를 전법판서(典法判書, 조선의 형조판서)에 임명하였다. 아울러, 특기를 살려 문한(文翰, 외교문서)도 담당하게 하였다. 겸하여 세자 교육까지도 총괄하게 하였다.

그러나 원관의 벼슬길이 순탄하지만은 아니하였다. 그에게도 액운이 찾아왔는데, 마침내는 모든 어려움을 극복하고 당당하게 재기에 성공하였다. 그 사실은 묘지명에 다음과 같이 새겨져 있다.

> "경인년(충렬왕 16, 1290, 44세)에 합단적(哈丹賊, 거란)이 (고려와) 이웃한 국경 지역에서 사납게 일어났다. 그러고는 우리

나라로 쳐들어왔다. 적의 형세가 매우 강하여 감히 그 날카로움을 상대하기 어려웠다. 국가에서는 강화(江華)로 피난을 서둘렀다.

그때 공에게 본경(本京, 開京)의 유수만호(留守萬戶)를 하라는 명령이 내렸다. 이러한 때에 공은 나랏일을 위해 자신의 안위를 잊은 채, 큰 어려움이 닥쳤는데도 두려워하지 않고 충성을 다하였다. (적의 침략으로 개경의) 성곽과 궁궐과 백성의 가옥(閭舍)이 적화(賊火, 재난)를 입기는 하였다. 그러나 곧 예전과 같이 편안하게 지낼 수 있게 되었다. 임금이 매우 기뻐하시고, (공에게) 특별히 판도판서(版圖判書, 정3품, 조선의 호조판서에 해당함)의 벼슬을 상으로 내려주셨다."

충렬왕 16년, 거란족 일파가 갑자기 개경으로 쳐들어왔다. 충렬왕과 귀족들은 개경을 떠나 강화도로 피난하였으나, 원관은 왕명으로 개경에 남아 백성을 돌보며 도성을 수비하였다. 적이 일시적으로 개경을 함락시키기는 하였으나 원관은 군사를 이끌고 곧 그들을 물리쳤다. 그의 선전(善戰)으로 개경의 국가 시설이며 백성들이 무사하였다.

충렬왕은 강화의 피난지에서 돌아오자 원관의 노고를 치하하였다. 아울러 상으로 그의 벼슬을 높여 판도판서로 삼았다. 조선 시대로 보면 호조판서에 해당하는 지위였다. 호구(戶口)와 공부(貢賦) 및 전량(錢糧) 등에 관한 재정사무를 총괄하는 정3품의 요직이었다. 그때부터 원관은 조정의 중진(重鎭)으로 큰 위상을 갖게 되었다. 원나라에서 귀국한지 3년 만의 일이었다.

한 마디로, 원관은 문무(文武)를 겸전한 인물이었다. 거란족이 개경으로 쳐들어왔을 때 그가 "유수만호"로서 피해를 최소화하였다는 점은 앞에서 설명한 바와 같다. 그 후에도 원관은 지휘관으로서 역량을 한번 더 발휘하였다. 충렬왕 19년(1293)의 일이다. 원나라 세조 쿠빌라이는 일본을 침략할 계획을 세워, 고려의 군사 자원을 총동원했다. 그때 원관에게는 한 가지 특별한 임무가 주어졌다. 〈묘지명〉에는 그때의 사실을 다음과 같이 기술하였다.

> "계사년(충렬왕 19, 1293, 47세) 겨울, (원나라) 세조(世祖, 쿠빌라이 칸)가 조칙을 보내, 본국(고려)에게 일본을 정벌(東征)할 전함(戰艦)을 준비하라고 지시하였다.
>
> 임금(충렬왕)은 고위관리를 여러 도(道)에 나누어 보내 그 일을 추진하였다. 공은 서해도(황해도) 지휘사(西海道 指揮使)에 임명되었다. (특유의) 부지런함으로 공은 이른 아침부터 저녁까지 작업을 독려하여, 60여 척의 전함을 만들었다. 조야(朝野)가 모두 공의 능력을 칭송하였다.
>
> 결과적으로 보면, 동정(東征, 일본 정벌)은 성공하지 못하였

다. 그러나 그때 만든 배는 관선(官船, 관청의 배)이 되어 해마다 세금을 거두는 데 이용하게 되었다. (전함의 제작이) 나라의 재정에 이익이 되었다는 판단은 지금까지도 공감을 얻고 있다."

역사에는 이와 같은 우연도 있었다. 13세기 말부터 여동 원주 원씨의 조상은 전함을 제작하는 데 남다른 재능을 보였다. 그때 원관이 감독해서 만든 60척은 훗날 그의 후손 원균이 임진왜란 때 제작한 판옥선과는 달랐다. 그래도 전함은 역시 전함이 아닌가. 원나라 군대는 고려에서 제작한 전함을 타고 일본으로 쳐들어갔다가 태풍에 밀려 결국 원정사업이 성과 없이 종료되었다. 우리가 모두 아는 사실이다.

하여튼 원관이 지휘하고 감독하여 완성한 60척의 전함은, 이후 고려의 조운선(漕運船, 세금을 실어나르는 배)이 되어 큰 역할을 하였다. 〈묘지명〉에 기술된 것과 같이 원관이 작고한 뒤까지도 그 배들은 국가의 세금을 운반하는 데 사용되었다.

일본 원정 사업이라는 역사의 태풍이 지나가자 원관도 숨을 돌렸다. 그는 문한(文翰)으로 고려의 왕을 최측근에서 보좌하였다. 어느덧 자신의 전문 분야가 된 재정분야에서도 나랏일에 이바지하였다.

그러나 원관이 50대 초반이 되었을 때 그에게는 또 한번의 액운이 닥쳤다. 아우인 원경이 일으킨 문제였다. 원경은 자신의 아들을 권신(權臣)의 사위로 삼았고, 그러자 정치적인 갈등이 폭발하였다. 〈묘지명〉을 함께 읽어보자.

"공의 아우(舍弟) 동지밀직사사(同知密直司事, 종2품) 경(卿, 원경)의 혼례로 인하여 집안에 틈이 생겼다. 그때 공 또한 (세상 사람들의) 의심을 받고 배척을 당하였다. 이 일로 말미암아 공은 문을 닫아걸고 출입하지 않았으며, 오직 거문고와 책으로 스스로 즐길 따름이었다."

말년의 원관에게 인고(忍苦)의 시간이 찾아온 것이다. 고려 귀족사회는 원씨들이 권신과 야합했다며 배척하였고, 그래서 원관은 외로운 처지가 되었다. 그런데도 그는 누구를 원망하지도 않고, 오직 책과 거문고를 벗삼아 자신의 고결한 인격을 더욱더 가다듬었다.

몇 년의 세월이 또 흐르자 조정 분위기는 다시 바뀌었다. 때마침 충렬왕이 친정(親政, 몸소 정치를 돌봄)하게 되자 왕은 칩거하던 원관을 조정으로 불렀다. 그때 원관의 나이는 이미 61세였다.

《고려사절요》를 펼쳐보면, 그때 원관은 밀직사의 최고위 관리로 왕의 신변을 호위하고 왕명의 출납을 총괄하였다. 마침 고려에 제도적 변화가 일어나, "밀직(密直)과 중방(重房)이 다시 옛날대로 되었다."[27]라는 기록이 보인다. 밀직사가 본래 기능을 회복하여 국가의 중요기관으로서 위상을 되찾았다는 뜻이다. 드디어 원관은 고려의 중신(重臣)으로 대단히 중요한 정치적 역할을 하게 되었으나, 그는 망설였다. 혹시라

27) 《고려사절요》, 충선왕 원년 4월.

도 자신의 부귀영화가 지나친 것이 아닐까 걱정하여 과감히 은퇴를 결심하였다.

> "공은 (세상일이란) 가득 차면 급한 파도를 만나게 될 수 있음을 알고 (출세를) 두려워하며 용퇴하려고 하였다. 임금도 그의 뜻을 꺾기가 어렵다고 여겼다. 그리하여 광정대부 첨의찬성사 진현관대제학 부총부사(匡靖大夫 僉議贊成事 進賢館大提學 副摠副事, 종2품)로, 이제 벼슬을 그만두고 은퇴하는 것을 허락하였다."

그는 63세에 은퇴하였으니, 오늘날의 관점으로 보면 때이른 감이 없지 않다. 그러나 고려 시대에는 그 나이가 많은 편이었다. 원관은 이미 상(上) 노인으로 대접받고 있었던 터라, 그의 용퇴(勇退, 용기 있게 물러남)는 후진에게 길을 활짝 터주는 선행이요, 한동안 장안의 미담이 되었다.

그런데 은퇴한 원관에게 슬픈 일이 찾아왔다. 공의 대부인(모친) 염씨께서 작고한 것이다. 그 시대로서는 보기 드물게 대부인은 팔순까지 사셨다. 하지만 효성이 지극한 원관에게 모친의 타계는 청천벽력과 같은 일이었다. 〈묘지명〉에서는 그 점을 다음과 같이 기술하였다.

"경술년(충선왕 2, 1310, 64세)에 대부인이 세상을 떠나셨다. 공은 이때 나이가 예순이 넘고 수염과 머리가 모두 하얗게 되었으나, 소복(素服)을 입고 (상주로서) 온힘을 다하여 장례를 치렀다. 온 나라 사람들이 어머니(염씨 부인)의 장수(長壽)와 아들(원관)의 효성을 칭송하였는데, 이때부터 (공은) 불교(三寶)에 정성을 바치고 힘껏 어머님의 명복(追福)을 빌었다."

모친을 여의자 원관은 깊은 슬픔에 빠졌고, 정성을 기울여 모친 염씨 부인의 극락왕생(極樂往生)을 기도하였다는 것이다. 그의 정성은 구체적으로 어떠한 모습으로 표현되었을까.

원관은 우선 개경에 사나사(舍那寺)를 중창(重創, 새로 지음)하였다. 부모님의 명복을 빌기 위해 원찰(願刹)을 지은 것이다. 본래 사나사(舍那寺)는 개경의 궁성 바깥에 있었던 큰 사찰이다. 고려 태조 2년(919)에 세운 절인데, 당초에는 고려 굴지의 10대 사찰 가운데 하나였다. 그러나 세월이 흐르는 가운데 병화(兵火, 전쟁의 피해)로 사찰이 불에 타버렸다. 이런 사실을 가슴 아프게 여겨온 원관은, 자신의 지극한 효성으로 사나사를 다시 일으켜 세웠다. 참으로 대단한 원력(願力)이었다.

그런데 원관은 그것으로 만족하지 않고, 멀리 중국 땅 절강성에 있는 사찰에도 시주를 듬뿍하였다. 그 실정을 〈묘지명〉은 다음과 같이 기록하였다.

"또, (그때 중국땅) 강절(江浙, 강소성과 절강성)에서 대장경 한 부가 제작되었다. (공은 거금을 들여 이를 구입하여) 항주(杭州, 중국 절강성의 중심지)에 있는 혜인사(惠因寺)에 모셨다. (그 대장경은) 실로 만세(萬世)의 보물이었다. 대장경을 바칠 때 (공은) 복전(福田)과 (1자 미상) 장(藏) 그리고 백찬(白粲, 白米) 15곡(斛, 20말 들이로 추정)을 바쳤다.

그리고 수년에 걸쳐 토지와 노비(田藏) 등을 시주하고 경비를 조달해 (원나라 황제와 고려 국왕의) 장수를 비는 비석도 세웠다. 이에 중국 강남의 도인(道人)과 속인(俗人) 가운데 많은 이가 노래를 지어 찬탄하였다. 그들이 지은 시를 이어 붙인 것이 한 축(軸, 두루마리)이나 되었다. (중국 사람들이) 이 문서를 (공에게) 보내왔다."

관직을 사퇴한 원관은 부모님의 극락왕생을 위해서 절간을 다시 짓고 시주를 많이 하는데 그치지 않았다. 원나라 황제와 고려 국왕의 무병 장수를 위해서도 그는 재물과 정성을 아끼지 않았다.

여기서 한 가지 의문이 고개를 든다. 원관은 왜, 하필 중국의 혜인사에 그처럼 많은 시주를 보내었을까? 혜인사는 본래 고려사(高麗寺)라고도 불리는 명찰(名刹, 유명 사찰)이었다. 일찌기 고려의 선각(先覺)으로 정평이 있는 대각국사(大覺國師) 의천(義天)이 공부한 사찰이었다. 따라서 고려와는 불가분의 깊은 인연이 있었다. 짐작하건대, 원관은 젊은 시절 원나라 황궁에서 체류할 때부터 바로 그 혜인사를 왕래하며 인연을 두텁게 쌓았을 것이다.

원관의 불심은 참으로 깊었다. 고려 귀족이 대체로 불심을 가지고 있었으나, 노년의 원관처럼 불교에 심취한 귀족은 드물었다. 그는 사경(寫經) 사업에도 남다른 정성을 기울였다. 그 점은 아래의 기술에서도 확인할 수 있다.

> "금년 연우(延祐) 3년 병진년(충숙왕 3, 1316, 70세) 4월에 공은 재산을 거의 모두 시주하여, 은(銀)으로《화엄경 3역(華嚴經三譯)》을 한 부씩 베끼게 하였다. 낮밤으로 그 사업을 재촉하여 마침내 완성을 보기에 이르렀다."

요컨대 원관은 모부인 봉성 염씨의 하세(下世, 작고)를 계기로, 사나사를 새로 지었고, 진귀한 대장경과 노비, 전답 등을 국내외의 사찰에 시주하였다. 또, 황제와 국왕의 무병장수를 축원하는 비석을 세우기도 하였다. 아울러, 은으로 사경(寫經) 사업까지 후원하며 원력(願力)을 크게 쌓았다.

이런 공덕은 고려의 최고 귀족만이 실천할 수 있는 특별한 신앙생활이었다. 원관은 이와같이 독실한 신앙으로 6년 동안 헤아릴 수 없이 큰 공덕을 짓고, 마침내 세상을 하직하였다.

"6월(季夏) 중에 공은 가벼운 병을 얻었다. 그런데 (6월) 26일이 되자 홀연히 자택에서 입적하셨으니, 향년 70세였다."

원관은 칠십 평생에 세 번 결혼하였고, 슬하에 모두 3남 4녀를 두었다. 그가 연혼(連婚, 혼인으로 맺은 인척)한 집안은 하나같이 당대의 손꼽히는 명문가였다. 그도 그럴 것이 원관 자신과 그 아우 원경은 조정의 신망이 높은 중신이요, 그들의 부친 원부는 학문과 인품으로 만인의 존경을 받은 고려의 정승이었기 때문이다.

〈원관공 묘지명〉을 찬술(撰述)한 민지는 누구인가. 그는 당대 최고의 문장가이자 원관과는 같은 해에 과거시험에 합격한 '동방(同榜)'의 인연을 가진 심우(心友)였다.

민지는 자신의 벗 원관이 말년에 다양한 방법으로 넉넉하게 시주(施主)한 사실을 대서특필하였다. 그들이 살았던 시기, 고려의 국교는 불교였으므로 귀족들은 사찰과 밀접한 관계를 맺는 것이 자랑이었다. 그러다가 14세기 후반이 되면 사회적 분위기가 갑자기 바뀌어 불교를 배척하는 목소리가 커졌다. 하지만 그것은 원관이 세상을 떠나고 한참 세월이 지난 다음의 일이었다.

원관의 일생을 한마디로 정리하면 어떠한 표현이 가장 적절할까? 그는 누구보다 유능하고 존경받는 정승 원부의 큰아들로 태어나, 비록 여러 차례 크고 작은 풍파를 겪기는 하였으나 조정의 중신(重臣)

으로 재능을 마음껏 펼치며 살았다고 하겠다.

청년 시절에는 원나라 황궁에 머물며 국제적인 안목과 식견을 길러, 훗날 조정의 대들보가 될 토대를 마련하였다. 그의 70평생은 어느 모로 보나 항상 넉넉하였다. 그는 한결같이 고상한 품위를 유지하며, 어떠한 위기가 닥쳐와도 자적(自適)하는 여유를 잃은 적이 없었다. 어지러운 시대를 건너고 있는 현대인의 입장에서 보면, 부럽기 짝이 없는 풍요로운 삶의 주인공이 아니었던가 싶다.

후세는 원관을 일컬어 "찬성공(贊成公)"이라 부른다. 또, 18세기 후반까지도 원극유의 내외 자손들은 원관을 그들의 가장 자랑스러운 조상으로 손꼽았다. 이조참판 민태혁(閔台爀)은 다음과 같이 말하였다.

> "(원극유 공의 자손은) 대대로 훈업(勳業, 공훈)이 뛰어나서 우리나라의 거족(명족)이 되었다. (조정에) 나아가서는 공적을 세워 의(義)로써 나라의 기둥이 되었고, (가정에) 들어와서는 선비로서 뜻을 지키고 천성대로 살았다. 그리하여 충신과 효자가 이 집안에 대대로 끊이지 아니하였다. 그런 가운데 중국에까지 명성을 널리 떨침으로써 더욱 밝게 빛나고 저명하신 분은 우리 찬성공(원관)이시다."[28]

---

28) 민태혁(閔台爀), 〈경신(庚申) 후보(後譜) 서문(序文)〉, 《원주 원씨 삼사공파 첨절제사 종보》, 2021년, 89쪽.

원성백 원극유의 후손 중에는 큰 인물이 많으나 그래도 그중 제일은 찬성공 원관이라는 판단이었다. 이미 위에서 자세히 살핀 것처럼, 원관은 원나라 황궁에 20년 가까이 머물며 남다른 식견을 갖추었고, 고려에 돌아와서는 다방면에 걸쳐 큰 업적을 많이 쌓았다. 그러므로 후세의 표준이 되기에 족하였다.

여기에 한 가지 사실만 덧붙여 기록한다. 찬성공 원관의 내외손(內外孫), 즉 본손과 외손은 17세기 후반까지도 조선 사회를 주도하는 거대한 세력을 형성하였다. 현종 계축년(현종 14년, 1673)에 천만뜻밖에도 원관의 묘소를 둘러싸고 산송(山訟, 묘지 다툼)이 일어났다. 그 사건은 곧 원만히 해결되었는데, 이를 계기로 원관의 〈내외 자손 명첩(內外子孫名帖)〉, 즉 본손과 외손으로 당대에 이름이 조금이라도 있는 사람들의 명부가 작성되었다.

명첩에는 총 53명의 본손이 실렸고, 성이 다른 72명의 외손도 낱낱이 기록되었다. 그중에는 당대의 명인(名人)도 다수 포함되었다. 그 가운데 이름이 널리 알려진 몇 사람의 외손을 소개하면 다음과 같다.

> 외손: 의정부 우참찬 이상진(李尙眞, 우의정), 강화유수 민시중(閔蓍重, 경상도 관찰사), 대사헌 민정중(閔鼎重, 좌의정), 호조판서 민유중(閔維重, 숙종의 장인, 인현왕후의 아버지), 금평위 박필성(朴弼成, 효종의 부마), 부윤 조성보(趙聖輔, 승정원

좌부승지), 장령 박세채(朴世采, 의정부 우참찬), 정랑 김석주(金錫胄, 우의정), 집의(執義) 윤증(尹拯, 소론의 領袖 영수)[29)]

위에서 기록한 관직명은 현종 14년 당시의 직함이고, 괄호 안의 관직은 대표 관직이다. 독자의 이해를 돕기 위해 필자가 기입한 것이다. 맨 앞에 소개한 우의정 이상진부터 마지막에 나오는 대학자 명재 윤증에 이르기까지 그야말로 기라성 같은 존재들이다. 요컨대 조선의 이름난 사대부 중에서 고려 정승 원부 및 원관 부자의 본손이거나 또는 외손이 아닌 사람은 한명도 없었다고 주장해도 터무니없이 과장된 말이 아니다.

## 송산에 숨은 고려 충신 원선

여동의 원주 원씨는 고려 말에 판삼사좌윤(判三司左尹, 종2품)을 지낸 원선(元宣)을 추모하는 마음이 유독 깊었다. 원선이야말로 고려의 진정한 충신이요, 여동 원씨의 뿌리였기 때문이다. 오래 전부터 여동 원씨는 스스로를 삼사공파(三司公派)라 불렀는데, 그 명칭은 원선의 관직인 판삼사좌윤에서 유래한 것이다.

그럼 삼사공 원선은 어떠한 선비였을지 조금 더 구체적으로 알아

29) 〈내외자손명첩〉, 《원주 원씨 삼사공파 첨절제사공 종보》, 2021년, 782~783쪽.

보기 위해 《원주 원씨 족보》를 펼쳤다. 거기에는 다음과 같은 설명이 보인다.

> "조선왕조가 창립되자 공(원선)은 나라가 이미 없어지고 왕(공양왕)이 망했는데 (조정을) 떠나지 않고 머물러 있으면서 무엇을 구할 것인가, 라고 말하였다. (드디어 공은) 송산(松山) 조견(趙狷) 및 설학재(雪壑齋) 정구(鄭矩) 등과 더불어 양주 송산에 숨었다. 그들은 새 조정에 나아가 신하가 되지 않기를 맹세하였다. (이어서) 송은(松隱) 구홍(具鴻)과 함께 부조현(不朝峴)에 올라가 관을 벗어 나뭇가지에 걸어놓고 패랭이로 바꾸어 쓰고는 두문동을 찾아갔다."[30]

고려가 망하자 최고 귀족으로서 왕조에 대한 의리를 지켰다는 설명이다. 조견, 정구, 구홍 등과 함께 원선은 옛 왕조에 대한 충성을 맹세하였고, 송산을 거쳐 두문동으로 들어갔다고 하였다. 이런 사실은 《조선왕조실록》를 비롯한 관찬(官撰, 국가에서 편찬한)의 역사서에는 언급되어 있지 않다. 그런 책에는 조선왕조의 건국을 주도하였거나 창업에 협력한 인사들의 활약이 주를 이룬다. 사리로 보아 당연한 일이다.

---

30) 〈원선(元宣)〉, 《원주 원씨 삼사공파 첨절제사 종보》, 2021년, 581-582쪽.

원주 원씨 집안을 비롯하여 조씨, 정씨 및 구씨 집안에 전하고 있는 설화에 따르면, 그 뒤에 일어난 사건은 아래와 같았다.

> "이태조(이성계)가 그들을 여러 차례 (조정으로) 불렀으나 끝내 나아가지 않았다. 원선은 이렇게 말하였다. '새 왕은 나의 왕이 아니로다. 나를 두 임금을 섬기는 신하로 만들지 말라. 어찌 지금이라고 고려 왕조를 잊을 수 있겠는가. 서산에 들어가 고사리나 뜯기를 원하노라'. 이윽고 공은 다시 송산으로 들어갔다. 공은 사군곡(思君曲, 옛 임금을 사모하여 그리는 노래)을 지어 밤마다 조견과 함께 피리를 불며 서로 화답하였는데, 그 소리가 매우 구슬프고도 간절하였다."[31]

전국 여러 곳에 이와 비슷한 설화가 많이 퍼져 있다. 이야기마다 주인공의 이름은 다르지만, 그 함의(含意, 속뜻)는 한결같다. 마지막까지 고려왕조에 대한 충절을 각오한 신하들의 애절한 마음이 절절하게 느껴진다. 여동 원씨의 선조 원선은 바로 그와 같은 고려 충신이었다. 원선은 후세에게 다음과 같이 경고하였다고 전한다.

> "공은 유언으로, 자신의 산소 앞에 비석을 세우지 못하게 하

31) 〈원선〉, 582쪽.

였다. 또, 자손이 조정에 나아가 벼슬하는 것도 허락하지 않았다. 아울러, 선대의 묘 앞에도 양명방(陽明方, 햇볕이 잘 드는 남쪽)을 가리게 하여, 자손이 자신의 계고(戒告, 훈계)를 어기고 (조정에 나아가) 영달하는 것을 막고자 하였다."[32]

원선은 자손들까지도 대대로 숨어지내기를 당부할 정도였다. 이러한 유훈을 무시하고 감히 신왕조 조선의 조정에 나아가는 자손이 나오지 못하도록 조상의 유택(幽宅)에도 손을 댈 정도였다. 옛 왕조에 대한 원선의 충성심은 필설(筆舌, 글과 말)로 다 표현할 수 없는 것이었다.

원선의 방계 자손 중에는 조선이 개국하자마자 조정에 나아가 높은 벼슬을 한 사람들이 많았다. 그러나 원선의 유훈을 지키느라 판삼사좌윤의 자손들 가운데는 관계 진출을 꺼리는 사람이 많았다. 원선의 후손 가운데 비교적 높은 벼슬을 한 인물은 그의 손자 원지구(元之龜, 충청도 관찰사)가 최초였다. 그 자손은 천안에 터를 잡고 살았다. 그런데 진위현 여동으로 내려온 원몽(元蒙)의 자손은 그 뒤로도 입사(入仕, 벼슬)를 망설였다. 그들은 원선의 5대손 원준량(元俊良, 원평부원군)에 이르러 비로소 조정에 진출하였다. 여동에 세거한 자손들이야말로 삼사공의 유훈을 가장 철저히 준수한 후손들이었다.

---

32) 〈원선〉, 582쪽.

## 송산사에 모셔진 삼사공의 위패

조선 후기가 되자 사회 전반에 걸쳐 옛 충신들에 대한 추모 열기가 거세졌다. 그런 분위기 속에서 경기도 양주 송산(현 의정부)에서도 사림들이 고려 충신들의 유적을 보호하려는 움직임을 보였다.

정조 20년(1796), 원선이 살던 집터에는 유허비(遺墟碑)가 건립되었다. 그리고 원선이 조견 등과 함께 은거한 민락동(民樂洞) 삼귀마을에는 송산사(松山祠)가 들어섰다. 그 사당에는 원선 등의 위패가 모셔졌다. 훗날 이 사당은 흥선대원군이 서원과 사우를 철폐할 때 비운을 맞이해, 지금은 터전만 남아 있는 형편이다.

그래도 한 가지 다행한 일은, 송산사 옛 터에는 아담한 근린공원이 조성되었다는 사실이다. 시민들이 쉼터로 사당의 옛 터전을 애호하고 있다. 마침 넓은 잔디밭이 펼쳐져 있어, 주말이면 시민들이 함께 한적한 시간을 보내는 장소로 사랑을 받는다.

18세기에 송산사가 처음 건립되자 고려 충신들에 대한 숭모(崇慕)의 예전(禮典, 예법)이 성대하게 베풀어졌다. 그러자 문장가 홍양호(洪良浩)는 자신의 문집인 《이계집(耳溪集)》 제 18권에 고려의 유신(遺臣, 충신) 조견(趙狷), 정구(鄭矩) 및 원선(元宣)의 전기를 지어 나란히 실었다. 바로 그 무렵에 의정부 우의정 김종수(金鍾秀)는 한 편의 글을 지어, 충신 원선에 대한 경모(敬慕)의 정을 문자로 기록하였다. 거기서 한 대목을 인용하면 다음과 같다.

"공(원선)은 고려 말에 평간공 조견과 함께 양주 송산에 숨으셨다. 우리 태조(이성계)께서 여러 번 부르셨으나 나오지 아니하고 자택에서 수(壽, 수명)를 다하셨다. 공의 유명(遺命, 유훈)으로 묘소에는 비를 세우지 아니하였다. 일찍이 공자가 말한 바와 같이 공이야 말로 굽히지도 아니하셨고, 자신의 몸을 욕되게 하지 아니하신 분이 아니겠는가. 이를 존경해 마지 않노라.

공을 장례 모신 곳은 사시던 곳에서 수백 보의 거리에 있다. 공의 자손이 지금도 대대로 이곳에 살고 있다. 세대가 더욱더 오래 지나면 유허(遺墟, 옛 집자리)와 함께 묘소도 잃어버리게 될 염려가 든다. 이에 (후손들은) 작은 비석 하나를 세우고자 하여 나 청풍 김종수(金鍾秀, 글쓴이)에게 부탁하였다. 이에 이 글을 쓰노라.

송산의 민간에 전하는 말에 따르면, 원공은 산의 양지(남쪽)에 사셨다. 그리고 평간 조공은 평촌에 주거하셨다는데, 날마다 밤이 되면 퉁소로 서로 마음을 통하셨다고 한다. 동리 사람들이 듣기에 그 소리가 심히 구슬펐다고 한다."[33]

김종수가 쓴 글의 대강은 앞에서 우리가 살펴본 것과 대동소이하

33) 김종수(金鍾秀), 〈중정대부(中正大夫) 판삼사(判三司) 좌윤(左尹) 부군(府君) 휘(諱) 선(宣) 유허비(遺墟碑) 음기(陰記)〉, 《원주 원씨 삼사공파 첨절제사 종보》, 2021년, 644~645쪽.

다. 그래서 재론하지 않겠으나, 이 대목에서도 우리의 관심을 끄는 두 가지 사항이 있다.

첫째, 세월이 흐르자 원선이 거주한 집자리며 유택(幽宅, 묘소)을 후세가 망각할 지도 모른다는 염려가 고개를 들었다는 사실이다. 둘째, 원선의 자택은 송산의 남쪽이요, 그의 심우(心友) 조견이 머문 마을은 이웃한 평촌이란 점이다. 15세기에는 그들이 살던 마을 명칭이 달랐으나, 18세기 후반에는 아울러 민락동 삼귀마을로 불리게 되었다. 이곳이야말로 고려 충신들의 마지막 보금자리였던 셈이다.

후세는 삼귀 마을에 서원을 지어 충신들의 넋을 위로하고자 하였다. 그러나 당시 조정에서는 서원을 새로 건립하지 못하게 막았다. 그래서 할 수 없이 송산사라 불리는 사우(祠宇, 사당)를 짓는 것으로 만족할 수밖에 없었다. 이 사당의 본래 명칭은 "삼귀서사(三歸書社)"였다. 물론 '삼귀'란 원선, 조견 및 정구 등 세 명의 충신이 이 마을에 들어온 사실을 기억한 것이다. '서사'라는 이름은 그곳이 서당인 동시에 사우(祠宇)라는 의미였다.

당대의 유신(儒臣, 큰선비)으로 많은 존경을 받은 덕은(德殷) 송환기(宋煥箕)는 그때의 사정을 다음과 같이 기록하였다.

> "아, 이곳 송산의 삼귀촌은 고려말에 조 송산 견과 원 판삼사 선과 정 설학  구 등 삼공이 (초야로) 돌아와 숨어 사시던 옛

동리다. 무릇 삼공의 절의는 백세(百世, 후세)의 숭모가 있어야 마땅할 것이다. 숭모하는 방법은 사원(祀院)에서 제향함이 마땅하다. 만약 (위패를) 건봉(虔奉, 경건히 모심)할 곳을 논하자면 이 구역 외에는 따로 없겠다. ... 삼가(조씨, 원씨, 정씨)의 후예가 이 곳에 적지 않게 세거하므로, 사림이라면 누구인들 감흥하지 않으리오.

다만 서원을 세우는 것이 금지되어 있으므로, 제사 모실 상을 펼 수 없는 것이 한스럽도다. 이에 여럿이 의논한 끝에 구지(舊址)에 삼칸의 건물을 짓고 〈삼귀서사〉라고 편액하여 세 집안의 자손이 함께 주관하기로 하였다. 대체로 세대가 멀어지면 옛 자취도 사라지고 아울러 그 유허까지도 사라질까 두려워서다."[34)]

송환기가 이 글을 쓴 것은 무오년(정조 22년, 1798) 8월 하순이었다. 글에 따르면 삼귀서사의 창건과 운영은, 원선의 자손을 포함하여 조견 및 정구의 자손이 공동으로 맡았다. 이와 같이 18세기 말 송산에서는 고려 충신들에 대한 선양사업(宣揚事業)이 활발하였다.

그런데 삼귀서사를 건립하고 유지하는 데 가장 큰 정성과 열의를 보인 것은 다름아닌 여동의 원씨들이었다. 군자감정 원몽의 후손들

---

34) 송환기(宋煥箕), 〈삼귀서사(三歸書社)에 붙이는 글(附三歸書社記)〉, 《원주 원씨 삼사공파 첨절제사 종보》, 2021년, 648-649쪽.

이 삼귀서사의 숨은 주인공이었다. 그 가운데서도 고성공 원전-진주공 원사립의 후손들이 아낌없이 많은 재물을 희사했다.

끝으로, 한마디만 덧붙여둔다. 1910년이 되자 조선왕조는 멸망하고 말았다. 이어서 일제 강점기가 시작되자 고려의 옛 충신을 사모하고 기리는 사업이 한 차례 크게 일어났다. 1934년에는 개성의 두문동에 "두문동 서원"이 건립되기도 하였다. 이른바 "두문동 72현"이라 불린 고려 충신들의 후손이 힘을 합쳐 서원을 새로 지었다. 그 사업을 앞장서 이끈 이는 임하영이었다.

고려 말에 대의(大義)를 지키다가 목숨을 잃은 충신들과 두문동 72인을 제향하고, 거기에 또 포은(圃隱) 정몽주(鄭夢周)와 목은(牧隱) 이색(李穡)까지도 합사(合祀)하였다. 결과적으로 119명의 위패를 모시게 되었는데, 그 중에는 삼사공 원선도 포함되었다. 원선의 위패를 두문동서원에 모실 때 작성한 봉안문(奉安文)은 다음과 같다.

> "(원선) 선생은 원주의 명문가 출신이요, (벼슬은) 고려의 삼사좌윤이셨다. 나라가 사라지고 임금이 망하자, 선생은 마음이 답답하고 민망하셨다. '북쪽을 바라보고 새 왕조에 내가 무엇을 바랄 것인가'라고 탄식하시며 머리에 쓴 관을 벗어 나뭇가지에 걸어놓고 패랭이를 쓰셨도다. 그러고는 (개경의) 두문동에 깊이 숨어지내시며 옛 임금을 잊지 않으셨도다.

(이성계가) 여러 번 불러도 응답하지 아니하시고 끝끝내 절의를 정결하게 지키셨도다. 송산(양주 송산)의 고사리에도 옛 임금의 봄이 깃들었고, '사군곡(思君曲, 임금을 그리워하는 노래)'에 새긴 말씀은 그 뜻도 비장하도다.

(벼슬하는 공의) 형제와는 의리를 끊으셨으니, 무슨 일로 다른 사람들이 찾아오랴. 묘에는 비석을 세우지 말 것이요, 또한 벼슬도 하지 말라고 유언으로 이르고 신신당부하셨네. 어느 자손이 그 뜻을 어길손가.

참으로 원(선) 선생은 기개가 굳세고 크시며 가슴에 품은 뜻이 뛰어나 고려조에 공적이 찬연하였도다. 두문동 옛 터에 술잔을 올리고 향을 피우며 삼가 무릎을 꿇나이다."[35]

삼사공 원선의 봉안문을 한자 한자 손가락으로 짚으며 읽다보면 양촌(陽村) 원선(元宣)의 충절을 되새기지 않을 수 없다. 위의 봉안문에서도 우리는 새로운 사실 한 가지를 발견하였다.

원선이 조선 건국에 협력한 "형제와 의리를 끊으셨다"라는 한 대목의 뜻이 새롭다. 족보에서 확인할 수 있듯, 원선의 형제와 조카들은 모두 조선의 건국에 찬동(贊同)하여 하나같이 화려하고 높은 벼슬을 역임하였다. 아니, 사실대로 말하면 고려 귀족의 대다수는 조선의

35) 〈두문동(杜門洞) 서원(書院) 양촌(陽村) 원선생(元先生) 봉안문(奉安文)〉, 《원주 원씨 삼사공파 첨절제사 종보》, 582~583쪽.

"개국공신" 또는 "개국원종공신"이 되었다. 그들은 고려 왕조를 버리고 자신들의 기득권을 유지하는 데 급급하였다.

그러나 양촌 원선은 뜻을 굽히지 아니하였다. 그는 두문동서원에 합사된 119명의 유신(遺臣)들과 한 가지로 신하는 두 임금을 섬길 수 없다는 성리학의 가르침을 그대로 실천하였다. 그러므로, 16세기 말에 임진왜란이 일어났을 때 진위현 여동의 원씨 집안에서 허다한 충의지사(忠義之士)가 쏟아져나온 데는 그만한 역사적 연원이 있어서였다고 할 수 있다. 송산에서 유명(幽冥)을 달리한 양촌의 유지(遺志)를 후손이 차마 잊지 못하였기 때문이다. 전통이란 이처럼 깊고도, 무겁고, 때로는 장엄한 것이다.

## 돌아가신 광정대부 첨의중찬 수문전대학사 감수국사 판전리사사 세자사(匡靖大夫 僉議中贊 修文殿大學士 監修國史 判典理司事 世子師) 원공(元公, 원부) 묘지(墓誌)

생각하건대, 옛날부터 사대부(士大夫) 중에는 처음에는 지위가 낮아도 심지가 높고 곧아서 항상 소광(疏廣)과 소수(疏受)를 아름답게 여긴다. 그러다가 자신이 부귀해지면 거기에 맛들여서 세월을 아까워하며 공문(公門, 임금)에 굽신거리며 편안하게 물러날 줄 모르는 자가 많다. (하지만) 오직 우리 시중(侍中) 원공(元公)께서는 이와 달라 나이 66세에 옷깃을 떨치고 용감하게 물러나셨다. 《주역(周易)》에서 말하는 '진퇴(進退)와 존망(存亡)에 바름을 잃지 않는다.'라는 것에 해당한다.

공의 이름은 원부(元傅)고, 처음 이름은 원공식(元公植)이며, 자는 성지(成之)고, 자호(自號)는 족헌수재(足軒秀才)다. (공의) 근원은 원주(原州)에서 나왔다. 증조할아버지 원예(元禮)는 상의봉어(尙衣奉御)였고, 할아버지 원승윤(元承胤)은 좌사간 지제고(左司諫 知制誥)였다. 아버지 원진(元瑨)은 도재고판관(都齋庫判官)이었는데, 공 덕분에 예빈경(禮賓卿)으로 추봉(追封)되었다. 어머니 정씨(鄭氏)는 본

부록

관이 창령군(昌寧郡)이었으며, 외할아버지 정희(鄭禧)는 대부경 한림시독학사(大府卿 翰林侍讀學士)였다.

공은 나이 겨우 18세에 사마시(司馬試)에 올랐고, 22세에 과거에 급제하여 (관직에) 발탁되었다. 24세에 중원목사록(中原牧司錄)으로 부임하였고, 33세에 동문원녹사(同文院錄事)에 임명되었다. 이후에 여러 번 옮겨 잡직령 대관령 겸 직사관 중서주서(雜職令 大官令 兼直史館 中書注書)가 되었다.

무오년(1258) 4월에 의사(義士)들이 모여 권문(權門, 무인정권)을 쓸어버리고 대내(大內)로 정권을 돌려놓을 일을 논의하였다. 그때 (공이) 선발되어 정당(政堂)에 들어갔다. 같은 해 가을, 권지합문지후(權知閤門祗候)에 임명되었다. (그 뒤로는) 비서랑(祕書郎)·예부(禮部)와 병부(兵部)와 이부(吏部)의 원외낭중(員外郎中)·대부소경(大府少卿)·호부시랑(戶部侍郎)·태자사경(大子司經)·내직랑(內直郎)·국학직강(國學直講)·보문각(寶文閣)의 대제(待制)와 직학사(直學士)·충사관수찬관(充史館修撰官)·지제고(知制誥)로부터 추밀원(樞密院)의 우부승선(右副承宣)과 좌부승선(左副承宣)에 이르렀다. 이 관직들은 9년 동안에 (공이) 역임한 맑고 빛나는 자리였다.

48세에 (공은) 예빈경 조청대부 한림시독학사(禮賓卿 朝請大夫 翰林侍讀學士)에 제수되었다. 곧이어 한림학사 태자우유덕 중산대부 판예빈성사 지어사대사(翰林學士 大子右諭德 中散大夫 判禮賓省事

知御史臺事)에 제수되었다.

50세에는 은청광록대부 추밀원부사 우상시 한림학사승지(銀靑光祿大夫 樞密院副使 右常侍 翰林學士承旨)를 제수받았다. 그해에 대가(大駕, 임금)를 수행하여 상국(上國, 원나라)에 조회하러 가는 데 (공이) 뽑혀 다시 공(功)을 세웠다.

이듬해 여름에는 어가(임금의 행차)를 따라 (고려) 조정으로 돌아왔다. 상부(相府, 재상)에 들어가 금자광록대부 정당문학 이부상서 보문각대학사 동수국사 판삼사사 태자소보(金紫光祿大夫 政堂文學 吏部尙書 寶文閣大學士 同修國史 判三司事 大子少保)가 되었다.

신미년(1271)에 지금 임금(今上, 충렬왕)이 동궁(東宮, 세자)으로서 상국(원나라)에 조회할 때 공이 또 어가를 수행하였다. 수사도(守司徒) · 수태보(守大保) · 참지정사(參知政事) · 중서문하시랑(中書門下侍郎) · 양성평장사(兩省平章事) · 집현전(集賢殿)과 수문전(修文殿)의 대학사(大學士) · 수국사(修國史) · 감국사(監國史) · 태자소사(太子少師)와 태자태보(太子太保)를 지냈다. 이 벼슬들은 4년 동안에 (공이) 역임한 높고 빛나는 관직이었다.

을해년(1275)에 상조(上朝, 원나라)의 뜻을 받들어 관호(官號)를 고쳤기 때문에, 다시 광정대부 첨의시랑찬성사 판군부사사 세자부(匡靖大夫 僉議侍郎贊成事 判軍簿司事 世子傅)가 되었다.

무인년(1278)에는 임금을 모시고 상국(원나라)에 조회하였다. 그리고 계미년(1283)에 판전리사사 세자사 총재(判典理司事 世子師 摠裁)가 되었다.

을유년(1285)에는 동당시(東堂試, 과거 시험의일종)의 지공거(知貢擧, 시험관)에 임명되었으나 굳게 사양였다. 지위가 황각(黃閣, 재상)에 있으면서 하늘을 대신하여 나라를 다스린 것이 16년이었다.

66세에 이르러 공은 정적(政籍, 관원의 명부)에 오른 지 42년 만에 나이를 이유로 물러나기를 청하였다. 그러자 첨의중찬(僉議中贊)으로 삼고, 나머지 벼슬은 이전대로 가지되, (공식적으로) 치사(致仕, 퇴임)하게 하였다.

(공은) 거문고와 바둑을 두며 푸른 들판에 머물기를 즐겼다. 흡족해하여 재물은 (친척과 친지들에게 모두) 나눠주었다.

공의 붓글씨는 대적할 자가 없었다. 일찍이 여청궁(麗淸宮, 궁궐)의 벽에 글씨를 썼다. 그리고 남성시(南省試, 과거시험)를 한 번, 예부시(禮部試, 과거시험)를 두 번이나 관장하였는데, 공이 발탁한 선비들은 모두 한시대의 명인들이었다. 공이 자리에서 물러나자 (공이 주관한) 세 번의 과거시험 때 합격한 문생(門生)들이 큰 잔치를 벌여, 수레를 걸어두는(즉 퇴직의) 경사를 위로하였다.

정해년(1287) 2월 초 9일에 (개경의) 홍도정리(紅桃井里)의 사제(私第, 자택)에서 돌아가셨다. 향년은 68세셨다. 이어서 그곳에 빈소를 차리고 그 다음 달인 윤 2월 23일 갑신일에 홍화산(弘化山)의 동쪽 기숡에 장사를 모셨다.

임금이 공의 부고를 듣고 매우 슬퍼하여 조회를 사흘간 멈추었다. 시호를 내려 문순공(文純公)이라고 하고, 백관들에게 명하여 장례에 참여하게 하였다.

공은 예빈경(禮賓卿) 염수장(廉守臧)의 큰따님과 결혼하여 아들 둘과 딸 하나를 낳았다. 장남 원관(元瓘)은 오늘날 정승대부 판비서시사 보문서학사(正承大夫 判秘書寺事 寶文署學士)다. 차남 원경(元卿)은 조봉대부 천우위섭대장군(朝奉大夫 千牛衛攝大將軍)이다. 딸은 좌중금지유낭장(左中禁指諭郎將) 김흥예(金興裔)에게 시집갔다. 내외 손자들은 향기 나는 난초와 아름다운 나무처럼 뜰에 가득하였도다.

장례를 모실 때가 되자 두 아들이 (나에게) 묘지명을 청하였다. 아아, 나 민지(閔漬, 당대 제일의 문장가)는 어진 군자(君子)를 많이 보았으되 공과 같은 이는 다시보지 못할 줄 안다. 눈물과 콧물이 흘러내 붓을 적시는 줄도 잊은 채 명(銘)을 짓노라.

태성(台星)이 정수를 내려주고 숭악(嵩岳)이 기이함을 내려주셨네.

임금을 사랑함에 지극히 간절하였고, 손님을 접대할 때 피곤한 줄 모르셨네.

죽당(竹堂)에서 인재를 기른 것이 12년이요,

윤각(綸閣)에서 정권을 잡은 지도 16년이로다.

부귀와 공명은 비애와 영광이 처음이자 끝이 되나니,

지금 해동(海東)에서 곽자의(郭子儀, 최고의 명신)를 다시 보았노라.

세 번의 과거에서 배출한 문생들은 복사꽃과 오얏꽃처럼 향기가 그윽하였고,

두 아들이 아버지의 뜻을 이어 난(鸞)새와 봉(鳳)새처럼 날개를 펼치었도다.

호랑이 머리처럼 산이 우뚝 일어나고 용의 배처럼 물이 길게 흐르나니,

만세에 빛날 유택(幽宅)이요, 천손(天孫)이 번창하리라.

명을 새겨 무덤에 넣으니 묘도(무덤속)가 빛나리!

지원(至元) 24년 정해년(1287) 윤2월 일에

(공의 친구 아무개는 삼가) 쓰노라.

# 4장

# 자랑스러운 후예들

4장

# 자랑스러운 후예들

아무리 훌륭한 전통이라도 자손이 그것을 제대로 기억하지 못하면 곧 사라진다. 역사를 공부해보니 과연 그러하다는 생각이 들었다. 한때 이름을 날린 명문가는 매우 많으나, 수백 년 동안 그대로 명성을 유지하는 경우는 무척 드물다. 왜 그런 것일까?

조상이 세운 빛나는 전통을 지키려는 노력이 사라지면, 그것으로 그 집안의 역사는 시들기 시작한다. 과거의 영광이란 풀잎에 매달린 이슬방울과도 같아서 해가 중천에 솟으면 자취를 감추기 마련이다. 그러나 자자손손 대를 이어가며 지난날의 영광을 기억하고 다시 재현하고자 노력한다면 이야기는 달라진다. 과거의 찬란한 영광을 뚜렷이 기억하고, 오늘의 자기 자신을 아름답게 가꾸려고 애쓰는 사람들은 미래의 도전을 두려워하지 않는다. 역사에 오래 남은 명문가란 전통의 가치를 제대로 인식한 사람들에 의해 이루어졌다.

### 전통 잇기에 힘써 – 족보의 편찬

조선 시대, 특히 후기가 되면 가문의 전통을 잇고자 노력하는 사람들이 전국 어디에나 많았다. 그들의 노력을 가장 분명하게 드러낸 것이 바로 계속된 《족보》의 편찬이었다. 족보를 펼쳐보면, 빼곡이 적힌 한 글자 한 글자가 조금의 예외도 없이 조상의 영욕(榮辱, 영예와 치욕)을 후세에 전하려는 역사기록임을 알 수 있다.

여동의 원씨들은 족보의 효능을 정확히 이해하였다. 그래서 그들은 누구보다 열심히 족보를 편찬하였다. 그럼 한 가지 간단한 질문을 던져보자. 고려 충신 원선, 즉 판삼사좌윤공의 자손 가운데서 족보를 처음으로 편찬한 이는 누구였을까? 삼사공의 손자인 원구(元龜)였다. 그는 이 책의 주인공 원전(고성공)의 종(從) 고조부였다. 정확히 말해 여동의 입향조인 군자감정공 원몽의 친형이었다. 기록에 따르면, 원구는 주부(主簿) 벼슬을 했다고 한다. 그는 삼사공이 터를 잡은 양주 송산에 그대로 눌러앉았다.

송산에서 그는 세조 정축년(세조 3년, 1457)에 가문의 기록을 총정리해 《원주 원씨 정축보(丁丑譜)》를 편찬하였다고 전한다. 하지만 그 당시 조선사회에는 족보를 인쇄하는 집안은 거의 없었다. 원주 원씨도 예외가 아니어서, 《정축보》는 초보(草譜) 상태로, 즉 필사본에 머물렀다.

그 뒤에도 가문의 역사에 관한 원씨들의 관심은 더욱 커졌다. 결과적으로, 시일이 흐름에 따라 여러 가지 형태의 가계기록이 편집-인쇄되었고, 소중히 보관되었다. 최초로 간행된 원성백 자손의 족보는 두 권짜리 《원주 원씨 경신보(庚申譜)》였는데, 경신년이란 영조 16년(1740)이었다. 이 족보를 원씨들은 《경신 전보(前譜)》라 부른다. 그 족보의 발문(跋文)에서 원홍적(元弘迪)은 족보의 편찬사를 다음과 같이 요약하였다.

> "옛날에 나의 9대 방조인 사온(司醞署) 주부(主簿, 6품) 휘(원)구(元龜) 씨가 일가의 파계(派系, 계통)를 수집하고 계대(系代, 계보)를 정리하여, 세보(世譜, 족보) 한 권을 만드셨다. 그러나 종손들이 보존하지 못하였다. 이점이 우리들 후손에게는 무척 안타까운 일이다."[1]

이 글을 쓴 원홍적은 여동의 원씨 입향조, 즉 군자감정 원몽의 9대손이다. 그는 고성 현령 원전의 5대손이었다. 그가 기술한 바에 따르면, 주부 원구가 편찬한 단권짜리 원씨 족보는 후세에 계승되지 못한 것 같다.

그러나 그렇게 단정하기는 아마 어려운 일일 것이다. 20세기 후반에 원구가 편찬한 《정축보》가 발견되었다는 소식이 전해졌다. 1958년

---

1) 원홍적(元弘迪), 〈전(前) 경신보(庚申譜) 발(跋)〉, 《원주 원씨 삼사공파 첨절제사공 종보》, 2021년, 796쪽.

에 원유병(元裕秉)이 쓴 글이 우리의 관심을 끈다.

> "우리 원씨의 수보(修譜, 족보 편찬)는 이번이 여섯 번째다. 첫 번째 (족보)는 세조 3년 정축(1457년)에 만들어졌으니, 지금부터 510년 전 일이다. 방조(傍祖) 사온공 구(龜)씨가 1권을 초(抄)하여 스스로 쓰신 서문이 남아 있다. 그러나 (그 족보를) 인쇄(에 붙이지는) 못하였고 단지 필사하였다. 그것이 책자로 보존된 것은 남아 있지 않은 것 같다.
>
> (그런데) 이번에 (찬성사 원관 공의) 설단(設壇, 기념단을 만듦)하는 일로 (종친들을 방문하다가) 전북 옥구군 성산면 도암리에서 군자감정공 휘 몽의 종파인 유규(裕奎)의 집에 갔는데, 거기서 다행히도 사본 2부를 (발견하였다.) 지금까지 (정축보를) 봉안하고 실전(失傳, 잃어버림)하지 않았으니 정말 기쁘도다. (사본을 펼쳐들자) 사온공의 손길(을) 직접 (느끼는) 것만 같았으며, (공을) 곁에 모시고 있는 듯(한 기분이) 완연하였다."[2]

원유병으로 말하면 가문의 전통을 잇기 위해 부단히 노력한 후손이었다. 그는 원주 원씨 원성백 후손들의 여섯 번째 족보를 편찬하는 데도 공이 컸다. 그런데  다름아닌 그가 종중 일로 전라북도 옥구군에

---

2) 원유병(元裕秉), 〈수보후감(修譜後感)〉, 《원주 원씨 삼사공파 첨절제사 종보》, 2021년, 869쪽.

들렀다가 《정축보》 사본 2질(秩)을 발견한 것이다. 원구가 《정축보》를 편찬한지 약 510년 만이었다. 참으로, 감개무량한 일이었을 것이다.

《정축보》를 한번 열람하고 싶은 마음이 간절한데, 아직 필자는 그 기회를 얻지 못하였다. 15세기 중반에 편찬된 《정축보》가 일반에 공개된다면 학술적으로도 의미 심장한 일이리라 믿는다. 물론 이 족보는 고려후기부터 조선초기까지 원주 원씨의 역사를 이해하는 데도 결정적인 도움을 줄 것이다.

여기서 우리가 강조할 것은 다음의 한 가지 사실이다. 15세기부터도 삼사공의 후손들은 조상이 세운 빛나는 전통을 기억하고, 더욱 빛내기 위해 노력했다는 점이다. 그들은 그 뒤에도 끊임없이 족보를 편찬 간행해 왔다. 위의 인용문에서 원유병이 서술한 것처럼 지난 500년 동안에 무려 여섯 차례나 주기적으로 족보를 편찬하였다. 이미 여러 집안의 족보를 연구한 필자의 경험에 비추어 볼 때, 이것은 매우 이례적이다. 삼사공파처럼 꾸준히 족보를 간행한 집안은 무척 드물다.

왜 그럴까. 족보를 간행하는 사업은 비용도 적지 않게 드는 일이다. 게다가 수단(收單, 단자를 거둠)과 편찬 및 간행 사업은 성가시고 까다로운 작업이다. 가문의 전통에 대한 긍지가 없으면 불가능할 것이다. 무엇보다도 후세에게 조상들의 빛나는 전통을 올바로 전해주려는 강한 의지가 없이는 어려운 일이다. 현대사회에서는 교통과 통신이 발달해서 필요한 자료를 모으기도 쉽고, 족보를 인쇄하는 일도 비교적 간단하다. 그러나 조선 시대에는 이 모든 일이 해결하기 어려운 숙제였다. 많은 시간과 노력, 정성과 재정적 뒷받침이 요구되는 엄청난 사업이었다.

이렇게 설명해도 현대인으로서는 실감이 별로 나지 않을 것이다. 여러분의 이해를 돕기 위해 《경신 전보》의 발간 과정을 서술한 몇 대목을 함께 읽어볼까 한다. 우선 이조참의공 원연의 현손(玄孫, 고손)인 원정(元涏)이 쓴 글부터 살펴보자.

> "나(元涏)와 종중의 여러분이 개연히 뜻을 세워 (《정축보》의 전통을 이어받아) 족보를 중간하기로 했다. (우리는) 각지에 흩어져 있는 모든 종원에게 (족보간행 사업계획을) 알렸고, 적은 재력이나마 성의껏 모아보기로 하였다. 그리고 공인(工人, 인쇄공)에게 부탁하여 (우리 족보를) 인쇄하여 출판할 계획을 마련하였다. (그리하여 우리 족보를) 영원히 보전하여 사라지지 않게 하였노라. 수보(修譜)의 중차대한 업무는 종질(宗姪)인 홍리(弘履, 원순상의 손자)와 홍복(弘復, 원순빈의 손자)에게 부탁하였다. 그이들이 (사업에) 필요한 모든 정보를 널리 수집하고 고증하여 족보 일을 진행하였다."[3]

---

3) 원정(元涏), 〈전(前) 경신보(庚申譜) 발(跋)〉, 《원주 원씨 삼사공파 첨절제사 종보》, 2021년, 793쪽.

원정의 서술을 통해 우리는 네 가지 중요한 사실을 알 수 있다. 첫째, 족보편찬 위원회는 원정을 위원장으로 하였으나, 실질적인 편찬 작업은 집안 조카인 원홍리와 원홍복에게 맡겼다. 원정은 이조참의공의 후손이요, 원홍리와 원홍복은 모두 진주공의 자손이다.

둘째, 18세기 후반에 삼사공의 자손은 이미 전국 각지에 흩어져 있었다. 그들을 대상으로 단기일 내에 가계 기록을 일일이 수집하고 정리하는 작업은 어려운 일이었다. 또, 편찬사업에 들어가는 비용도 만만치 않아, 종원들에게서 비용을 갹출하였다. 발간 비용을 모으고, 여러 가지 용도로 예산을 집행하고, 나중에 회계보고를 하는 일은 상당히 번거로웠을 것이다.

셋째, 인쇄와 제본은 출판전문가인 '공인(工人)'에게 일임하였다. 이 단계야말로 비용이 가장 많이 발생하였다. 아직 그 시절에는 족보 전문 출판사가 존재하지 않았다. 편집위원들은 족보의 원고를 깨끗이 정서하여, 공인이 목판에 새기게 하고, 다시 꼼꼼히 교정을 본 다음에 인쇄에 넘기는 방식으로 작업을 진행하였다. 교정 작업이 만만하지 않아, 족보의 출판과 인쇄 및 제본의 공정은 편찬 위원회가 있는 진위현 여동에서 이뤄졌다고 추측한다.

넷째, 이처럼 번거롭고 비용도 많이 드는 족보간행 사업을 그들은 왜, 시작하였을까. "(마침내 족보를) 영원히 보전하여 (세상에서) 사라지지 않게 하였노라."고 하는 편찬위원장 원정의 발언에서 해답을 발견할 수 있다. 정성껏 족보를 편찬하지 않는다면, 후손들은 조상이 살아온 역사를 알 길이 없게 된다. 만약에 선조가 목숨을 걸고 이룩한 업적을 모르고 살게 된다면 그렇게 큰 불효가 없는 일이요, 그것은 마치 장님이 어둠 속에 길을 더듬는 것과 마찬가지이다. 여동 원씨들은 이러한 인식을 확고히 견지하였다. 그러므로 아무리 힘들고 귀찮은 일일지라도 누군가 반드시 족보 편찬의 고역을 감당해야 했다.

다시 한번 편찬위원장에 해당하는 원정의 회고담을 소환한다. 그는 족보의 편찬 목적을 다음과 같이 서술하였다.

> "보첩(譜牒, 족보)이 갖는 의미는, 일족이 (그것으로) 뜻을 함께 하고 효도하는 근원으로 삼는 것이다. 친척이 화목하고 우애를 두텁게 만드는 계기로 삼는 것이다."[4)]

원정이 이 글을 쓴 것은 경신년(영조 16년, 1740) 4월 하순이었다. 그는 족보가 있어야만 종중 구성원들의 가슴속에 우애와 효도의 불을 지필 수 있다고 확신하였다. 또, 족보야말로 종중 사람들이 서로 친하고 평화롭게 지내게 만드는 계기로 보았다. 족보를 펼쳐보면 서로 뜻을 하나로 모을 수 있다고도 믿었다. 충효열의 가치를 실천하기에 전념한 조상의 행적을 자세히 알면 알수록 종중 내부의 단결은 강

---

4) 원정(元涏), 〈전(前) 경신보(庚申譜) 발(跋)〉, 《원주 원씨 삼사공파 첨절제사 종보》, 2021년, 794쪽.

해지고, 후손들은 반드시 입신양명(立身揚名)하여 부모의 은혜에 보답하겠다는 각오를 다지게 된다는 의미였다. 그러므로 자손이 효제(孝悌)와 충신(忠信)을 아는 참 선비로 자라나기를 바란다면, 반드시 족보를 간행해서 거듭 읽게 하는 것이 옳다. 원정은 그와같이 확신하였다.

그런데 이것이 어디 원정 한사람의 생각이었겠는가. 삼사공의 자손이면 누구나 공감하는 바요, 조선의 선비 사회를 지배하는 공동이념이었다.

족보란 이처럼 소중한 보물이었다. 그러므로 그 편찬에 시간과 정성을 아끼지 않는 종원(宗員)이 반드시 존재하였다. 그럼 《경신 전보》의 편찬에는 얼마나 많은 시일이 걸렸을까? 실무를 직접 담당하였던 원홍적은 이렇게 기술하였다.

> "우리 종원들이 가장 많이 사는 곳은 부성(釜城, 진위)이다. (거기서 나와) 가까운 종원 몇 명이 (옛 족보가 전하지 못함을) 슬프게 생각하였다. (우리는 사방의) 종원들에게 (족보 편찬을) 알리고, 적은 힘이나마 모아서 (편찬) 업무를 시작하였다. 그렇게 한지 2년이 지나자 2책을 간행하게 되었다."[5]

이 글에서 우리는 두 가지 사실을 확인할 수 있다. 첫째, 《경신 전

---

5) 원정(元涏), 〈전(前) 경신보(庚申譜) 발(跋)〉, 《원주 원씨 삼사공파 첨절제사 종보》, 2021년, 796쪽.

보》의 편찬사업은 총2년의 세월이 걸렸다는 점이다. 둘째, 이 사업을 처음 논의한 곳도 진위요, 사업을 진행한 곳도 다름아닌 진위현, 곧 여동이었다. 18세기에 삼사공파의 중심지는 바로 여동이었다.

끝으로, 한 가지 질문이 제기될 수 있다. 방방곡곡에서 수집한 관련 자료를 편찬하려면 일정한 기준이 필요하다. 그 기준을 마련한 이는 누구였을까?

> "나의 종형(從兄)께서 (족보의) 범례를 매우 상세히 만들어, 보법(譜法, 족보 작성법)을 정하셨다. 또, 두 분은 발문(원정, 원홍적)에서 (족보 편찬이) 시작된 경위를 세밀한 부분까지 모두 설명하셨다."[6)]

이글의 저자는 원홍리였다. 그가 인용문에서 언급한 종형은 곧 원홍운(元弘運)이었다. 그는 진주공의 종손(宗孫)이었는데, 숙종 기미년(1679)에 태어났으므로 원홍리(1684년생)보다 다섯 살이 많았다. 《경신 전보》가 간행될 당시 원홍운은 62세, 원홍리는 57세 그리고 원홍적(1681년생)은 60세였다. 편찬위원장에 해당하는 원정(1679년생)은 원홍운과 동갑(62세)인데 10달 늦게 태어났다. 하지만 항렬이 높아 그들 세 사람의 족숙(族叔)이었다.

---

6) 원홍리(元弘履), 〈전 경신보 발〉, 《원주 원씨 삼사공파 첨절제사 종보》, 797~798쪽.

정리해 말하면, 원정을 제외한 세 명의 간사는 모두 고성공-진주공의 자손이었다. 그밖에도 편찬에 관한 기록을 자세히 살펴보면, 진주공의 증손 원익(元瀷, 1679년생) 역시 편찬 사업에 중요한 역할을 하였다. 원익은 앞서 말한 원정과 항렬도 같고 나이도 동갑인데, 원정보다 18일 먼저 태어났으니 족형(族兄)이었다.

요컨대 원정을 비롯하여, 원익, 원홍운, 원홍적, 원홍리 등 5명이《경신 전보》편찬의 주역이었다.

이후에도 여동 원씨는 족보의 편찬 사업을 게을리하지 않았다. 그들은 약 60년 간격으로 새 족보를 편찬 간행하였다. 그때마다 집안에서 학식과 인품이 뛰어난 대표적인 선비들을 뽑아서 그들이 요즘식으로 말해 편찬위원회를 구성하게 하였다. 그러나 학식은 뛰어나더라도 중망(衆望)이 없으면, 그처럼 중요한 일을 맡기지 않았다는 점도 특기할 만하다.

수차례 거듭된 여동의 족보 편찬사업을 여기서 낱낱이 분석할 필요는 없을 것이다. 그렇지만 한 가지 사실만은 부연하고자 한다.

《경신 전보》에 이어 간행된 원씨의 세 번째 족보에 관해서다. 그것은 정조 24년(1800) 경신년에 간행되었다. 그래서《경신 후보(後譜)》라 부르기도 한다. 그때 편찬사업을 주관한 인사는 3명이었다. 첫째, 원병상(元秉常)인데 그는 위에서 나온 원홍복의 손자였다. 그가《경신 후보》의 편찬 사업을 총괄하였다. 둘째, 원의상(元懿常)도 이 사업의 주요한 임원이었다. 그는 앞서 말한 원홍리의 손자였다. 셋째, 원영경(元榮燝)

도 이 편찬사업에서 큰 역할을 하였다. 이 세 명의 선비가 각고의 노력을 한 끝에 총 5권이나 되는 족보가 출간되었다. 후대에 이르면 매번 족보의 분량도 늘어났고, 비용도 점점 불어났다.

그런데 삼사공의 자손 가운데서도 여동의 원씨들이 족보 편찬사업의 주역이었다. 특히 그 중에서도 고성공-진주공의 자손이 핵심적인 역할을 할 때가 대부분이었다. 그들은 여러 지역에 거주하는 종원들과 뜻을 합쳐 조상의 빛나는 전통을 오래도록 기억하고, 가문의 역량을 배가하려고 많은 노력을 기울였다.

아래에서는 고성공-진주공의 자손 가운데 후세가 가장 존경하는 몇몇 인사들을 간단히 소개하려고 한다. 여기서 그들의 전기를 상세하게 쓰고자 하는 것은 아니며, 그들의 업적을 간단히 소개하는 정도다.

## 진위 향약(鄕約)의 수호자 원순상

진주공 원사립에게는 외아들 원빈(元玭)이 있었다. 그에게는 다시 여러 아들이 있었다. 장남은 통덕랑 원순상(元舜相)이요, 차남은 증(贈) 호조참판 원순빈(元舜賓), 삼남은 선비 원순석(元舜錫), 사남은 선비 원순규(元舜揆), 오남은 선비 원순징(元舜徵), 육남은 첨지중추부사를 지낸 원순승(元舜昇), 칠남은 선비 원순화(元舜華)였다. 여식(女息)도 여럿이었는데, 장녀는 관찰사를 지낸 어진익(魚震翼)에게 시집갔다. 어진익은 문과에 급제하였고 훌륭한 자손을 많이 두었다.

특히 그 증손녀는 경종의 왕비가 될 정도였으니, 참으로 성대한 가문이었다. 둘째 사위는 선비 이계(李稽)요, 셋째 사위는 부사를 지낸 신석일(辛錫一)이요, 넷째 사위는 선비 이문익(李文翊), 다섯째는 첨지중추부사 권확(權擴)이었다. 여섯째 사위는 선비 이유한(李有漢)으로 무려 7남 6녀를 두었다. 이 많은 자손 중에서도 원빈의 장자요, 진주공의 장손인 원순상이야말로 진위 고을에서 손꼽히는 명사였다.

《원주 원씨 족보》(초간보)에는 〈통덕랑공 휘 순상(舜相) 행적〉이란 글이 실려 있다. 이 글의 필자가 누구인지 모르나 가까운 친족 또는 친지였을 것이다. 여동에 세거한 군자감정공의 자손들 가운데서 원순상의 성품과 행실이 매우 모범적이었기 때문에 족보에도 수록한 것으로 짐작할 수 있다. 아래에서는 그 〈행적〉에서 몇몇 대목을 함께 읽어보면서 원순상의 됨됨이와 업적을 알아보고자 한다.

"천계 2년 임술년(광해군 14년, 1622)에 (원순상 공이) 태어나셨다. 공은 타고난 품성이 순수하고 성격이 온화하셨더라. 20살이 되기 전에 어머님께서 돌아가시자 몹시 슬퍼하여 상례를 극진하게 거행하고, 엄친(嚴親, 아버님 원빈)을 정성으로 모시는 데 뜻을 어긴 적이 없으셨다. 계모를 섬길 때도 효성이 지극하여 이름이 널리 알려졌다. 아우들과 우애도 유난히 깊어 평화로운 기운이 집안에 가득하였다. (가령) 아우 증 참판 공(원순빈)과는 (우애가 유난히 깊어) 집안에 들어오면 침상을 함께 사용하고, 집밖에 나갈 때면 나란히 말을 몰았더라. 아우가 혹시나 무슨 사정이 있어 집에 찾아 오지 못하면 문득 그 집으로 찾아가 살펴보았는데 언제나 그렇게 하더라. 아무도 형제 사이를 이간질하지 못하게 조그마한 틈도 주지 않았다."[7]

원순상의 인품이 이와 같았다. 그는 효도와 우애가 남달랐고, 아우 원순빈을 매우 사랑하여 함께 잠자리에 들고, 외출할 때도 형제가 나란히 말을 몰았다고 했다. 17세기에 형제가 저마다 마필(馬匹)을 이용해 외출하였다면 그 살림살이는 상당히 부유한 편이었다고 짐작된다.

고성공-진주공의 장손으로서 원순상은 살림이 유족하였던 것인데, 장손으로서 마음씨도 따뜻하고 넉넉하였다. 그는 여러 사람을 지도하기에 부족함이 없었다. 그쯤은 우리가 넉넉히 짐작할 수 있는 바지만, 〈행적〉을 통해 조금 더 구체적으로 알아보자.

"공은 평생에 말씀을 급하게 하는 적이 없었다. 큰일이 일어나도 얼굴빛이 전혀 변하지 않았다. 사람들을 후하게 대접하고 재물을 나누어 주어, 많은 칭찬을 받았다. 아무리 미천한 사람이라도 그 사람들이 자신에게 아부하는 말을 하지 못하게 막았

7) 〈통덕랑공(通德郎公) 휘(諱) 순상(舜相) 행적(行蹟)〉, 《원주 원씨 삼사공파 첨절제사 종보》, 2021년, 731쪽.

> 는데, 그처럼 (미천한) 사람들이라도 심하게 꾸짖지 않았다. 친척은 물론이고 향당(鄕黨, 마을사람)에서는 공을 옳은 분이라며 받드는 이가 많았다."[8]

위 글에 적힌 대로 원순상의 언어와 행동은 올바른 성리학자의 전범(典範, 모범)이었다. 사람이 하루를 그와 같이 지내기도 무척 어려운 일인데, 원순상은 70평생을 하루도 변함없이 유교적 덕목(德目)을 실천하였다. 자연히 선비 원순상에게는 좋은 친구가 여럿이었다. 다음 글을 읽어보자.

> "(그때 진위에서는) 참봉 소형우(蘇亨宇)와 진사 소여우(蘇與宇) 형제가 선비다운 행실과 문학(文學)으로 명망이 높았다. 마침 참봉의 양친께서는 공(원순상)의 마을에 사셨다. 진사(소여우)의 집은 공의 거처에서 5리밖에 떨어지지 않아, 날마다 부친을 뵈러 올 때면 진사는 그때마다 공의 집을 반드시 방문하여 만났더라. 공이 친구들로부터 귀하게 대접받은 것이 대강 이러하였다."[9]

---

8) 〈통덕랑공(通德郎公) 휘(諱) 순상(舜相) 행적(行蹟)〉, 《원주 원씨 삼사공파 첨절제사 종보》, 2021년, 731쪽.

9) 〈통덕랑공(通德郎公) 휘(諱) 순상(舜相) 행적(行蹟)〉, 《원주 원씨 삼사공파 첨절제사 종보》, 2021년, 731쪽.

알다시피 군자감공(원몽)의 자손은 이웃에 세거하는 진주 소씨와 세교(世交)가 두터웠다. 두 집안은 혼반(婚班)으로 겹겹이 소중한 인연을 맺어온 사이였다. 원씨들은 모두 소씨의 외손이라 해도 틀린 말이 아니었고, 소씨들 역시 대개는 그와 같았다. 17세기 진위의 소씨 가운데서도 탁월한 선비가 많았는데, 그 중에서도 가장 이름난 이가 소형우와 소여우 형제였다. 바로 그들 형제가 원순상과 마음이 잘 맞아서 날마다 무릎을 마주대고 사랑채에 앉아 도덕과 학문과 예의를 논하였던 것이다.

원순상의 학식과 인품은 진위 고을의 자랑이었다. 그리하여 이 고장 선비들은 그에게 향약(鄕約)의 중책을 일임하였다. 향유사(鄕有司)란 직책을 그가 맡은 것이다. 임진왜란과 병자호란을 겪고 나자 나라 곳곳에서 고을의 기강이 무너졌다. 진위도 예외는 아니었으므로, 누군가 앞장서 기강을 바로 세우는 일이 시급한 과제였다. 진위 선비들은 그 일을 원순상에게 부탁하였다. 그는 고을의 선비들이 뽑은 대표였다. 그에 관한 이야기를 〈행적〉에서 찾아보자.

> "진위 고을의 규정은 이러했다. 향중(鄕中, 향원 모임)에서 인망이 가장 두터운 선비를 향유사로 뽑아, 고을 전체의 기강을 바로잡게 하였다. 드디어 공이 향유사로 뽑히자 공은 향약(鄕約)을 거듭 밝히고, (향약을 시행할 때 무척) 공정하여 흔들

림이 없으셨다. 유림(儒林)인 향원(鄕員)부터 아전에 이르기까지 공경하고 승복하여 마음 깊이 (공에게) 복종하지 않는 사람이 없었다. (온 고을에) 조금이라도 법을 어기는 사람이 없었으니, 공이 선비들과 향원들에게 기림을 받음이 이와 같았다."[10)]

17-18세기에는 선비가 많이 사는 곳이라면 어디서나 향약(鄕約)을 시행하였다. 고을의 으뜸가는 선비들이 '향원(鄕員)'으로 선발되었다. 그들이 모인 단체를 '향중(鄕中)'이라 불렀다. 당연히 향원이라면 한 고을을 대표하는 명가 출신이라야 했고, 그 중에서도 덕망과 학식을 고루 갖춘 선비들이었다. 그들이 회의를 열고, 자신들의 대표로 "향유사"를 선출하여 향약을 시행하였다.

향약이라면 누구나 알 듯 중국 송나라 때 《여씨향약(呂氏鄕約)》을 본받으면서도 조선사회의 특성을 감안하여 여러 가지 시행 규칙을 추가한 것이었다. 진위 고을에도 그 당시에는 〈약속(約束)〉, 〈규칙(規則)〉 및 〈입안(立案)〉 등이 있었던 것으로 보인다. 하지만 유감스럽게도 그 당시 진위현의 향약과 규칙이 남아 있지 않다.

요컨대 원순상은 향원의 신망이 두터워 "향유사"가 되었고, 진위 고을의 풍속과 기강을 바로잡는 데 이바지하였다. 결과적으로, 고을

---

10) 〈통덕랑공(通德郎公) 휘(諱) 순상(舜相) 행적(行蹟)〉, 《원주 원씨 삼사공파 첨절제사 종보》, 2021년, 732쪽.

의 유림은 물론이고 걸핏하면 민간에 행패를 부리기 일쑤이던 아전들도 감히 함부로 행동하지 못하게 되었다. 이만하면 정말 놀라운 업적이 아니었나 싶다.

> "공은 문예가 뛰어났으나 늘 스스로를 부족하게 여기셨다. 명망과 실제 모습이 모두 훌륭하셨으나 구태여 벼슬을 구하지 않으셨다."[11)]

그는 재주가 있어도 자랑하지 않았고, 항상 낮은 자리에 머무는 것을 평안하게 여겼다고 했다. 원순상은 자택에 작은 연못을 파고 연꽃을 심어, 한가할 때마다 조용히 감상하였다고 한다. 당쟁으로 시끄러운 조정을 애써 멀리하며, 전리(田里, 고향 마을)에서 유유자적하는 선비의 한가로운 모습이 우리 눈앞에 보이는 듯하다. 참으로 조용하고 품위 있는 삶이었다.

향년 70세를 일기로 원순상은 세상을 떠났다. 그의 천정배필은 원주 변씨로 부사 벼슬을 지낸 변인길(邊獜吉)의 따님이었다. 원주 원씨 족보(초간본)의 편찬사업에 힘쓴 원홍리와 원홍적은 다름아닌 그의 손자들이었다.

---

11) 〈통덕랑공(通德郎公) 휘(諱) 순상(舜相) 행적(行蹟)〉, 《원주 원씨 삼사공파 첨절제사 종보》, 2021년, 732쪽.

## "장자"의 풍모를 가진 원순빈

진주공의 아들 원빈에게는 13명의 자녀가 있었고, 그들은 모두 뛰어난 인물이었다. 둘째 아들인 증 참판 원순빈도 둘째가라면 아까운 인재였다. 그는 형님인 원순상과 마찬가지로 많은 사람들이 믿고 따르는 선비였다. 원순빈의 생애는 그의 외손으로 광주부윤을 지낸 어유룡(魚有龍)이 찬술(撰述)한 묘지명에 기술되어 있다. 어유룡은 외조부 원순빈의 인품을 다음과 같이 평하였다.

> "공(원순빈)은 무진년(인조 6년, 1628) 2월 14일에 태어나셨다. 풍모가 특출하시고 성품이 돈후하셨고, 몸가짐은 언제나 염소(恬素, 조용하고 깨끗함)하셨다. 사람들을 대접할 때는 공손하고 성실하셨다. 젊어서부터 노년에 이를 때까지 지조를 바꾼 적이 없었으며, 비록 집안의 하인이나 시골의 늙은이라 하더라도 배척하는 말도 하지 않으시고 꾸짖지도 않으셨다."[12]

흔히 우리는 조선의 양반이라면 과장되게 위세를 부리고, 아랫사람을 함부로 꾸짖는 줄로 착각하고 있다. 그러나 그 시절에도 원순빈처럼 인격이 훌륭한 선비는 그렇게 하지 않았다. 아무리 지체가 낮은

---

12) 어유룡, 〈증 가선대부 호조참판 부군 휘 순빈(舜賓) 묘지명〉, 613쪽.

사람이라 해도 상대를 존중하는 마음을 잊은 적이 없었다. 그점에서 원순빈은 형님인 원순상과 조금도 다르지 않았다.

원순빈의 가장 큰 장점은 효성이 깊었다는 사실이다. 형님과 마찬가지로 그 역시 벼슬에 나간 적이 없었으므로, 효도와 우애를 가장 중요한 실천 덕목으로 삼았다. 어유룡은 다음과 같이 기술하였다.

> "공은 나이가 들어서도 태부군(아버지 원빈)과 계비(繼妃, 계모) 신(辛)씨 부인을 섬길 때 한결같이 성실하고 공경하는 태도를 유지하여 작은 실수도 하지 않았다. (그러다가) 계사년(효종 4년, 1653)에 내우(內憂, 모친상)를 당하고, 기유년(현종 10년, 1669)에 외간(外艱, 부친상)을 맞았으나, 모두 상제(喪制)에 법도가 완전하였고 조금도 변함이 없었다."[13)]

17세기의 조선에서는 예법(禮法)을 준수하는 것이 중요하였다. 이야말로 사대부의 가장 중요한 책무였다. 원순빈은 까다로운 예법을 철저히 연구하고 실천하여, 온 집안의 모범이 되었다. 그러나 그가 한갓 형식에 치우친 것은 아니었다. 그는 진심으로 형제와 친족을 사랑했던 것이니, 어유룡의 다음과 같은 설명에 귀를 기울이게 된다.

---

13) 어유룡, 〈증 가선대부 호조참판 부군 휘 순빈(舜賓) 묘지명〉, 613쪽.

"(공은) 형제와 자매를 공경하고 사랑함이 지극하였다. 단 한 마디라도 이간질하는 말이 없으셨다. 그는 형(원순상)과 여러 아우들과 함께 비옥(比屋, 처마를 맞대며 즐비하게 이어진 가옥)에 살며 밤이나 낮이나 늘 화목하였다. 외출을 하게 되어도 같이 나가고, 집안에 들어오면 평상을 나란히 하여 단 하루도 형제가 서로 떠나지 아니한 채 일생을 마치셨다. 이웃 사람들이 모두 지행(至行, 지극한 행실)을 실천하셨다고 칭찬하였다."[14]

쉽게 생각하면 그런 생활쯤이야 누구라도 할 수 있는 것 아니냐고 반문할 지도 모른다. 그러나 원순빈의 형제가 무려 일곱 명이요, 자매도 여섯 명이었다. 형제가 한결같이 우애하며 오순도순 한평생을 한 마을에서 지내기가 어찌 쉬운 일이었겠는가. 가문의 훌륭한 전통을 이어받아 우애하는 마음이 깊었기에, 가능한 일이었다. 바로 그 중심에 원순빈이 있었다는 말이다. 한 마디로, 그는 정말 모범적인 선비였다. 다시 묘지명으로 우리의 눈길을 돌린다.

"공은 세상의 속되고 가벼운 습관을 언제나 미워하셨다. 타인의 장단점을 논할 때 옳은 점과 그른 점을 함께 고려하여, 함부로 단언하지 아니하였다. 물건을 관리할 때도 반드시 정성을

14) 어유룡, 〈증 가선대부 호조참판 부군 휘 순빈(舜賓) 묘지명〉, 614쪽.

다하였다. 또, 공은 성품이 베풀기를 좋아한 까닭에 쓰고 남은 물건이 있으면 반드시 친척과 이웃을 도왔다. 그러므로 이웃 마을에 사는 가난한 사람들이며 친척들이 공의 은혜에 감동하였다. 고을 사람들도 공의 의로움에 감탄하였다."[15]

참으로, 인품이 훌륭한 장자(長者, 덕망과 인품이 있는 부자)의 풍모를 유감없이 발휘한 것이다. 어느 집안이든, 또는 어느 고장이든 원순빈과 같은 선비가 살고 있다면 수십, 수백 명의 사람들이 굶주림을 피할 수 있었을 것이다. 그들이 크게 억울한 일을 당하지 않을 수 있었을 것이다. 원순빈은 비록 초야에서 한 평생을 보냈으나 한양에서 정승 판서를 지낸 것 못지 않게 훌륭한 역할을 해냈다고 볼 수 있다.

원순빈은 을유년(숙종 31년, 1705)에 작고하였는데, 향년이 무려 78세였다. 그의 첫째 부인은 증 정부인 전주이씨였는데, 효성이 지극하고 성실하며 부도(婦道)가 탁월하였다. 그러나 아쉽게도 일찍 세상을 떠났다. 두 번째 부인은 증 정부인 청주 한씨로, 부사 한여윤(韓汝尹)의 따님이었다. 역시 시부모를 정성으로 섬겼으며 동서들과도 예의범절을 잘 지켰다. 부덕이 높아 많은 사람의 존경을 받았는데, 1남 1녀를 낳고 일찍이 작고하였다. 아들은 선비 원집(元潗)이요, 딸은 나중에 증 이조판서가 된 어사상(魚史商)에게 출가하였다. 그 아들 어

15) 어유룡, 〈증 가선대부 호조참판 부군 휘 순빈(舜賓) 묘지명〉, 614쪽.

유룡이 우리가 위에서 읽은 원순빈의 묘지명을 지었다.

둘째 부인이 작고하자 원순빈은 다시 증 정부인 전주 이씨를 맞이하였다. 다시 네 명의 아들을 낳았으니, 동지중추부사 원결(元潔), 선비 원즐(元瀄), 원열(元洌) 및 원엽(元曄) 등이다. 그 가운데 가장 이름을 떨친 이는 동지 원결이었다.

## 조총으로 역사에 남은 동지중추부사 원결

원순빈의 슬하에는 조정에 나아가 큰 공을 세운 아들도 있었다. 가선대부(嘉善大夫) 동지중추부사(同知中樞府事) 원결(元潔)이 바로 그러했다. 영조 13년(1737) 9월 10일의 《승정원일기》에 다음과 같이 놀라운 기록이 보인다.

> "훈련도감에서 구두로 아뢰었다. '군사들에게 제공한 조총(鳥銃)은 제조한 지 너무 오래되어 파손된 것이 많습니다. (문제가 생기면) 계속 바꾸어준 결과 지난날 비축한 것이 벌써 바닥났습니다. 그래서 감관으로 있는 절충장군(折衝將軍) 전(前) 첨사 원결(元潔)에게 조총 1000자루의 제작을 감독하도록 하였습니다. 이제 그 일이 끝났으므로, 조총 견본 10자루를 별도의 문서와 함께 올리는 바입니다. 감히 아뢰나이다.'"[16]

---

16) 《승정원일기(承政院日記)》, 영조 13년(1737) 9월 10일.

이 글을 읽고 필자는 조선 후기에 작성된 여러 문헌에서 조총 제조에 관한 기록을 샅샅이 조사하였다. 그러나 영조 13년처럼 한꺼번에 1천 자루의 조총을 만든 적은 없었다. 영조 때의 조총 생산은 이례적인 일이었다. 그런데 바로 그 사업을 총지휘한 이가 바로 여동의 원씨 자손인 무신(武臣) 원결이었다. 그날 보고를 받은 영조는 기뻐하며 다음과 같이 지시하였다.

> "알았노라. 유관 부서(병조)에 명하여 과거의 전례를 자세히 살펴 (원결 등에게 적절한) 상을 내리겠노라."[17]

우리 역사에서 조총의 가치에 최초로 주목한 왕은 누구였을까? 다름 아닌 선조였다. 계사년(선조 26년, 1593)에 완성군(完城君) 이헌국(李憲國)이 과거시험에서 조총(鳥銃)으로 무사를 뽑는 것이 좋겠다고 건의하자, 선조는 다음과 같이 명령하였다.

> "나도 이미 생각해 보았노라. (싸울 때) 목전(木箭, 나무 화살)은 중요하지 않다. 그 대신에 조총(鳥銃)으로 (과거) 시험을 보이는 것이 좋지 않겠는가."[18]

---

17) 《승정원일기(承政院日記)》, 영조 13년(1737) 9월 10일.

18) 《선조실록》, 선조 26년 10월 22일.

선조는 이런 말도 하였다. "토요토미히데요시(豊臣秀吉)가 설사 죽는다하더라도 일본은 우리 나라와는 영원히 풀 수 없는 원수다. 이런 시절에 어떻게 예전의 (무과시험) 규정에 얽매일 수 있는가."[19] 여기서 긴 말을 늘어놓을 겨를은 없으나, 임진왜란 때 선조에게 왜군에게서 빼앗은 조총을 가장 많이 바친 이가 곧 원릉군 원균이었다. 그리고 그 상당수는 고성공 원전을 통해 행재소에 전해진 것이었다. 조총과 여동의 원씨들은 이래저래 깊은 관계가 깊었다.

영조 이후에 조총을 대량으로 제작한 왕은 고종이었다. 아니, 정확히 말해, 고종의 부친으로 집정(執政, 정권을 잡음)한 흥선대원군이었다. 그때는 서세동점(西勢東漸), 즉 서양 제국주의 세력이 점차 동아시아에 침략의 마수를 드리울 때라서 자연히 그렇게 되었다.

고종 7년 6월 18일, 선혜청(宣惠廳)은 5,000냥(兩)의 예산을 훈련도감(訓鍊都監)에 주어 조총을 만들게 하였다.[20] 이어서 고종 8년 2월 4일의 기록을 살펴보면, 그 가운데 2,000냥(兩)을 투입해서 조총(鳥銃) 160병(柄, 자루)을 만들었다고 한다. 또, 그와는 별도로 훈련도감의 자체 예산으로 조총 40병을 만들어, 총 200자루를 제조하였다.[21]

위의 기록을 바탕으로 조총의 생산 가격을 알아보면, 자루 당 생산

---

19) 《선조실록》, 선조 26년 10월 22일.

20) 《고종실록》, 고종 7년 6월 18일.

21) 《고종실록》, 고종 8년 2월 4일.

원가는 12.5량이었다. 그럼 1천 자루를 제조하려면 얼마만큼의 예산이 필요했을까. 1만 2천 5백량이 소요되었다는 계산이다. 그럼 영조가 원결에게 제공한 자금은 얼마였을까. 줄잡아 1만량의 거금이 조총의 생산에 사용되었다고 보아도 좋을 것이다. 요컨대 우리 역사상 한꺼번에 조총을 가장 많이 제작한 이가 곧 원결 장군이고, 일시에 약 1만량의 비용이 소요되었을 것으로 추정할 수 있다.

원결은 계축년, 즉 현종 14년(1673)에 태어났다. 자(字)를 상백(尙白)이라 하였는데, 〈족계(族契) 좌목(座目)〉에 기록되어 있다. 〈좌목〉은 여동 원씨 문중의 공식적인 종원(宗員) 명부다. 그가 작고한 해는 정확히 알 수 없으나, 영조 15년(1739)쯤으로 짐작된다. 곧 향년은 67세(만 66세)가 아니었을까 싶다.

원결은 어릴 적부터 조숙하였고 용력(勇力)과 예지(叡智)가 빼어났다. 그 역시  가문의 전통에 따라 시문(詩文)과 궁마(弓馬)를 모두 익혔다. 젊은 시절 무과에 급제하고, 여러 관직을 거친 뒤 나중에는 평안도 위원군에 있는 위원대진(渭源大鎭)의 병마첨절제사(兵馬僉節制使)를 지냈다.

영조 7년(1731) 8월 5일에 원결은 평안도 초산군 우현진의 병마첨절제사로 임명되었다.[22] 근무성적이 탁월하였으므로, 영조 10년(1734) 5월 11일에는 조정의 포상을 받았다. 그때 영조는 다음과 같이 지시하였다.

---

22) 《승정원일기》, 영조 7년 8월 5일.

"지금 내리는 활과 화살을 우현 첨사(牛峴僉使) 원결(元潔)과 아이 첨사(阿耳僉使) 장석징(張碩徵) 등에게 보내라."[23]

이러한 기록에서도 확인되듯, 원결은 영조의 신임이 두터운 장수였다. 그래서였겠지만, 영조 14년(1738) 8월, 영조는 원결을 한양으로 불러와 충장위장(忠壯衛將)의 임무를 주었다.[24] 충장위장 원결은 영조가 대궐에 전좌(殿坐, 공식적인 회의석상에 앉음)할 때 3명의 무사를 거느리고 왕의 측근에서 보위하였다. 그리고 종묘사직에서 영조가 대제(大祭)를 모실 때도 수문장을 거느리고 왕을 곁에서 모셨다.

그로부터 넉 달쯤 지나자 영조는 원결을 가선대부 동지중추부사로 삼았다.[25] 이것은 무관으로서 오를 수 있는 가장 높은 벼슬이었다. 그만큼 영조가 원결을 아꼈다는 뜻으로 해석된다.

그러나 그는 오랜 세월을 변방에서 풍찬노숙(風餐露宿, 모진고생을 함)한 탓으로 나이가 들자 신병이 떠나지 않았다. 영조 14년 12월 28일, 원결은 병으로 말미암아 벼슬 그만두게 되었다. 그 일로 병조는 영조에게 다음과 같이 아뢰었다.

"충장위장(忠壯衛將) 원결(元潔)이 정장(呈狀)을 올렸습니다.

---

23) 《승정원일기》, 영조 7년 신해(1731) 9월 9일.

24) 《승정원일기》, 영조 14년 무오(1738) 8월 23일.

25) 《승정원일기》, 영조 14년 무오(1738) 12월 2일.

'날씨가 추워지자 평소에 앓던 담화증(痰火症)이 더욱더 심해져 저는 지금 생사의 문턱을 넘나들고 있습니다. 속히 전하께 아뢰어 제 벼슬을 바꾸어 주소서.' 원결의 병세가 이처럼 위중하오니, 장수들이 돌아가며 번을 서는 (충장위장이란) 직임을 헛되게 해서는 아니되옵니다. 우선 그의 벼슬을 개차(改差, 바꿈)하는 것이 좋겠습니다."[26]

마침내 영조는 충성스러운 신하 원결을 고향으로 돌려보내는 수밖에 다른 방법이 없었다. 원결은 성은에 감사하며 진위로 돌아갔고, 그 해는 그럭저럭 무사히 넘겼다. 하지만 그 이듬해 겨울이 되자 결국 세상을 하직한 것으로 보인다.

원결의 후손을 알아보자. 아들 원홍좌는 수직(壽職)으로 자헌대부 동지중추부사를 지냈다. 큰사위는 선비 이부(李阜)요, 둘째 사위는 선비 조중항(趙重恒), 그리고 막내 사위는 선비 김치후(金致垕) 등이었다.

원결의 5대손 원후봉(元厚鳳)은 통정대부 중추부사를 지냈고, 6대손 원주의(元周義, 후봉의 아들)는 문묘의 직원이요, 역시 6대손인 원규의(元奎義)는 진위향교의 전교를 역임하였다. 7대손 원제승(元濟昇, 주의의 아들)은 한성부 주사를 역임하였고, 역시 7대손 원제동(元濟東)도 문묘의 직원이었다. 그밖에도 성공한 자손이 매우 많은데, 오

26) 《승정원일기》, 영조 14년 무오(1738) 12월 28일.

늘날 그의 자손은 "첨절제사 종중"을 형성하였다.

## 조상의 위업을 후세에 전한 원병상

18세기에는 고성공과 진주공의 자손으로서 문중을 위해 헌신한 이가 적지 않았다. 그중에서도 대표적 인물이 곧 원병상(元秉常)이다. 그는 위대한 조상의 업적을 후손들이 망각하는 일이 없도록 뜻있는 종원(宗員)들과 함께 힘을 모았다. 어떻게 하면 가문의 전통을 문자(文字)로 기록하느냐, 하는 것이 원병상이 자신에게 부여한 과제였다.

원병상은 학식이 출중하고, 성품이 원만하며, 품행이 다른 선비들의 모범이 되었던 선비다. 그는 전국적으로 명성이 높은 큰선비들과 두루 교유(交遊, 사귐)하였고, 마침내는 그들의 붓을 빌려 조상이 남긴 위업(偉業)을 훌륭한 문장으로 기록하였다. 우리가 여동 원씨의 역사를 이만큼이라도 자세히 알 수 있게 된 것은 원병상의 성의와 노력 덕분이다. 삼가 그에게 깊은 경의를 표하는 바다.

현재 남아 있는 여동에 관한 중요 문서는 원병상이 애쓴 결과다. 몇 가지 실례를 들어보겠다. 앞에서도 여러 차례 인용한 〈영의정 평원부원군 원주 원공 부군 휘 준량 신도비명〉이란 글을 기억할 것이다. 원균, 원연 및 원전 등의 부친 원평부원군 원준량의 생애를 영의정 김재찬이 기술한 명문이다. 당대의 석학인 김재찬은 무슨 인연으로 이 신도비를 집필하였던가.

"(원평부원군의) 8세손 병상(秉常)은 박학하고 뜻이 있는 선비다. 그가 우리 집에 출입한지가 이미 여러 해인데, 그의 말이 (원평부원군의) 묘소에 비석이 없다고 하였다. (그러면서) 나(김재찬)에게 비명을 써달라고 부탁했다."[27]

원병상은 원순빈의 현손이요, 원홍복의 아들이다. 대대로 조상의 훌륭한 점을 깊이 사모해온 후손들이다. 그 전통을 고스란히 물려받은 원병상은 여러 해 동안 석학 김재찬과 교유한 끝에 마침내 그가 원평부원군의 신도비명을 쓰도록 설득하였다.

그뿐이 아니었다. 18세기 노론의 대표적인 산림학자 송환기는 진주공 원사립의 묘갈을 찬술하였다. 이 글도 원병상의 노력이 맺은 하나의 결실이었다. 그 사정을 송환기는 다음과 같이 기술하였다.

"이제 공(원사립)의 6세손 (원)병상의 요청에 따라, 삼가 이 글을 써 비석에 새기게 하노라."[28]

의정부 우찬성이요 성균관 좨주를 지낸 송환기가 진주공의 묘갈을 쓰게 된 것도 원병상의 줄기찬 노력이 빛을 발한 것이었다. 원병상

27) 김재찬, 〈영의정 평원부원군 원주 원공 부군 휘 준량 신도비명〉, 683-684쪽.

28) 송환기, 〈통정대부 진주 목사 부군 휘 사립 묘갈명〉, 703쪽.

은 진주공의 6대손이다. 무릇 어느 집안이든지 그처럼 조상을 위하고 후손의 장래를 염려하는 성실한 선비가 있으면 집안의 전통이 대를 잇는 법이다.

원병상에게는 또 다른 공적도 있었다. 양주의 송산사 건립에 관한 일이다. 판삼사공 원선의 행적을 기리며 여러 후손이 '삼귀서사(三歸書社)'를 건립할 때도 누군가 품위 있는 글을 지어야 했다. 그때 영의정 김종수가 훌륭한 글을  지었고, 당대의 명필 최육(崔稑)이 아름다운 글씨로 비석을 빛냈는데, 그 역시 원병상의 노고에 힘입은 것이었다. 다음의 글을 읽어보자.

> "나(최육)는 원삼사공(원선)의 후예들과 함께 대대로 송산에 살고 있다. 그래서 선조(원선)의 정충대절(貞忠大節)을 익숙하게 알고 있다. 매우 감탄하고 존경하는 마음이 이루 말할 수가 없었다. 그런데 이제 (삼사공의) 후손 (원)철보(元喆黼)와 (원)병상(元秉常) 등이 이곳에 장차 유허비를 세우려고 몽촌(夢村) 김상국(영의정 김종수)가 쓴 글을 얻었다. 그리고는 나에게 글씨를 써달라고 부탁해왔다. 내 나이 이미 90살이 되었고, 문장에도 게으른 사람이다.
>
> 하지만 너무나도 귀하고 중요한 이 사당은 우리나라의 백이(伯夷, 백이숙제)를 모신 사당과 다름이 없는 데다 내 이름도 후

세에 전하게 된 것이 무척 영광스러워 기꺼이 글씨를 쓰노라."[29]

최육이 붓을 들어 사당의 액자며 유허비 등을 쓴 것은 정조 20년(1796) 3월이었다. 당시 그의 관직은 동지중추부사였다. 그런데 그가 쓴 윗글을 읽어보면, 영의정 김종수가 "삼귀서사"의 내력을 한편의 비문에 기록한 것도 따지고 보면 원병상 등의 간청에 따른 것이었다.

요컨대 18세기 후반, 여동 원씨가 추진한 여러 기념사업의 뒤에 숨은 주인공이 바로 원병상이었다. 우리는 곳곳에서 그런 사실을 확인할 수 있다.

심지어 정조 24년(1800)에 원씨 문중이 간행한 《경신 후보》라는 족보 역시 원병상의 피어린 노력으로 거둔 성과였다. 물론 그가 혼자 모든 일을 감당한 것은 아니다. 원의상(元懿常) 등 뜻있는 후손들과 함께 추진한 사업이었다. 그래도 원병상의 공로가 유독 빛났다. 족보가 간행되자 원삼(元森)은 기쁜 마음으로 발문(跋文)을 썼는데, 거기에서 다음과 같이 말하였다.

"(이번 족보는) 종질 의상(元懿常)과 병상(元秉常)이 선조의 뜻을 따라 다시 수보(修譜, 족보 편찬)하기로 마음을 모아, 종단(宗單, 각 집의 가계 기록)을 거두고, 연관이 있는 다른 집안의

29) 최육(崔楠), 〈서비음기후발(書碑陰記後跋)〉, 《원주 원씨 삼사공파 첨절제사 종보》, 2021년, 646쪽.

족보를 열람하여 와전된 곳과 오류를 정정하고 빠진 부분을 보완한 것이다. 드디어 ... 한 해가 지나자 (이 사업을) 마쳤도다."[30)]

《경신 후보》의 편찬 사업도 원의상과 원병상 등이 주도한 사실을 알 수 있다. 원의상은 앞에서 언급한 원순상의 현손이요, 원병상은 원순빈의 현손이다. 원빈의 큰아들과 작은 아들 집안이 《경신 후보》의 편찬도 주도한 점이 신기하게 느껴진다. 더구나 원병상은 참판공 원순빈의 자손으로서 대대로 이어진 조상의 업적을 후세에 전하기 위해 부단히 애쓴 점이 여러 측면에서 확연히 드러난다. 그 조상에 어울리는 그 후손이라고 칭찬해도 틀린 말이 아닐 것이다.

끝으로, 원병상이란 인물에 관한 기본 정보를 적어둔다. 그의 자(字)는 의백(懿伯)으로, 영조 기사년, 즉 영조 25년(1749)에 태어났다. 배필은 수원 백씨로 진사 백상옥(白尙玉)의 손녀였는데, 선조 때의 청백리였던 문경공 휴암(休庵) 백인걸(白仁傑)의 후손이다. 또, 원병상의 매제는 부사를 역임한 윤심재(尹心宰)인데 당대의 명인으로 대제학을 지낸 윤봉조(尹鳳朝)의 아들이다.

필자는 원병상의 묘지명을 찾아서 읽고 싶었다. 그러나 안타깝게도 아직 발견하지 못하였다. 혹시 어딘가에 원병상의 생애를 자세히 기록한 문헌이 남아있으면 꼭 알려주시기를 부탁드린다. 분명한 사

---

30) 원삼(元森), 〈후(後) 경신보(庚申譜) 발(跋)〉, 《원주 원씨 삼사공파 첨절제사 종보》, 2021년, 801쪽.

실은 원병상처럼 가문의 역사적 전통을 후세에 전하고자 애쓰는 이가 많으면 많을수록 더욱더 훌륭한 가문이 된다는 점이다. 한 집안도, 고장도, 나라도 역사를 소홀히 하면 얼마 후에는 정체성을 잃어버린 채 무너지고 만다.

## 독립운동가이자 통일운동가인 원심창(元心昌) 의사 "유교적 아나키스트"

여동 원씨는 워낙 충의(忠義)의 전통이 깊고도 강하였다. 그래서였겠지만 후손들 가운데서는 조국의 독립을 위해 싸운 애국지사가 많았다. 그 중에서도 대표적인 인물은 원심창(元心昌, 1906~1971) 의사였다. 원 의사는 온 국민이 인정하는 독립운동가이자 통일운동가였으며 재일교포사회의 지도자였다. 아래에서는 의사의 일생을 연대순으로 간략히 정리하고, 그 일생에서 발견되는 특징을 서술할까 한다.

### 불굴의 항일투사

1910년 8월 29일, 일제는 한반도를 강제로 점령하고 무단통치를 시작하였다. 약 10년이 지난 1919년 3월 1일부터 전국 방방곡곡에서 독립 만세 운동이 전개되어 한 달가량 이어졌다. 의사의 고향인 경기도 평택에서도 만세 운동이 활발하였다. 원심창 의사는 14세의 어린 나이였음에도 불구하고 만세 운동에 적극적으로 참여하였고, 이를 계기로 민족운동에 자신의 한 평생을 바치기로 결심하였다.

1920년에 그는 서울에 유학하여 사립 중동학교(현 중동고)를 다녔으며, 삼년 뒤에는 일본으로 건너갔다. 1925년에는 니혼대학(日本大學) 사회과 전문부에 입학하였다. 그 무렵에 아나키즘을 수용하여 박렬(朴烈) 등과 함께 '흑우회(黑友會)'의 일원이 되어 항일운동을 전개하였다. 또, 동흥노동조합(東興勞動組合)에도 가입하여 독립운동을 계속하였다.

그 이듬해인 1925년 9월부터는 중국의 베이징(北京)과 상하이(上海) 등지를 오가며 그곳에 거주하는 동포들에게 아나키즘을 알리는 한편, 함께 독립 투쟁에 나서기를 호소하였다. 1926년 5월에는 아나키즘을 더욱더 널리 전파하고, 실천 운동의 효과를 높이려고 흑색운동사를 조직하였다. 그리고 침체되어 있던 불령사(不逞社)를 부흥시켜 기관지인 《흑우(黑友)》 제2호를 발간하였다.

그 무렵 일본의 도야마현에서는 발전소 건설 공사가 한창이었다. 그런데 공사장에서 인명 사고가 일어났고, 불행히도 한국인 노동자 5명이 사망하였다. 의사는 이 사고가 적절히 처리되지 못한 것을 안타깝게 여긴 나머지 일본인 아나키스트 단체인 '흑색전선청년연맹'에 가입하여 국제 공조를 꾀하였다. 이후로도 의사는 국적을 불문하고 많은 동지와 연대하여 일제에 반대하는 투쟁을 계속하였다.

한편 의사는 1927년 2월에 불령사의 명칭을 흑풍회로 이름을 바꾸었고, 1928년 1월 15일부터는 다시 흑우연맹이라고 개칭하였다. 일제의 탄압을 피하기 위해서였다. 이처럼 원 의사는 국제적인 아나키스트로서 맹렬하게 활동하였다.

그런데 1929년 4월에 뜻밖의 사건이 발생하여 일본 경찰에 체포되었다. 그 당시 도쿄 (한국인) 유학생 학우회가 '폭력행위' 사건으로 탄압을 받았는데, 원심창 의사도 그 사건에 깊이 관련되었다. 의사는 폭력행위 등 처벌에 관한 법률 위반죄로 3개월의 형을 선고받고 감옥에서 고초를 겪었다. 또, 1930년 6월에는 흑우연맹 사건으로 일경에 검거되어 다시 재판을 받고 수감되었다. 원 의사는 1931년 4월 28일에야 도쿄의 나가노(中野) 감옥에서 보석으로 풀려났다.

그런 뒤에도 원 의사는 투쟁 의지가 식지 않았다. 그는 더욱더 적극적으로 일제와 맞서 싸우기 위하여 일본을 탈출하였다. 의사는 잠시 고향에 들러 몸을 추스르고, 주된 활동무대를 중국으로 옮겼다. 1931년 6월에는 상하이에서 발족한 남화한인청년연맹(南華韓人青年聯盟)에 가입하였고, 이 단체의 조직을 정비해 일본 제국주의의 불법행위를 강력히 규탄하였다.

석 달 뒤에 일제는 만주를 침략하였는데(1931년 9월 18일), 그들은 괴뢰국가인 만주국을 세우고 중국 대륙에 대한 침략을 노골화하였다. 그로 인하여 정세가 더더욱 불안해졌는데, 이에 의사는 동지들과 함께 그해 11월에 흑색공포단(黑色恐怖團)을 설립하고 백정기 의사 등과 함께 조국 독립을 위한 무장 투쟁을 강화하기로 다짐하였다.

1932년 8월, 의사는 일시 귀국하여 장차 톈진(天津)에 있는 일본 영사관 및 일본군 병사(兵舍) 등을 폭파할 계획을 수립하였다. 거사는 안타깝게도 불발하였으나(1932년 11월), 일본군의 간담이 서늘해진 것은 부정할 수 없는 사실이다.

## 육삼정 의거

하지만 원심창 의사는 이에 굴하지 않았다. 의사는 1933년 3월 1일에는 항일선전문을 등사하여 상하이에 거주하는 한국 교민들에게 배포하고, 독립 의지를 한층 높였다. 또, 흑색공포단의 여러 동지와 함께 새로운 투쟁 계획을 수립하였다. 당시 중국에 주재하고 있던 일본 공사 아리요시 아키라(有吉明)가 투쟁 목표로 떠올랐다. 아리요시는 중국 총통 장개석(蔣介石)을 협박하여 만주에 대한 영유권을 포기하게 하였다. 아울러, 열하(熱河) 지방에서도 각종 공작을 통해 일본에 대한 저항을 포기하게 책동하였다. 원 의사와 동지들은 아시아의 평화를 위협하는 아리요시를 제거하기 위해 새로운 작전을 세웠다.

그것이 바로 1933년 3월 17일로 예정된 육삼정 사건이었다. 원 의사는 백정기(白貞基) 의사 및 이강훈(李康勳) 선생 등과 함께 아리요시 공사를 처단하기로 했다. 의사 등은 아리요시가 상하이의 공동조무창로(武昌路)에 있는 일본식당 육삼정(六三亭)에서 만찬을 마치고 나오기를 기다렸다. 그들은 육삼정에서 가까운 중국식당 송강춘(松江春)에 미리 자리를 잡고 아리요시가 통과하기를 기다렸다. 그러나 일본인 첩자가 밀고한 때문에, 3인이 모두 현장에서 체포되었다.

그에 앞서 윤봉길 의사가 상하이의 홍구 공원에서 폭탄을 던져 한국인들의 독립의지는 온 천하에 널리 알려졌다. 그 사건으로 원 의사를 비롯한 아나키스트들도 크게 고무되었다. 원 의사를 비롯한 십여 명의 동지들이 아리요시를 제거할 계획에 착수한 데는 그러한 역사적 배경이 있었다고 볼 수 있다.

1933년 3월 17일, 원심창 의사를 비롯한 3명의 독립투사는 거사 장소로 나갔는데, 그때 그들은 대한민국 임시정부 주석 김구 선생이 준 폭탄을 가지고 있었다. 일부 자료에 따르면, 일본 영사관에서는 미리 고용한 밀정을 통해 육삼정 사건의 진행과정을 상세히 파악하고 있었다고 한다. 이른바 육삼정 회식이란 설도 일본 경찰이 독립투사를 체포하려고 파놓은 함정이었다고 한다. 그러나 그런 주장이 과연 사실과 부합하는지는 알 수 없다. 앞으로 정밀한 연구가 필요한 부분이다.

어쨌든 1933년 4월 14일이 되자 일제는 원 의사 등을 일제의 치안유지법과 폭발물 단속 규칙의 위반 및 살인 예비죄로 송치하였다. 그해 7월, 원 의사 등 사건 관련자 전원은 일본으로 압송되어 혹독한 고초를 겪은 뒤 재판에 넘겨졌다. 그리하여 1933년 11월 24일에 일본 나가사키(長崎) 지방재판소는 이 사건에 관한 2심 재판을 열고, 원심창 의사와 백정기 의사에게 각기 무기징역을 선고하고, 이강훈 선생은 징역 15년에 처했다. 그해 12월 17일에 원 의사 등은 공소(控訴)를 취하하여 형기가 확정되었다.

3인의 독립투사는 모두 일본 감옥에 갇혔는데, 그 가운데 백정기 의사는 나가사키현의 이사하라 감옥에서 곧 순국하였다(1934년 6월 5일). 원 의사는 수감된지 10년이 지난 1943년 8월 당시 가고시마에서 수형 중이었는데, 지난 날 도쿄유학생학우회 사건에 관한 죄가 추가되어 징역 5년형이 가산되었다.

그러나 1945년 8월 15일에 일제는 연합국의 거센 공격 앞에 맥을 쓰지 못하고 무조건 항복하였다. 곧 일본에 진주한 미국의 맥아더 사령부는  원 의사 등의 석방을 결정하였다. 이로써 의사는 수감된지 12년 7개월 만인 1945년 10월 10일에 자유의 몸이 되었다. 이강훈 선생 역시 원 의사와 같은 날에 자유를 되찾았다. 요컨대 원심창 의사는 일제 강점기 동안 조국의 독립을 위해 13년도 넘게 감옥에 갇혀 지냈다.

일제에 맞서 싸운 독립운동가는 적지 않았으나, 원심창 의사처럼 끈질기게 투쟁한 애국지사는 극히 드물었다. 의사는 3.1운동 때부터 항일투쟁을 시작해 일제가 완전히 무너질 때까지 무려 26년 이상 끈질기게 싸웠다. 그의 삶은 애국지사의 전범(典範, 모범)이라고 해도 지나친 표현이 아니다.

## 애국 투사의 유해 봉송과 재일본 한국인의 권리를 위해 진력

1945년 가을, 원심창 의사는 해방된 조국으로 귀국하였다. 그러나 오래 머물지 못하고, 1946년 초에 다시 일본으로 되돌아갔다. 일본에서 원 의사가 처리해야 할 과제가 많았기  때문이다. 1946년 1월 20일, 의사는 동지들과 함께 민족단체인 신조선건설동맹(新朝鮮建設同盟)을 창립하고, 부위원장 겸 사무총장이 되었다(위원장은 박열). 그 당시 일본에는 한국독립운동가들의 유해가 곳곳에 방치되어 있었다. 그 유해를 수습하여 고국으로 봉환하는 것은 긴급을 요하는 일이었다. 그 일에 앞장선 단체는 원 의사가 간부로 활동하는 신조선건설동맹이었다. 이 단체의 적극적인 노력으로 이봉창, 윤봉길, 백정기 의사를 비롯해 많은 독립운동가의 유해가 무사히 고국으로 돌아올 수 있었다.

또, 1946년 10월 3일에는 재일본조선거류민단(현 재일본대한민국국민단, 약칭 재일민단)을 창립하는 것이 시급한 일이었다. 조국은 해방되었어도 여러 사정으로 귀국하지 못하는 동포들이 일본 땅에 넘쳐났다. 원 의사는 재일 교민의 생활 안정과 처우 문제를 해결하려고 재일민단의 창립을 주도해 중앙본부 부단장 또는 고문 등의 직책을 가지고 동포를 위해 헌신하였다.

그런데 1950년 6월 25일 고국에서 전쟁이 일어났다. 의사는 민단 간부들과 뜻을 모아 재일청년학도의용군을 조직하였고, 그해 9월에는 의용군을 본국으로 파견해 공산 침략으로부터 조국을 지키려 안간힘을 썼다. 그뿐 아니라 6.25 전쟁으로 고난을 당한 동포들을 돕기 위해 전재원호사업위원장이 되어 동분서주하였다.

재일교포사회는 1951년 4월 3일에 원심창 의사를 재일민단의 제11대 중앙단장으로 선출하여 교민 사회를 이끌 막중한 임무를 맡기었다. 그러자 원 의사는 생활이 어려운 재일동포를 조금이라도 돕기 위해 동화신용협동조합을 창설하였다. 동포들은 의사의 헌신적인 노력에 감동한 나머지 1952년 4월에는 원 의사를 제12대 재일민단 중앙단장으로 다시 뽑았다. 그런데 1953년 7월에 6.25 전쟁이 아무런 성과도 없이 참혹한 피해만 끼치고 끝나자 원 의사는 재일민단의 단장직을 조용히 물러났다.

## 평화통일 운동의 선두에 서다

6.25전쟁이 끝나자 조국의 분단은 한층 고착되었다. 민족분단의 비극을 피부로 절감한 원심창 의사는 '평화통일'이라고 하는 새로운 실천 목표를 세웠다. 의사는 남북한 정부의 교섭이 막히자 민간 차원에서라도 조국의 분단 극복을 위한 노력을 계속하기로 결심하였다. 이후 불철 주야 여러 활동을 전개한 끝에, 의사는 1955년 1월 30일에 남북통일촉진협의회(약칭 통협)를 구성하였다. 원 의사는 이 기구의 중앙대표위원 겸 사무국장에 취임하여, 평화통일의 원칙을 마련하

고, 한반도에 평화를 구축하기 위하여 반전(反戰)과 반핵(反核)의 기치를 내걸었다. 이것은 국내외를 막론하고, 역사상 최초로 등장한 조직적인 평화통일 운동이었다. 그러자 재일민단은 원 의사의 선의를 이해하지 못한 채 용공(容共)이 아닌가 의심하여 의사의 이름을 제명하는 실수를 범했다.

그래도 원 의사는 통일을 향한 굳센 의지를 누그러뜨리지 않았다. 오해란 언젠가 반드시 풀리기 마련이라고, 확신하였기 때문일 것이다. 의사는 평화통일 운동을 꾸준히 계속하였는데, 그 사이에 4년의 세월이 지나갔다. 1959년 새해가 되자 원심창 의사는 〈통일일보〉를 창간하여, 일본 내에서 조국의 평화통일 운동을 더욱 세차게 전개하였다. 창간 당시 신문의 제호는 〈조선신문〉이었는데, 그때부터 사시(社是)를 "조국의 평화통일 구현"이라 정하였으니, 확고하고도 원대한 의사의 포부를 짐작할 만하다. 그 후 1973년이 되자 신문은 이름을 고쳐 〈통일일보〉라 했다.

원심창 의사의 통일 운동은 꾸준히 계속되었고 체계적이었다. 의사는 한반도 통일에 관한 이론과 실천 방법을 집대성하여 《통일연감》을 발행하였다. 아울러 세계인의 공감을 얻기 위하여 영문으로 월간지 《원코리아(One Korea)》를 펴내기도 하였다. 고난을 무릅쓰고 통일운동을 계속하는 원심창 의사의 강철같은 의지는 많은 이를 놀라게 하였다.

또, 의사는 뜻을 함께하는 동지를 모아 한국민족자립통일동맹일본본부(약칭 한민자통)를 결성하고, 그 대표로 선출되었다(1965년 7월). 이에 재일민단은 의사를 또 다시 제명 처분하는 실수를 저질렀다. 터무니없는 오해가 쌓일 때도 원심창 의사는 초지일관하여 조국통일에 관한 자신의 신념을 고수하였다. 그 이듬해에는 한민자통의 청년조직까지 만들어 통일운동에 한층 더 박차를 가하는 등 가히 철인(鐵人)의 면모를 보였다고 할 수 있다.

세월이 적지 않게 흐르자 원심창 의사가 품은 원대한 소망을 이해하는 분위기가 조성되기도 하였다. 1968년 3월에 박정희 대통령은 원심창 의사를 만나 통일정책에 관한 자문을 받았다. 의사는 오랫동안 자신이 묵묵히 실천해온 평화통일 운동의 중요성을 역설하고, 통일의 원칙과 남북 협상의 방법 등을 상세히 설명하였다. 이러한 사실은, 그 시절에 정부 관리를 지낸 인사들의 증언과 〈통일조선신문〉의 기자들의 진술 그리고 평택에 거주하는 친척들의 회상을 통해 밝혀진 바다.

한 마디로, 1970년대 초반 남북한 당국자들은 원심창 의사가 전개한 통일운동의 가치에 공명(共鳴)하는 듯하였다. 그들은 한반도 문제 해결의 지침을 정할 때 원심창 의사의 노선에 근접하였다. 공교롭게도 원 의사의 1주기(周忌)가 되는 1972년 7월 4일에 남북한 당국이 한반도의 평화 통일 원칙에 합의했으니, 우연한 일이 아니라고 본다. 이른바 "7.4공동선언"을 국내외에 공표한 것은 기적에 가까운 일이었다.

만약 생전에 원심창 의사가 7.4 공동선언의 기쁜 소식을 들었으면 얼마나 좋았을까. 그러나 모든 일은 사람의 뜻대로 되지 않는 듯하다. 공동선언이 나오기 꼭 1년 전인 1971년 7월 4일에 의사는 65세를 일기로 쓰러지고 말았다. 평생을 조국의 독립과 평화통일을 위해 노력한 원심창 의사, 그는 통일의 꿈을 이루지 못한 채 도쿄의 오타구 이와사키 내과병원에서 생의 마지막 순간을 맞이하였다.

순정(純正)한 애국지사요, 평화통일운동의 선구자인 원심창 의사가 쓰러졌다는 소식, 이에 가장 큰 충격을 받은 것은 아마도 재일민단이었을 것이다. 그들은 의사의 생전에 두 번씩이나 재일민단의 산파요 거두였던 의사를 제명(除名)한 잘못을 저질렀다. 그러나 그 오류를 깨닫고, 의사의 명예회복을 즉각적으로 결정하였다. 물론 거기에는 본국 정부의 반성도 일정한 역할을 하였을 줄 짐작한다.

곧이어 1971년 8월 25일에는 이미 세상을 떠난 원심창 의사를 위로하기 위해 특별한 식전(式典)이 마련되었다. 재일민단을 비롯해 생존한 독립운동가와 한국 및 일본의 지도자 등 720명이 참석한 가운데 "의사 원심창 선생 재일본한국인사회장"으로 영결식을 엄수(嚴守)하였다. 재일 동포들이 존경하는 지도자에게 "의사"란 칭호를 부여한 것은 그때가 처음이자 마지막 일이었다.

다시 수년이 지나자 대한민국 정부는 원심창 의사의 공훈을 기려 건국훈장 독립장을 아들 원형재 씨에게 전달하였다(1977년 12월 13일. 그 당시의 훈장 명칭은 국민장). 의사의 유해는 처음에는 도쿄의 다이교지(大行寺)에 안장되었으나, 이장을 거듭해 현재는 대전 현충원 애국지사 제1묘역으로 옮겨졌다. 의사의 평생 동지로 내조에 힘쓴 일본인 부인 치야(智耶) 여사도 함께 잠들어 있다.

2024년 1월 현재, 시민들의 열화와 같은 요청으로 의사의 서훈 상향을 바라는 청원서가 보훈처에 접수된 채 심사를 기다리고 있다. 아마 멀지 않은 장래에 원심창 의사에게는 건국훈장의 최고등급인 '대한민국장'이 추서될 것으로 믿어 의심하지 않는다.

## 원심창 의사는 근현대 한국사의 나침반

적어도 다음의 세 가지 측면에서 원심창 의사의 생애는 특별한 의미를 지닌다.

첫째, 원 의사의 생애는 한국 역사의 큰 흐름과 일치한다는 점에서 의미심장하다. 그의 삶은 조선 시대부터 면면히 이어져 내려온 의병(義兵)의 전통 위에 위치한다. 알다시피 그의 선조들은 임진왜란 때부터 국가가 위기에 빠질 때마다 절치부심(切齒腐心, 갖은 노력을 기울임)하며 조국을 지키는데 혼심의 힘을 쏟았다. 원 의사는 바로 그러한 전통을 충실히 계승하였다. 3.1 독립 만세 혁명에 참여한 것을 시작으로 일제가 패망할 때까지 26년 동안이나 조국의 독립을 위해 무장투쟁의 의지를 포기하지 않았다. 그뿐 아니라, 조국이 남북으로 분단되자 원 의사는 통일의 염원을 간직한 채 마지막 순간까지 평화통일 운동에 매진하였다. 원심창 의사의 한 평생은 조국과 민족을 위한 가시밭길이었으나, 5백년 동안 한국 역사를 일관하는 투쟁의 역사를 함축적으로 표현한 점에서 길이 후세의 귀감으로 기억될 것이다.

둘째, 원심창 의사는 심오한 사상과 투철한 실천을 통해 장차 한국사회가 나아갈 방향을 제시하였다. 의사는 조국과 민족을 깊이 사랑하였으나, 편협한 국수주의(國粹主義)에 흐르는 일이 없었다. 의사는 청년시절부터 뜻이 통하는 일본인 및 중국인과 기꺼이 연대하는 등 국제 협력을 몸소 실행에 옮겼다. 현대 사회에서 국제적 공조(共助)는 선택이 아니라 필수적인 것이다.

의사는 세상 어디에서든지 억압과 착취와 차별이 사라진 자유롭고 평화로운 세상이 구현되기를 바랐다. 철저한 애국자인 의사가 사상의 동지이기도 한 일본인 아내 및 일본인 동지들과 끝까지 동고동락한 점은 감동적이다. 원심창 의사는 일본제국주의를 투쟁의 목표로 삼았으면서도, 일본의  언어와 문화를 존중하였다. 의사는 시대를 훨씬 앞선 세계인이었다.

셋째, 원심창 의사가 후세에 남긴 기록을 자세히 읽고 음미해보면 또 한 가지 중요한 사실이 발견된다. 의사는 어린 시절에 가정에서 유교 전통을 학습하였는데, 일생동안 그 가치를 소중히 여겼다. 〈병상일기〉를 보더라도 의사가 쓴 한시(漢詩)가 있고, 일제 강점기에 의사가 가족 및 친지들과 주고받은 편지는 순전히 한문으로 되어 있다. 그 안에 담긴 사상은 성리학적 세계관에 다름 아니니다.

그와 같은 전통 사상의 바탕 위에서 원 의사는 생태계의 온전한 조화와 평화를 추구하였다. 의사는 과도한 산업개발에 매달리는 근대주의자가 아니었으니, 그 점은 〈병상일기〉에 구체적으로 표현되어 있다. 아침마다 병상의 창가에서 새가 우는 소리를 들을 때도 의사는 과잉 산업화로 병든 지구의 현실을 한탄하였다.

의사의 소망은 만물이 자연의 질서를 순응하며 공존공생하는 것이었다. 의사가 꿈꾸었던 아나키스트의 이상은 목가적인 것으로 자연 생태계의 순수성을 잃지 않은 〈격양가(擊壤歌)〉의 세계관이었다. 지배도 피지배도 완전히 사라진 세상, 억압도 차별도 소멸된 이상세계였다. 의사는 서구에서 발전한 아나키즘을 신봉하면서도 조상 대대로 읽은 유교 고전에 나타난 지혜를 중시하였다.

유서 깊은 여동 원씨의 자손인 원심창 의사였다. 그러므로, 그가 꿈꾼 새 세상은 계급투쟁으로 혼란에 빠진 아수라가 아니었다. 모든 사회 구성원이 전원(田園)에서 평온한 일상을 즐기는 것이 의사의 소망이었다.

시대의 요구에 따라 의사는 조국의 독립을 위해 두 손에 폭탄을 움켜쥔 아나키스트였다. 그렇다 하더라도 의사가 진정으로 도달하고자 노력한 이상 세계는 근대 유럽의 단순한 복제품이 아니었다.

내가 보기에, 원심창 의사의 큰 꿈은 대동(大同)의 이상이 구현된 오래된 미래였다. 그런 점에서 원심창 의사는 "유교적 아나키스트"였다고 이름하여도 틀린 말이 아닐 것 같다. 그러나 의사가 가슴에 품었던 사상의 실체를 탐구하는 작업은 하루 이틀에 완성될 수 없는 것으로, 앞으로 진지하고 정치(精緻)한 연구가 뒤따라야겠다.

오래 전에 원심창 의사는 한 줌의 재가 되고 말았다. 그러나 그가 평생소망한 인류 평화와 조국 통일 및 생태주의적 공존의 가치는 장차 우리가 해결해야 할 미래의 과제로 남아 있다.

## 가선대부(嘉善大夫)
## 동지중추부사(同知中樞府事)
## 원주(原州) 원공(元公)의 묘표(墓表)

훌륭한 시대에는 문무(文武)를 모두 귀하게 여기는 법이다. 어지신 영조께서는 많은 조총(鳥銃)을 제작하여 강한 군대를 만들어야겠다고 결심하셨다. 일시에 1천 자루의 조총을 제작하려고 하니 비용이 여간 많지 않았다. 그러나 그것이 문제는 아니었다. 누구에게 이 중요하고도 어려운 일의 책임을 맡길 것인가. 영조 13년(1737) 9월 10일의 〈승정원일기(承政院日記)〉에는 다름 아닌 절충장군(折衝將軍) 원결(元潔) 공이 훈련도감에 계시면서 조총 1천 자루를 제작하는 대업을 이루었다는 보고가 올라와 있다. 공이 이 막중한 사업의 감독관이 되어 사업을 무사히 마쳤다며, 훈련도감은 견본으로 조총 10자루를 조정에 바쳤다. 영조는 매우 기뻐하시고, 공에게 큰 상을 내려주겠노라고 말씀하셨다.

우리나라에 조총이 처음 들어온 것은 임진왜란 때였다. 그때 공의 방조(傍祖)인 삼도수군통제사 원릉군(原陵君) 휘(諱) 균(均)이 왜적을 무찌르고 다수의 조총을 노획하여 조정에 바치셨다. 이를 바탕으로 선조께서는 조총을 많이 제작하고, 무과(武科) 시험에도 조총으로 실력을 시험하라고 명령하셨다. 선조 26년(1593) 10월 22일의 〈실록〉에 그 내용이 자세히 나와 있다. 그때 선조께서는 생원 진사를 뽑는 시험에도 조총을 과목으로 포함하자고 말씀하셨다. 그러나 고루한 선비들의 반대로 그 훌륭한 말씀은 끝내 빛을 보지 못하였다.

공은 젊어서부터 조총을 특히 잘 다루셨는데, 그것을 제작하고 수리하는 방법이나 화약을 취급하는 방법에 관하여도 비상한 지식과 솜씨를 가지셨다. 그러므로 영조께서는 조총을 대량으로 제작할 때 사무의 모든 책임을 공에게 맡기셨다.

조선의 역사를 통틀어 공처럼 1천 자루의 조총을 일시에 제작한 예가 없다. 훗날 서양 세력이 우리나라를 침략해 오자 나라에서는 서둘러 조총을 만들기는 하였다. 고종 7년(1870) 6월 18일에는 5,000냥(兩)의 거금을 훈련도감(訓鍊都監)에 주어 약 300여 자루의 조총을 제조한 적이 있다. 고종 8년(1871) 2월 4일에도 훈련도감(訓鍊都監)에서는 2,000냥(兩)을 들여 조총(鳥銃) 160 자루를 만들었다. 고종 때 전후로 무려 8천 량의 거금을 들여 500여 자루의 조총을 만들었으니, 조정에서 나라를 지키려고 안간힘을 쏟은 뚜렷한 자취라 하겠다.

그런데 영조께서는 공에게 1천 자루의 조총을 일시에 만들게 하셨으니, 참으로 성대한 사업이었다. 공은 한 치의 착오도 없이 거창한 사업을 기일에 맞춰 완수하셨으니, 그 지혜와 국량(局量)으로 볼 때 일국의 재상(宰相)이 되고도 남음이 있었다.

부록

공은 원주인(原州人)이니 휘(諱)는 결(潔)이요, 자(字)는 상백(尙白)이라 하였다. 청백(淸白)하게 살라는 뜻을 담아 부친께서 내려 주신 이름이리라. 고려 태조를 도와 나라를 세우신 공으로 삼한벽 상공신(三韓壁上功臣)에 책봉되고 병부령(兵部令)을 지내고 시호가 충간(忠簡)인 원성백(原城伯) 극유(克猷)의 자손이다. 원씨는 고려 제일의 명문으로, 귀족들도 부러워하는 최상의 가문이었다.

공의 가까운 조상 중에도 명인(名人)이 연달아 나오셨다. 정문(旌門) 효자(孝子)며 선무원종공신(宣武原從功臣)인 통정대부 진주 목사 사립(士立)은 공의 증조(曾祖)시다. 통정대부 승정원 좌승지 겸 경연참찬관에 추증된 빈(玭)은 조부요, 가선대부 호조 참판 동지의금부사에 오위도총부 부총관에 추증된 순빈(舜賓)은 곧 공의 부친이시다. 모친은 증(贈) 정부인 전주 이씨니, 효령대군의 6대 손녀시다.

공은 현종 14년(1673) 계축년에 고향인 진위 여동(余洞, 현 도일동)에서 태어나셨다. 생년과 자(字)가 세월에 묻혔으나, 집안의 〈족계좌목(族契座目)〉에 뚜렷이 기록되어 있다. 돌아가신 것은 영조 15년(1739)의 일로 짐작된다. 70년 가까이 사셨으니 그 당시로는 장수하신 셈이다.

천생배필(天生配匹)은 정부인(貞夫人) 순천 박씨(順天朴氏)시다. 부인의 부친은 부사(府使)를 지낸 원진(元震)이요, 멀리 단종 때 충신 박팽년의 집안이셨다. 유난히 부덕(婦德)이 빼어나고 언행이 아름다우셨다. 기일은 11월 23일이다.

공은 어릴 적부터 숙성(夙成)하고 용력(勇力)이 남보다 배는 되셨다. 타고난 예지(叡智)가 또한 주위를 놀라게 하였는데, 명문가에서 장성하여 예의에 밝았고 무관이라도 늘 시문(詩文)을 가까이하셨다. 숙종 42년(1716)에 아직 '한량(閑良)' 즉 무과에 급제하지 않은 양반 자제일 적에 통영에 설치된 삼도수군통제영의 군관(軍官)으로 뽑히셨다. 통제사 윤각(尹慤)은 이름 높은 명장으로 공의 재주를 무척 아꼈다. 공은 고조부 휘(諱) 전(埧)께서 선무원종공신 제일등으로 통정대부 고성 현령으로 남해에서 줄곧 활약하셨기 때문에, 조상을 그리는 간절한 마음으로 한걸음에 통영까지 달려가셨다.

그 후에 공은 무과를 거쳐, 중앙과 지방의 여러 벼슬을 두루 지냈다. 공의 나이 51세이던 경종 3년(1723)에는 평안도 위원에 있는 위원대진(渭源大鎭)의 병마첨절제사(兵馬僉節制使)로 부임하셨다. 그곳은 여진족이 국경을 넘어와 우리나라의 산삼을 훔쳐가는 일이 잦아, 사시사철 밤낮으로 국경을 감시하기가 여간 괴로운 일이 아니었다. 그러나 공은 신중하고 성실한 태도로 시종일관한 까닭에 위아래가 모두 감동하였다.

평안도의 국경을 단속하는 일은 고단하고 나라의 상당한 걱정거리라 성실하고 유능한 장수를 얻어야만 하였다. 영조는 재위 7년(1731) 8월 5일에 다시 공을 평안도 초산군 우현진(牛峴鎭) 병마첨절제사로 내보내셨다. 공이 부하를 잘 어루만지고 변방 백성들의 괴로움을 덜어주려고 백방으로 노력하는지라, 영조께서는 좋은 활과 화살을 장만하여 우현 첨사(牛峴僉使) 원결(元潔)에게 보내주라고 명령하실 정도였다. 영조 7년(1731) 9월 9일의 〈승정원일기〉에 자세한 기록이 보인다.

영조께서는 공이 이미 연로한 데도 변경에서 밤낮으로 나랏일에 분주한 사실을 기특하게 여겨, 한양으로 불러들여 조금 쉬게 하려고 하였다. 그러나 나라의 국방을 소홀히 할 수만은 없어, 공이 서울에 머무는 동안에 조총 1천 자루를 제작하라는 대업을 주셨다. 사업이 성공적으로 마무리되자 영조께서는 공을 충장위장(忠壯衛將)으로 삼아 궁궐 호위를 맡기셨다. 영조 14년(1738) 8월 23일의 〈승정원일기〉에 나온다.

그해 12월 2일에 영조는 공을 아끼는 마음이 더욱 커지셔서 특별히 가선대부 동지중추부사의 높은 벼슬을 내려 주셨다. 역시 〈승정원일기〉에 적혀있다. 동지(同知)는 무관으로는 최상의 지위라 이제 공에게는 더는 올라갈 자리가 없었다. 그만큼 영조께서 공을 아끼고 융숭하게 대접하셨다.

그러나 애석하게도 공의 여명(餘命)은 그리 오래 남지 않았다. 영조 14년 12월 28일에 병조 판서는 뜻밖의 말씀을 영조께 아뢰었다. 충장위장(忠壯衛將) 원결(元潔)에게 지병인 담화증(痰火症)이 심해, 날씨가 추워지자 병세가 심해져 이제는 생사의 문턱을 넘나들고 있다고 하였다. 병세가 위중해 직무 수행이 어려울 정도라 공은 스스로 그만두기를 바란다고 했다. 영조께서는 공의 건강을 염려하시며 면직을 윤허하셨다. 이 또한 〈승정원일기〉에 기록되었다.

오랜 세월을 북쪽 변경에서 갖은 어려움을 무릅쓰고 오직 국태민안(國泰民安, 국가는 태평하고 백성은 평안함)을 위해 고난을 무릅쓴 대가로 얻은 지병이 끝내는 공의 천수(天壽, 수명)를 줄인 것으로 보인다. 충성스럽고 청렴하신 공의 고통은 얼마나 심하셨을까. 관직에 나가신 지 어언 20여 년에 여러 관직을 두루 역임하셨으되, 어지러운 평안도로 여러 차례 나가셔서 국가의 변방을 든든히 지키셨도다. 중앙에 돌아와서는 잠시도 쉬지 못하시고 1천 자루의 조총을 만드시고 대궐을 굳게 지키셨으니, 공의 공적은 이루 헤아릴 수가 없을 정도다.

공의 묘소는 본래 심사평(深沙坪, 도일동)의 명당에 있었으니, 정부인도 한 자리에 함께 자리하셨다. 그러나 근래에 도시 개발이 크게 일어나, 2019년 기해년 6월 21일에 도일동 산 67번지의 종중 묘원으로 면봉(緬奉, 이장)하기에 이르렀다.

돌이켜보건대 공은 참으로 겸손하고 신중하며 검소하셨다. 내외의 여러 관직을 맡으실 때도 청렴하기 이를 데 없어 뇌물이 하나도 이르지 않았고, 관아에 속한 물건은 단 한 개라도 사적으로 사용하지 않으셨다.

아, 성대하도다. 공이 세상에 끼치신 업적이여. 정교한 조총을 과연 공처럼 많이 제작한 인물이 고금에 다시 있었던가. 정조 때 〈화성의궤〉에 등장하는 병사들의 조총도 실은 모두가 공이 만든 것이었으리라. 돌아가신지 백 년도 더 지나서 일어난 병인양요(고종 3년, 1866) 때도 우리 군사들이 손에 쥐고 프랑스 군대를 상대하던 조총도, 따지고 보면 공이 만들어 주신 것이 아니었을까.

공이 나라를 위해 이렇게 큰 공을 세우셨으니, 자손이 창성(昌盛)한 것은 너무도 당연한 일이다. 공의 집안은 예로부터 충효로 이름을 드날리셨으니, 임진왜란 때 공신으로 책봉되신 분이 열 손가락으로 헤아릴 수 없었도다. 장차 우리나라에 큰 어려움이 일어나게 된다면 그때도 공의 집안에서 간성(干城, 방패와 성)을 구하게 될 것이 틀림없는 일이로다.

공과 정부인께서는 슬하에 일남 삼녀를 두셨다. 아드님은 홍좌(弘佐)로 수직(壽職)으로 자헌대부 동지중추부사였다. 큰사위는 덕수인(德水人) 이부(李阜)요, 둘째는 평양인(平壤人) 조중항(趙重恒)이고, 막내 사위는 김치후(金致垕)다.

손자는 병(柄)으로 본래는 공의 아우인 열(洌)의 장손이자 홍우(弘佑)의 아들인데 공의 아드님에게 입양되었다. 외손인 이철진(李喆鎭)은 진사로 문명(文名)이 높았다. 또, 공의 내종(內宗) 조카 함원부원군(咸原府院君) 어유구(魚有龜)는 경종의 중궁인 선의왕후(宣懿王后)를 낳았다.

오늘날 공의 자손은 크게 창성하여 뛰어난 인재가 매우 많다. 교수와 의사, 고급 공무원과 경영인 등 여러 방면에 걸쳐 성공한 이가 참으로 많아 일일이 언급할 수조차 없다. 과연 하늘도 무심하지 않아 공이 평생토록 나라를 위해 흘린 땀이 훌륭한 열매를 맺은 것이라 하겠다.

이 묘표는 공의 방손 원유경(元裕璟) 선생이 수집한 자료를 바탕으로 공의 업적을 약술(略述)한 것이다.

2023년 계묘년 가을에 전 서강대학교 교수와 독일 보훔대학교
한국학과장을 지낸 철학박사 백승종 삼가 지음

# 색인

## 인명

## ㅇ

ㅈ



ㅊ

## 지명

## 기타

## ㅇ